高田保馬自伝「私の追憶」

吉野浩司
牧野邦昭
編

佐賀新聞社

目次

凡例

一、本書の底本には、一九五七（昭和三二）年一〇月〜一九五八（昭和三三）年三月にかけて、雑誌『週刊エコノミスト』（毎日新聞社）に連載された、高田保馬著「私の追憶」を用いた。

【出典】「京大以前（一〜三）」第三五巻第四一号〜第四三号、「京大入学（一〜三）」第三五巻第四四号〜第四六号、「多難な講師時代（一〜三）」第三五巻第四七号〜第四九号、「広島へ、そして東京へ（一〜五）」第三五巻第五〇号〜第三六巻第一号、※「東京から九州へ（五）」は同（一）の誤記。「東京から九州へ（一〜四）」第三六巻第二号〜第五号、「郷里三日月村の生活（一〜四）」第三六巻第七号〜第一〇号、「九大から京大へ（一〜三）」第三六巻第一一号〜第一三号。

一、本書刊行に際しては、読みやすさのめに、以下のような整理を行った。

（1）原著者の意志による用字以外の字体は、原則として常用漢字に改めた。

（2）歴史的仮名づかい、送り仮名は、現代の一般的な用法に統一した。（例）ゐる・居る→いる、すなはち・即ち→すなわち、等

（3）一部の漢字を仮名に直した。（例）勿論→もちろん、乃至→ないし、此→この、如何に→いかに、云う→いう、等

（4）難読の漢字、地名にはルビ（ふりがな）を振った。（例）客気《かっき》、宇留毛《うるげ》村、等

（5）本文中の書名・雑誌名は『　』、論文表題等は「　」を付した。

（6）本文中の〔　〕は編者による補足である。

（7）本書中、和暦については西暦を併記した。（例）明治四十一年→明治四一（一九〇八）年

一、本書中の主な邦人名の生没年、ならびに外国人名の原語表記および生没年は、巻末の人名索引に一括して記した。

一、外国人名は、現在、一般に用いられている表記を用いた。（例）パレエト→パレート、ビュッヘル→ビュッヒャー等

一、本書中、今日では配慮の必要な表現があるが、原文の歴史性を考慮してそのままにした。

第一章　京大以前

第1節　中学時代

信号は　赤のことのみ　多きかりき
　　はろかなりける　こしかたの道

年少客気《かっき》にはやる私を制止して赤信号を示しつづけた運命は、うらめしくもまたありがたい。それに苦しみぬいたが、苦しみはいくらかとも報いられた。困難こそ自分を鍛《きた》ってくれる。年老いるにつれて、私はこういう気持ちを味わっている。

私の研究生活の追憶をどこから書きだそうかと考えたが、結局、中学時代からはじめることにした。修学の過程にいろいろのまわり道をしたが、それはすべて少年のころの事情にもとづくと思われるからである。

私はいったん、高等学校の三部、のちの理乙(1)に当るものに入学した。しかし在学一年に足らぬうちに退学して、入学試験を受け直した。そうして文科に入った。再入学の当初は法学部に行くつもりであったが、一年病気休学をしたので、文学部に向った。もちろん、これは多数人の行く経路ではなかった。しかも大学の選択をするのに、東京に行かずして京都にいった。京都に入った少数の親友は大学内部において順調の進路を歩いたのに、私はいつも強い風当りを受けつづけた。私には形式的に見た指導教授がなかったがために法学部に講師として厄介になった。これは文字どおり厄介になった異分子である。在勤五年、転出して広島高師〔現在の広島大学〕にいった。二年あまりいて東京商大〔現在の一橋大学〕に転じた。そこまでは主として社会学をつづけていた。経済学史をも講述することから、後年、経済学への転出がはじまっている。

大患《たいかん》にかかって郷里に帰住したが、永住のつもりで、生家の茅屋《ぼうおく》を修築した。そうして九大に原論を講じた。一生家の墓守をするつもりの生活を営んでいたが、そこでまた京都大学経済学部に転出するとともに、学問的にも経済学に移籍したような形になった。

　ひとつの専門学の方向を定めて一大学に普通の階梯を上ってゆく人に比べて見ると、転出また転出を重ねて今日にいたっている。京大にかえってからは退官まで一五年勤続し、住居にいたっては二一年京都に土着している。べつに尻のすわらぬ性分でもないが、いくたびか転々漂白をつづけ、おしまいに教職追放にもあった。外国の学者のこととしては、よくありがちの移動であるかも知れぬが、日本の学界に籍を置いてかかる漂白を重ねたのには事情があった。それはいわゆる浮世の荒浪である。荒浪にもまれている中には、先輩や友人の思いがけない厚意が私に網を投げて、それが漂白の機縁になっている。もちろんそれが浮沈流転の主因ではない。責任と原因とは自分にある。自らふりかえってじっくり回願をしてみたい。

　こういう素願《そがん》は今までも抱いていたのであるが、また断片的には若干の回想を述べたのであるが、今は残されたる春秋の一部分を割いて自らまとめたいと思う。私は今までとても、何ゆえに社会学の畑からぬけて経済学の畑にうつったかということを、たびたび質問をうける。この一文はやがてこの質問に対する十分な答えにもなるであろう。

高田家の墓（佐賀県小城市三日月町、2021年６月撮影）

ふりかえって見ると、私は追放のはじめに社会学の仕事のやり直しをしようと考えたが、それは外部的事情のために決行できなかった。しかしながら、今日といえどもなお思いとどまっているわけではない。そして運命さえ許すならば、いいかえれば健康さえ私にこれを許すならば、ぜひ努力をしてみたいと思う。そういう宿志《しゅくし》は少年の日からのつづきである。中学の回想をはじめることを許していただきたい。

白鳥会のこと

下村湖人作『次郎物語』に白鳥会のことが書いてある。それのモデルになっている私どもの結社があった。それは誠友団というのであった。私ども少数のものはそれによって深い影響を受けている。それとともにこの会が当時の母校（旧制佐賀中学）の気風のある面を代表していることを思うと、これを説くことは私の中学高年級時代を語ることになるであろう。

明治三二（一八九九）年のあるころ、同級生の二人が奮起して、修養と思想との会を作り、一〇人あまりを糾合《きゅうごう》した。上級生、下級生も少しあったが、中心は当時の三年生である。二人の発起人がまず考えたのはその指導者であった。そうして中学の所在地佐賀の弁護士、のちの改進党系の代議士・豊増龍次郎氏に願った。今の音楽家・豊増昇氏はその令息である。豊増氏とならんで顧問格にあったのは江藤新平の嗣子《しし》、改進党系の領袖として知られていた江藤新作氏である。その令息は前代議士・江藤夏雄氏。豊増氏は禅に精進した清廉の士、その心境をもって若いものを指導しようとして、時間と費用とを惜しまず、一室もクラブ的に解放し、会合の席では訓話をつづけるという風であった。『次郎物語』における朝倉先生がそれであるが創作であるから、構想によって加除されている。会合にでる時間は、わずかであったが、薫化は後味として残り、別して会員同士の友交は、たえず相互に覚醒を促したといえよう。その影響を尺度によって測ることはできぬが、いわば、みな志天下にあった。会員のたいていは政治家になることを夢想したが、現実に政界に入ったのは、民政党（改進党の後身）の代議士・池田秀雄、中野邦一の両氏、共に官界から転出。吉田善吾氏は米内内閣の海相として政治の現実に入りこんだ。軍部の支配がつづけば、首相となるものもあったであろう。この会の共通空気は志士的、東洋思想的のものであったといいえる。ただ福岡における玄洋社[2]のような郷里の大先輩からの伝統をうけた一大集団ではなかった。豊増氏の人格によってかもしだされる空気が、みなをつつんだというべきであろう。

私は田舎から二里半の道を通学していたので、熱心な会員とはいえなかったが、相互の激励と監視とは自分をひきしめるのを覚えた。ただ、自ら今になって感ずることは、私が誰よりも社会に関心をもち、社会思想的なものを抱いていたということである。

湖人氏は一級下であった。誰の紹介によって入会されたかはきいていない。下級生であっただけにその感激も深かったことと思う。豊増氏の感化がいかに強かったかを知るべき事実をあげよう。一人の会員は禅の方に魂を入れて、ついに卒業前に寺院に入り、やがて住職となり身をきざむ修行は中年にまでおよんだ。そこまで進むのは豊増氏の期待ではなかったであろう。ただ中野氏は学生時代から役人生活まで修行をつづけたことをきいている。これは、かの期待の美しく結実した一例ではなかったか。『次郎物語』における「白鳥蘆花に入る[3]」という師弟の会話はやはり創作である。しかし会の性質について何事かを物語る。

第2節　社会への関心

かかる環境は私に政治の現実に関する興味を植えつけずにおかなかった。白鳥会、すなわち誠友団の創設者二人は、中学の卒業をまたず東京に去り、やがて早大に入ったが、一人は夭折し、他の一人も新聞に入って間もなく世を去った。他の人々も、多くは議会にでることを目標としながら、志どおり行かぬ人が多かった。私といえども、この空気の外にあったわけではない。学界にありながらも、政治への関心は去っていない。ただ、学問をすてる気になりえぬだけのことである。ただ他の会員と私との差異を生じたのは、いろいろの環境のゆえである。私が今まで述べえることとは、中学のころから格別に早く社会への関心を抱いていたことである。これはどこから、私の魂の中に入りこんだであろうか。

中学の四年、五年のころ、私は六〇に近い老母との二人暮しであった。三人の姉は近村に嫁し、一人の兄は三重県四日市に眼科医を開業していた。父の在世中、二人の作男《さくおとこ》がいて農業をつづけ、中農の生活をしていた。兄とは二五才の年のひらきと、父の病気のとき数週間帰郷したとき寝食をともにしただけで、いつも東西に別れていた。

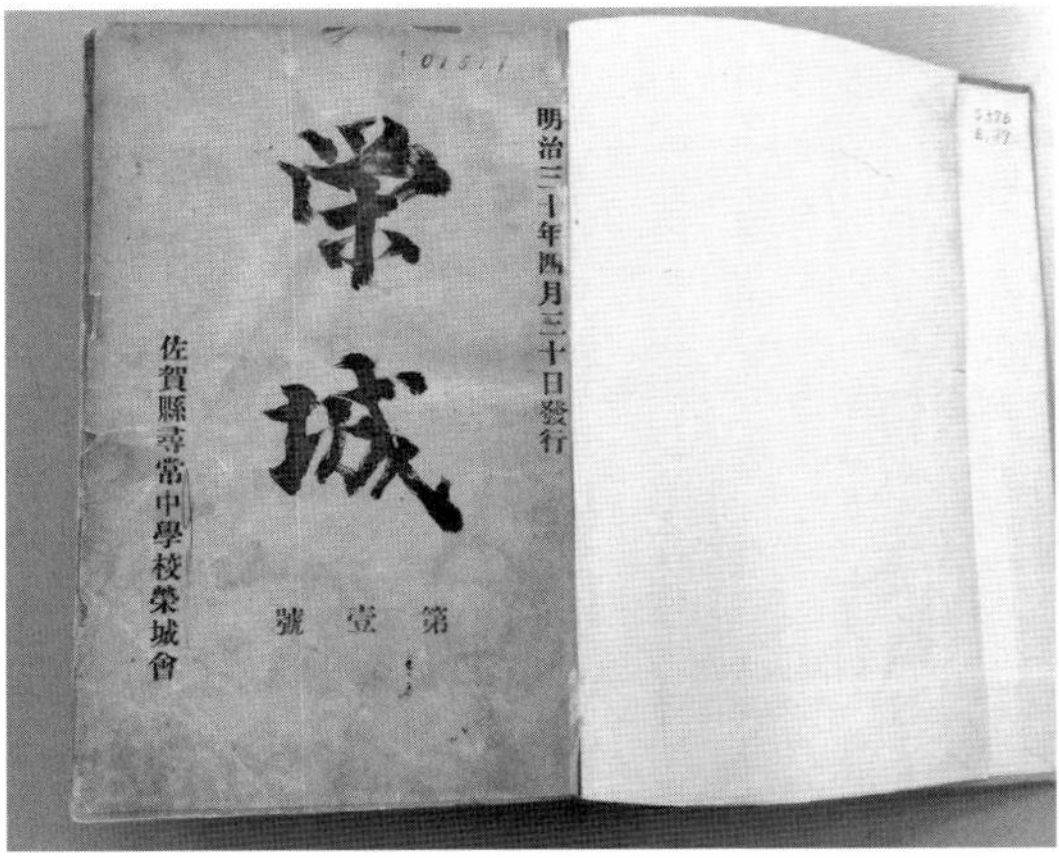

『栄城』創刊号の表紙（佐賀県立図書館蔵）

しかし子のなかった兄は、私を一人の弟として大事にしてくれた。早くから雑誌を送ってくれたが、中学三年ごろから私の申し出で雑誌『文庫』〔少年園〕を送ってきた。能力の乏しい文学青年であった私は、あまり書くこともない。ただわかるものだけを読んでいた。その中の千葉亀雄氏（のち大阪毎日新聞記者）の軽業師に関する論文(4)を見たが、それが忘れがたい印象を残した。しかしそう受け取った私の側にも、ある心の用意があったであろう。

母はあまりにも涙脆《なみだもろ》い性分であった。近所に病人ができると、一家のものでもあるように心配をつづけていた。ラジオの流行歌にさえ涙を落す私の性格も、そこからきているかも知れぬ。もうひとつ忘れがたいのは、私の近所はすべて小作農ばかりであった。一部落二〇戸、たいていは小作であるのみか、明治のそれは地主の圧力によって気の毒な生活をつづける外はなかった。私の家は豊かであるとはいえないが、近所の家にいってその様子を知ると、多感の少年はいつも胸が痛んでいた。その気持ちの私に与えた一論文の影響は大きかった。

ふりかえって見ると、それが私の一生の方向を定める、ひとつの要素になっていたといっても、少なくも私だけは誇張であるとは思わない。中学五年の早春のある夕ぐれに落日を仰いでの感激をかつてのべたことがあるが、それは弱き者のために死のうということであった。そこで中学の交友会雑誌〔『栄城』（佐賀中学校栄城会）〕にのせた論文は貧乏に関するものであった。けれども、私の社会的興味も政治的関心も、それらを夢のような遠いところに置くにすぎなかった。現実の問題の処理に作用するような強力のものではなかった。

なお私の少年時代を作り上げるものとして、若干の文学少年的興味のあったことをあげねばならぬ。これは考えて見ると、私の感情の強い性格にも由来するであろう。けれども兄の送ってくれた雑誌によって育て上げられたところもあるであろう。中学の同級生または一級上や下の学生の中に詩や歌を作る少数の人々があった。それらの作品を校友会雑誌や少年のよむ文学雑誌（『中学世界』〔博文館刊〕、『文庫』〔少年園刊〕、『新声』〔桃華堂刊〕など）の上に見たときには、自分も何かできないものかという欲求にかき立てられた。私は自ら天分の乏しさを知るために断念に近い気持ちをもってはいたが、一種のあこがれは長くは続いていた。葉隠《はがくれ》の武骨な伝統が地下水のように流れている土地では小説はよめないし、文学といえば直ちに詩のことであった。しかし明治の中末期においては今日と比較にならぬほど詩の比重が高かった。

私のかかる関心はおのずから文学的才能をもつ友人、知人に対する尊敬の念となってあらわれた。一級下の下村湖人氏に対してもつ私の敬意は当時にはじまり一生を通してかわらなかった。とにかくかかる興味はいつの間にか筆をとって書くことを教えた。つまらぬ詩歌を作り、流行のいわゆる美文を作りしているうちに筆への親しみを覚えるようになってしまった。これは私の習性となってしまったらしい。四年のころ、格言集ともいうべきものを手当たりしだいにかきあつめたが、そのうち、エマーソンの「人は書くために生れている」というのを入れた。今、年長じて言葉の意味をしみじみ味わっている。こういうことを述べつづけると、日清戦争と日露戦争との戦間期〔一八九五（明治二八）年～一九〇五（明治三八）年〕に、しかも西九州の農村に生れた一少年が、いかなる中学生として成長したかを若干とも理解されるであろう。

学部の選択

明治三五（一九〇二）年三月に中学を卒業した。卒業生は一〇七名、現存の人は四分の一ではなかろうか。入学のときは三二四名であった。同級生の半数以上が軍人志望ではなかったかと思う。私は軍人になれるほどの強健な体格ではなかったし、気持ちも文科肌であった。兄が学資をだしてくれるというので高等学校にいくことにしたが部の選択にはまことに苦心した。こういう時には適当の先輩に相談すべきものと思うが、その用意にも欠けた。また私の性格にも弱いところがあって決断しかねた。

学校は先輩のあとを追って熊本の第五高等学校に行くことにした。当時の高等学校の数は一高から七高まで七つであった。同級卒業の三番の人が一高を受け、一〇番代で一部（法文科）に入学したから、佐賀中学は決して弱い学校ではなかったと思う。入試は七月はじめに行われたと思う。ところが私はさきにいった選択で苦労した。

兄と近親の多くは三部（医科）をやれとすすめ、私は一部に行きたいというぼんやりした希望があった。五年の春休みに、はるばる四日市までいって、兄に相談をした。決して高圧的ではなかったが自分と同じ方向をやらせたいという考えである。私は学資を送ってもらうことになっているので、何とかその意向にしたがっていこうという心の持方がある。しかし文科への執着もすてがたい。

迷いに迷った末にこう考えた。職業と情熱ないし趣味とをべつにしよう。近親を喜ばせる仕事をしながらも、文学的の方向を生命の喜びとして進むことも不可能ではあるまい。およびがたい人ではあるが森鷗外もそうではないか。こう考えて妥協してしまった。そうしてついに九月はじめ五高三部に入学してしまった。きびしい試験であった。その年から全国一括の試験であったために五高を第一志望として熊本で受けたのが百何十人かあったのに、その中から合格したのが八名、他は他校の第二志望者がまわったと記憶している。

五高はこの一九五七（昭和三二）年一〇月創立七〇年の記念を行う。卒業後五〇年、旧友ようやく他界するのになお、さいわいにして老健《ろうけん》の生活をつづけている。記念講演をすすめられてこの一〇月に西下するわけであるが、この因縁も思えば三部入学につながっている。明治三六（一九〇三）年に再入学、三年生のとき休学して、五高在学は五年におよんだ。これが母校への愛着を深くしそこの山水とのつながりを強くしていることも、争いがたいであろう。

中学五年、往復五里〔一里は約四キロ〕の道を通学しつづけたのも、私一人に全身の慈愛を住いでくれた老母に別れたくないからであった。九月のはじめ、さいわいに入学して熊本に向うという日には、朝早くまず家を出てから濠に沿うて道を回った。門先に老母と送別のためにきて泊っていた三人の姉は、しきりに身振りを示している。そのかたわらには百日紅《さるすべり》の老木が咲き盛っているのが見える。わずか四時間で往復できるのに、涙とどまらぬという感傷も血縁の深さのゆえである。秋風に吹かれて野を行く青年はいくたびかふりかえった。母子四人はいつまでも家に入らぬ。五十幾年、追憶はなおあでやかである。

本来どこかに気を負うて立ちたがる傾向をもつ私が本質的に感傷的であり、ゲマインシャフト的（共同社会的）であるのも、あふれるばかりの母と姉との恩愛にひたりつづけたからであろうと思う。

高校三部の生活は私にとって幸福を感じさせなかった。私は年五〇に近くなった時に一人の先輩から、高田は自然科学をやらせるとよかった、という厚意に充ちた批評を間接にきいたことがある。自分でもそう思うことがあるけれども、この三部の生活を回想すると、やはり私は自然科学の冷たくきびしいのに耐えきれなかったろうと思う。ドイツ語で毎週一三時間、新しくはじめたフランス語毎週三時間、数学がぐんぐんと進む。この日課について行くだけでも一通りではない。

いつの間にか社会にめざめたる貧富の問題を考える。詩の世界へのあこがれをやめてはいけない。人間の全勢力を注いでも足らぬ医学修業を、余技をもちながらやるということの困難をしみじみと感じた。

この間にあって、私を行くべきところに追い去った恩人として酒井和太郎氏のことを述べなければならぬ。同室に合って机を向き合いにした柳河中学からきた同氏の精励とその思考の冷静とを見て、私は修業前途、とうてい生やさしいものではないと思った。それに三学期に入ってから動物実験に蛙の腹をわってから、結局、観念のへそをきめてしまった。

四日市の兄に事情をいって再入学を歎願《たんがん》した。兄は青年にして長崎の官立師範学校(5)を出てから、岡山医学校(6)に進み、医を業としたものの、書道と歌とに執着を絶たなかったゆえか、意外にも容易にこれを許してくれた。試験準備のために退学して人生落第の第一歩をはじめ、いわゆる浪人学生の淋しさを味わった。

かつての同級生が卒業してかえるころに私は受験準備をしていた。桃の花の盛りのころ、近所の家々で織る手ばたの音が私には悲しかった。

第3節　医科在学は何を与えたか

三部をやめてから七月に試験をうけて九月に入学するまで、これは私にとって淋しい月日であった。それでも四日市の兄も、もちろん母姉も私を暖かい心に包んでくれたことが私にはうれしいことであった。

当時のいわば竹馬の友として同村に二人があった。ともに五高の学生であった。一人は私の従兄にあたる池田秀雄、他の一人は谷多喜磨、前者は私より三才上、後者は一才下であった。池田は後、朝鮮殖産局長、北海道長官、代議士選数回、谷は朝鮮二、三の道知事、朝鮮信託社長、ともに東大法科出身。池田の父は漢学者、私は幼時、本を習いにいったが漢籍を習うまでにいたらなかった。

この夏休中にも、時々、夢を見た。一級下の人と一緒になることも不本意である。どこかに医師になるかつての決意が残っているのか、医師になった夢を見ることなどもあった。しかし池田の従兄は万事につけ弟のように面倒を見てくれた。早熟の読書人であって中学のころから仏典をよみ、その兄の蔵書の中にある有賀長雄『社会学』(7)のことなど話していた。これが後年、私の社会学に進む、ひとつの因縁をなしている。少なくもさように私は考えている。この二人とともに毎日二里半の道を中学に往復した。

ところで棒に振った医科の一年は何を与えたか。同級生のうち別して中学の同窓でもあった後藤道雄氏とは格別に親しかった。この人は才人であって学問、芸能、何をやってもすぐれていた。健康のために郷里に退いている。も一人は前述の酒井氏、今も松山を永住の場所となし、医業と俳三昧《はいざんまい》に心を楽しませて老健である。四〇人の同級生、今現に往来する旧友もない。しかし三部一年間に習ったことで、私に役立ったことは少なくない。今の大学に教養課程というのがある。いわば一年の教養を積んだと思えば、必ずしも損失ばかりではない。

一年間、三部のドイツ語できたわれたことは私にドイツの本を読みやすくした。当年ドイツ文を書くことをひとりで練習していたが、その後、転部した後も自信をもつことができた。これとならんで英語のことを述べたい。英語というものは私に苦手である。試験ごとの成績でわるい点をとったのではない。ただ会話ができず発音がなっていない。中学のころ、勇敢なる先生に習った発音は、危険〔danger〕をダンカー、従兄弟〔cousin〕をクージンという風であったが、これであとはさんざん難儀をした。私の不勉強を棚に上げていうが、これが私に英語の劣等感を植えつけた。英米の人に話かける気持ちもなければ、いわれても進んで応答する気持ちもない。先方の厚意を無にすることも多い。中年にして外遊する機会、すべき機会が三つや四つはありながら、やせ我慢をいって、今さら何を習ってくるか、などいって行かなかったことのたたりを今さらに感じている。

一昨年か、さる会合において、インド・プウナ〔現プネー（Pune）の国際事情研究所長〔ゴーカレ政治経済研究所〕ガドギル〔ガジル〕氏の能弁にまかせての論駁をききながらその場で答ええない。あらためて筆の上の応酬を重ねようとして果さずにいる。今の年になって何をいうかといわれるけれども、やはり言葉はもっと通ずるようになりたい。七〇の手習いとはまさにこのことである。

さて医科の生活が恵んでくれたものは、そのほかにフランス語の手ほどきと、数学の若干の知識。今日の経済学の必要とする数学の知識は、いよいよ高くなってゆくが、明治の末期、大正の初期においては三部一年の数学の知識力、ワルラスをよみパレートをよむのに何事かの便宜を与えた。もうひとつ忘れてならぬのは生物進化論の講義を一年にわたりみっちりきいたことである。

交友のこと

三部一年の同窓のうちには次のような人があったけれども、たいていは会う折もない。内幸町胃腸病院長・神保孝太郎氏、侍医・塚原伊勢松氏、慈恵大教授・加藤義夫氏など。ここまで書いてくると、医科の先輩・行徳俊則博士のことを想起せざるをえない。私は中学のとき誠友団に属したごとく、高校のときに士会という友交結社に属していた。これは親交士行を血盟した二〇人ばかりの団体である。上下四、五年の異年級を通じ、また各部を通じていた。それの創立者であり指導者格であったのが前述の行徳医博、今、世田ケ谷に開業。会員のうち、まず思い浮かぶのは商工省の局長を経てのち、日本石油社長であった川久保修吉氏、故人となった下村湖人氏、加藤内閣の書記官長であった鈴木富士弥氏など。北海林業の父・林常夫氏とは往復を重ねている。

なお二人忘れることができぬのは、恵利武と緒方大象氏。「武夫原頭《ぶふげんとう》に草もえて」の寮歌は今日なお歌われているが、その作者は大蔵省に入って間もなく早世した篤実の人であった。緒方氏は修猷館(8)におけるその後輩。のち九大生理学教授。緒方竹虎氏令兄。兄弟相前後して逝去せられたのを惜しむ。〔緒方〕大象氏は君子人として推称せられていた。兄事した諸君多くは故人。秋風すでに寒きを覚える。

三部一年のとき親交を結んだ同郷の先輩を語らねばならぬ。まず、後年の司法官・岩松玄十氏、入学直後から兄弟の親しみを感ずるぐらいに何かと気を配られたことが今なお思い起こされる。弁論の手ほどきや指導をうけた。近頃、話が長くなり一気に四時間つづける事もあるが、当年の練習会では行《ゆ》きつまって二分も言葉のでなかったことを思い起こす。私どもを庭球選手に仕立てる目論見があったらしいが、私だけは無類の不器用もの、大きな失望を与えたらしい。

近頃、同じく阪神の地帯に住むよろこびを味わっている。

なお一人は外務省の松永直吉氏。やはり中学も一級上、時々、座談の会合ばかりではない、遠足につれられた事をも思いだす。松永氏は当時から英語の力量の卓絶をもって知られていた。熊本の近郊外、金峰山に登ったことがある。秋の暗夜《あんや》であった。くらい道をつれだって歩きながら松永さんからフランスの国歌マルセイユのうたを習った。

小学の生徒のように声はり上げて復誦して、やっと一晩に覚えた。今でも唇頭《しんとう》に上るのは、松永氏の恵みであると思いかえしている。

さて明治三六（一九〇三）年の九月、再度目の入学試験成績も発表された。一部甲類入学、このクラスは八〇人クラスである。寄宿舎における同室には後年の親友・瀧正雄氏があり、雑誌委員室では下村虎六郎（湖人）氏と一緒になった。もとの同級生より一級おしさげられた淋しい気持ちと、しかしのびのびと好きなことがやれるという希望が交錯していた。ただ忘れることのできぬのは郷里に残した老母であった。そのころ老母は私の末の姉の子である甥の小学生と女中との三人暮らしであり、近所に嫁いだ三人の姉は代る代る訪ねてくるし、隣村にいる実妹（池田〔秀雄〕の母）とも往復し、純情の中にひたりながら暮らしていたと思う。ただいつも神棚への祈りには私の無事を祈願しつづけたことであったろう。

第4節　集団的の動き

私の高校文科の生活は四年におよんでいる。一年は休学のゆえの延長である。記憶は薄れたにしても述べたいことは多い。

一年、二年は何の変哲もなく平凡な勉強をつづけて三年生の秋、一〇月ごろに肺尖《はいせん》カタルにかかって休学して、鹿児島に行き療養生活半年にして明治三九（一九〇六）年四月に帰郷したが同九月に復学、一〇月にいわゆる栗野事件を起こしてその始末に苦慮を重ね、その翌四〇年三月にしかも三学期試験の一部をやめて見込み点による卒業をした。この間は、多事また多端、二年も遅れたので心中平らかでなく、不運が一身に集まるもののごとき気持ちを味わいつづけた。

当時の学課で最も学生をなやましたのはドイツ語であるが、三部一年の修業の結果、一部中の三年卒業の力は、はじめから十分についていた。英語をのぞく他の科目も易しいと思った。あまり努力をしなくてもクラスの進度に遅れることはない。一年から二年の進級も二年から三年のそれも、成績は入学の時の様子をくずさずにいった。

これらの事情が私をこのことにかりたてた。まず校内にたえず何か動かすことに集団的活動をつづけるようになった。

つぎには気力が何かにつけ反抗的とならざるをえなくなった。こういうのは客観する私がいうことであって、当時の私が意識したことではない。

一つは白鳥会、実は中学の誠友団の延長にも似た仕事である。これを思い立ったのは佐賀中学からの同級生、一年おくれて入学したN君である。同君と話し合って五人組をつくった。下村湖人氏は後に入るという打ち合わせでいわば六人組であった。

ただこの組活動は弁論研究に身が入りすぎて学校勉強が留守になり、NとYとの両君は進級にもれて退学したために自然壊滅した。そこで白鳥会が第三の会を生むにいたった。

または前述の士会が弟分をこしらえたともいえる。下村、高田などが士会の一部と結びその延長的集団を作ることにした。糾合《きゅうごう》したのは、のちの外相・重光葵、いわゆる栗野事件（後出）の中心であった栗野昇太郎氏、赤松智城氏（京城大学の宗教学教授）、水町義夫氏（のちの西南学院の院長・英文学）、緒方大象氏（前掲）の諸君であるが、士会の先輩達との連絡にくいちがいがあり、これも自然消滅になった。つぎに第三の会を作ったのは三年のはじめであったが、それは全校的のものであったが、校風刷新の原動力として活動したいというほどの趣旨で二〇人内外の同志の公開的結束であったと思う。今は私の記憶もうすれて、当時の友人から回想をきかされることがある。他のひとつの会合について述べよう。

熊本五高時代の高田（後列左より栗野、重光、赤松、水町、中列左端が高田、右端が下村、前列左が緒方、『高田保馬博士の生涯と学説』創文社、1981 年）

私は明治三六（一九〇三）年に再入学したが三七年度の入学生は私にとって一年下のはずである。このクラスには九州以外の人が格別に多く、また思想的にも時代の洗礼を受けたものがあった。その中、一人が大川周明氏である。当時、大川氏は幸徳秋水、堺枯川、木下尚江など日本社会主義の中心に接触し、少なくもその味方であり後輩であったと思う。同君を中心として一年下級の有志者が社会主義研究の黒潮会を作った。

私は上級生中、ただ一人の社会主義の理解者として参加を求められたが、一度出席したきりであとは縁がなくなった。一人だけ級がちがったからであろう。

黒潮という名称は徳富蘆花の創作の題名からとったのであるときいた。同会の中からは、社会主義活動に身を転ずる人は出なかったが、思潮の水先として意義あることであった。

「武夫原の歌」と湖人

さて私の高校生活は一部一年、二年が主であった。三年の時は二年つづくが、まえの一年は療養にくれ、あとの一年は早く一年を無事にすまして大学に進みたいという弛緩のうちにすぎた。回想するのは主として二年のころである。時は日露戦争のすんだ直後、渡鹿《とろく》の練兵場の祝賀会に仮装行列をした時の写真も残っている。

私は当時から文学青年であるとともに社会主義青年をもって任じていた。そこで戦争自体に対しては、ことに農村青年が戦場に呼び出される現実を前にして、批判的な気持ちをもっていた。しかし祖国が弱者の地位から高まることに対して祝うということを否定したのではない。若い心に民族の血のたぎるのを抑えなかった。

自分の心境の試金石になったものがある。それは五高の寮歌として知られる「武夫原の歌」である。

下村湖人（当時の内田虎六郎氏）と私とは一年の三学期から二年の二学期まで校友会すなわち龍南会の雑誌委員であった。このころに恵利武氏の「武夫原の歌」が東京から送られた。これは後年、天下を風靡したものであったが、私は思想的に見て、玄洋社の香気があると思った。しかしあの武骨できまじめの恵利さんがこんな長詩をつくるとは、というのが二人の偽らぬ驚きであった。そうして新旧の調合のよさがこの歌の人気を作った理由であろう。

この恵利氏は早世したが同級生には官界に活躍した人が多い。早く農相となり内相となり、官僚の巨頭として知られた後藤文夫氏をはじめとして、一時は一級から知事一三人をだしたといわれていた。湖人の親友・田澤義鋪氏のごときも後世に伝えられるべき人であろう。私は一時、法科への志をもったこともあるが、だいたい文科にゆくつもりであったから、その方面の先輩には一種のあこがれを感じていた。社会学の唯一の同窓先輩は十時弥氏（のちの五高校長、柳川出身）であった。波多野精一氏とならぶ秀才であるときいていた。こういう一人の存在がどれだけ後輩を刺激し発奮させるか、私は身をもって体験している。

後年、親しくご高誼《こうぎ》をえて五高を訪《おとの》うたことを想起する。

私はしばしば五高の多額納税者といわれた。落第するほどの能力ではないのに、五年間月謝を払ったという意味である。五年在学、同級生には二回追いぬかれる。これが一生涯のハンディキャップになる。しかしその一面にやはり得もある。他人よりも三倍だけの同級生をもつ。社会的とはいいかねる性質であるから友人の数が三倍あるわけではないが、同級生としての同情と理解とが広範囲から与えられる。それは人生における、ひとつの幸福であり、ひとつの富である。

しかし友人の数における豊かさも、ひとつの仕合わせであろうが、まじわりの深さも仕合わせであろう。私は小学の友、中学の友、大学の友、いわゆる変らざる友人を七〇年にわたってもちつづけているが、当時の回想を語るにつれて二人を取り上げよう。一人は下村湖人であり、他の一人は瀧正雄氏である。前者は故人になったから何でも書いてよかろうと思う。

創作家としての湖人は楽屋や結社をもたなかったから、提灯《ちょうちん》をつけるものがなかった。今日の名声は自力によってえられたものであり、読者の感動そのものの集積の結果であるともいえる。いわば棺《かん》を蓋《おお》いて定まれる名声である。私とは誠友団以来の友人であるが、通学地域がちがうので、当時の縁はうすい。相知ってはいたが物理的空間がわれらを近づけなかった。親交は五高一部の一年、二年のころにはじまり、その後五〇年、湖人の肉体の消滅によって終る。魂の結合は永久につづくであろう。雑誌委員室は編集事務室であって寝室の室ではない。しかし、そこを習慣的に寝室として使用した。他の委員には後年、山口や青森の知事であった平井三男氏、太田黒作次郎氏があった。

太田黒氏は東大哲学の出身、のち法科を学んで弁護士として立つ。前者は漢学の素養が深く、後者は英文（当時の文語体感想）をよくした。ともに文章の国、肥後の所産である。

二人は必要の時だけ出入りし、編集の実務はすべて湖人の仕事であった。湖人は私にとって友人であり、師匠であり、また峻厳なる導師であったともいえる。

彼自身は鍋島支藩の士分の次男、兄弟二人とともに詩人であった。それと同時に近親から儒学を学び、老荘の思想にもふれていた。半ば自叙伝ともいうべき『次郎物語』がこれを物語る。

こういう教養の結果であるのか、驚かされるのはその道徳的自責の念であり、同時に他人の行動に対する批判の峻厳である。いやしくも動機の純ならずと見るや自他に対して、ともにこれを看過しない。

後年、生活環境の上から東西に別れて約五〇年、昭和二九（一九五四）年春四月、湯河原に招かれて数日をともにし、久しぶりに文字どおり寝食をともにした。湖人を語れば限りがない。『湖人全集』一八巻（池田書店）の毎巻末の解説はすべて一面において私の湖人回想記である。

第5節　思想追憶

私が京都大学に入学したのは明治四〇（一九〇七）年九月である。それまで私が、いかなる思想を断片的にではあるが抱いていたかを述べたい。これは何ゆえに社会学科の学生として入学したかの事情を告白するわけであろう。

五高の交友会雑誌（『龍南会雑誌』）に何をかいたかを回顧してみたい。この話は中学校の雑誌にかいたことからはじめなければならぬ。残念にもそれの資料がまったく入手できぬ。五年の時に委員をしていたので長いものを書いた。それが貧乏や人口の問題につながったことだけは間違いがない。高校のころの文章ではじめて会誌にのったのは「社会主義と詩人」という一文である。執筆は明治三六（一九〇三）年秋。社会主義という言葉をいかに解したか、それをどこで覚えたか、記憶はない。幸徳秋水の『社会主義神髄』を読んだのを三七年夏と覚えているが、あるいは三六年夏であったか、もしそうであったならば、それから学んだのである。

いずれにせよ、私はマルクスのことを何も知らなかった。ただ中学の時に多感な私は西洋ことにギリシャやローマの歴史の刺激を受けたこと、儒教の中の平等化思想に胸を打たれたことは争うべくもない。詩人を当時は哲人であるとともにその理想によって時代を動かすものだと考えておった。

これは私の習性というよりも、青年の通念であったともいいたい。時代の社会主義化は世俗的、権力的な政治家の手によるよりも詩人の思想によって促進されるであろうと考えたのである。

ただ全国の高校の雑誌を通じて最も早く社会主義のことを論じたと信じている。哲学者や文学者にとって社会主義思想が取り上げられるまでに約一五年の時間的距離があったと思う。

幸徳秋水の思想は孟子の国家思想によって西欧の社会主義を組織立てたと伝えられるが、私が強く動かされたというのはこの辺の事情によるのであろう。もちろん、フランス思想は早くから日本に流れていた。西園寺公望、松田正久あたりの思潮を考えても、社会主義につながらぬわけない。『平民新聞』の影響を全面的に受けて東京から五高にきたのは大川周明氏であった。五高におけるこの思潮の流入を考える上において、もし私が認められるべきであるならば、同時に大川氏を忘るべきではない。

後年、大川氏は日本主義、アジア主義の思想家として知られたが、それは大川思想の潤色ではなかったか。私はこの点において、もっぱら儒教的、というよりもコント、スペンサー、ジンメル的なる人類または世界の思想をもって一貫しつづけていると信じている。私の貧乏理論の心棒であることを知らざるのは、日本思想界の色盲であると私は信じている。

雑誌部員のころ

けれども大学入学前の私の社会思想はとりとめもない一面をもっていた。私の雑誌部委員のころ、下村湖人氏と一緒にはりきって書いたものには「わが牢獄観」というのがある。これは続き物の論文であり、監獄改良を説いて私の犯罪観を述べ、しかもこれを基礎づけるのに、犯罪は貧乏の結果のみという主張を述べたるものである。唯物史観を思わせ道徳の相対性を論じたものであるが「思うて学ばざる」井蛙《せいあ》の見《けん》である。ただ中学四年の時に一編の詩を書いた。獄中の人の苦痛に同情をよせたものである。この論文と一脈のつながりをもっている。

ただ私のこの方面の思索は立ち消えとなって結実していない。

高校時代の終わりごろに「東欧の大聖を憶う」と

いう一論文を書いた。これはトルストイへの思慕の念を書いたものである。私のトルストイ理解はもちろん念願のものであった。それの「わが宗教観」の訳書（加藤直士訳であったと思う〔『我宗教』文明堂、一九〇三年刊〕）に目を通し、いくつかのトルストイ評伝にふれて、その人間の偉大と高潔とに打たれ、同時にその芸術に対する賛美の念を織りまぜたもの、今日語るに値するものではない。

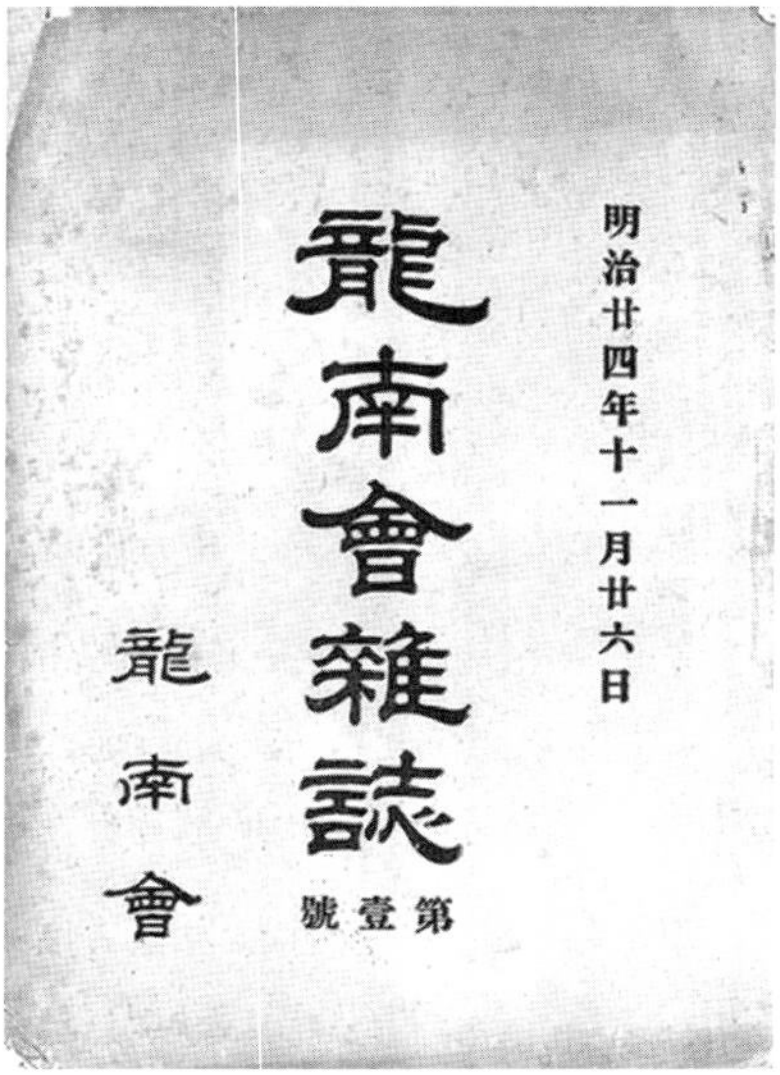

『龍南会雑誌』創刊号の表紙
（熊本大学附属図書館蔵）

ただかの時代には日本ばかりでなく世界を動かした二人の思想人としてニーチェとトルストイとがあげられた。二者は正面から対立する。一つは権力意志を生命の本質と断じ、それの自由なる飛躍としての超人の事業を賛美し、すべての価値の逆転を主張する。一つはそれをもって一切の悪と堕落との根原であるとする。対立するが共通するものがある。「力の欲望」[9]に人間の重点を置くことである。

私の熊本時代に最も烈しき精神的衝撃を受けたものは何かと問われるならば、笹森卯一郎師の説教と講演であったといいたい。はじめはその文学講演によってひきつけられた。いくたびか壇上に仰いでからその熱烈なる信念にゆり動かされた。最後にその熱心なる説得にとけこんでその手によって草葉町の教会において受洗した。同師は病気のゆえに長崎から熊本にこられることも絶え、私の精神の芽生えは進みがたい。しかし絶対的なるものへの信は脈々として動いている。私のトルストイへの思慕は私の魂の飛躍への所求を意味するものであった。当年を思うて、終生、魂の成長の困難を感ずるばかりである。その後しばしば長崎に行ってはこの思想の恩人を回想せざるをえぬ。

かぎろひや　山の笹森先生の
　みはかあたりは　山ざくら花

二次大戦前の浦上風物詩である。

ただ私は読書に怠惰である。研究はすきであるが読書人としての風格と身だしなみをもたぬ。ひっきょう猪突《ちょとつ》の野人である。トルストイへの景仰《けいこう》にしてもその思索の跡と創作の豊庫《ほうこ》とを味解《みかい》する何ごとをもしていない。原始キリスト教への思慕、土へのあこがれに感情的なる共鳴を感じても代表的創作の一部でも一貫して読み終わったものではない。自らトルストイアンをもって任ずるごときはこの大思想家をけがすものである。ただ私の社会思想の下地に一種のキリスト教的のものが地下水のごとく流れ、その上層建築として西欧イデオロギーと西欧社会科学が立つという、だいたいの思想輪郭はすでに予定せらるべき青写真であった。

第6節　社会学的な暗中模索

文科に転ずるために再入学をした当初すでに社会学を専攻するとして確定していたわけではない。一時は、東大独法に入ろうかと思ったこともあった。そのころはドイツ語に自信をもち、質問をして小さな快感を求めたこともあった。現に親友・桜井時雄氏にこういわれたこともあった。君、独法に行くのなら、優秀な学生の集まる下宿に連絡しよう。何かと教えてもらうのに便利であろう、といわれて、よろしく頼む、との意味のことをいったこともあった。しかし三年生のときの休学で、やはり一年早く卒業したいと考えるようになり、比較的に早くから気が向いていた社会学をやることに決意した。東京に行くか京都に行くかが問題になるわけであるが、格別に親しかった瀧正雄氏が経済をやりたい、同郷の先輩・神戸正雄博士のところに行きたいというので、私も京都に行こう、社会学講義が新年度からはじまるそうだ、と思って京都にきめた。大都会的でない静かな町ということも、病後の私には便利であった。郷里にいくらか近いということも考慮に入れた一つであった。

社会学への道

心の準備のために社会学の本を読みたいと思った。学校の図書館に入ってさがしだしたのは建部遯吾博士の諸著書、遠藤隆吉博士の『近世社会学』（成美堂、一九〇七年刊）であった。前者によってその博覧宏辞を知り後者からは学問的情熱を感じた。遠藤博士が新しき学派に属することをも知ることができた。私の用意はさらに一歩を進めて本をよむことにした。一冊はタルドの『社会法則』とルネ・ウォルムスの今は題を忘れた小冊子である。後者は平易であるが物足りなかった。前者はきわめて独創的なる名著である。はじめは何気なく、これが私の学風を決定することと今のごとくであるとは思いもよらなかった。

タルドの社会学は発明、模倣、適応を三つの原則とする。いっさいの文化、いっさいの行動をこれによって説明しようとする。しかもそれは発明——これはシュンペーターの新結合〔innovation〕そのものである——によってすべての前進を説明しようとした。これは事実の法則として述べられたものであるから、本来、何ごとの規範の意味をも持つものではない。

しかし私はこれから、社会において価値あるものは発明すなわち創造のみであるとの教説を汲《く》みとった。学問においても創始以外に価値あるものはないはずである。タルドは規範を説いたのではないというのであろう。なるほどタルドの学説を肯定して、しかも牧歌時代を賛美し、いっさいの機械文明をのろうこともできよう。しかし私はそれほどの空想家でもない。文明への前進を肯定する以上は創始のほかに努力の標的はない。このときの社会学予習が私にとっては、社会学の研究の、目標もまた創始にあるべきことを教えた。かくはいうものの、これも錯覚であるかも知れぬ。〔マルクス〕『経済学批判』の序言にいうように、人は自らをいかなるものと考えるかによって判断さるべきではない。私の性格の中にすでにあるものが、自己をタルドの中に発見させたのであろうか。

しかし社会学の研究は今から考えると困難なるものである。経済や法律の研究は三年学習すると一通りの知識がえられる。社会学は一九世紀にいたるまではスペンサーによる総合ができて標準があったという。ところが二〇世紀に入ってから混乱をきわめたのではないか。デュルケーム、タルド、ジンメルという本流がかつては認められた。今はヴェーバー、パレートというかつての傍系が、それぞれ一つの本山となり、アメリカではフロイトの勢力が強い。総合または整理の天才はあらわれない。これは余談である。

第7節　栗野事件の分析

私の思想的立場を明らかにしたから栗野事件と一括的にいわれるものの分析をしたい。この事件の内容は単純ではない。世間的の述べ方をしよう。明治三六（一九〇三）年、桂〔太郎〕首相は栗野慎一郎氏に駐仏全権大使としての就任を求めた。老母への孝養のゆえに引き受けられなかったので、五高にいる令息・栗野昇太郎氏を一高に転校させることにして承認を求めたということである。その結果、首相は牧野〔伸顕〕文相をして五高校長・桜井房記氏および一高校長〔今村有隣〕にその手続きを運ばせた。

一高では学生が反対の運動をはじめた。その檄《げき》が五高に飛んだ。五高側学生も起って校長にその責任を問うた。校長はこれに応じなかった。学生は憤激して教頭に辞職勧告書を、ほとんど全学生の署名によって提出した。結果は校長教頭の辞職、数名の教授の休職、転任となり、学生側には一名の処罰もなく、問題は終わった。一高側に何が起ったかはこれを知らぬ。五高の教授陣容は幹部全体の更新となった。これが一般に栗野事件として知られている。

私は栗野氏も親しき一人であり、私人としてはこの事件を同氏に対して心苦しいと思ったが、成り行きは大勢上やむをえないと思った。『五高七〇年史』〔高森良人編、副題「龍南への郷愁」、五高同窓会、一九五七年刊〕も近く公刊される由であるが、私はこの機会にこれの真相と信ずるものを伝えたい。

いわゆる栗野事件といわるるものは、二つの事件をふくんでいる。一つは不公平なる転学許可事件である。しかもそれは校長の責任にかかる事件である。二つは教頭排斥事件である。栗野事件は前者であり、後者は栗野氏転学と、本質上、なんらの関係があるはずはない。後者の主動者は大川周明氏であり、前者の火付け役は高田である。前者の進行中に大川氏は「この機に乗じて起とうではないか。昨夜、横井小楠先生の墓に参り起否いずれにすべきかを伺ったところ地下より声あり、起てといわれた。ここに立ちあがるゆえんである」。

この武夫原演説は烈しい拍手をもって報いられ教頭辞職勧告が、ほとんど全部の学生の署名によって行われた。そうして世間ではこの二つを一括して栗野事件といい、高田は後にこれが阻止にまわったと伝えられる。これは真相からきわめて遠い。私は校長問責だけを問題とした。校長に交渉してその結果を報告し、かつ善後委員会を開いた。その席上、問題の拡大転換が主張せられた。私は一方が階級的正義の問題であり、他方は学校の寛厳《かんげん》の問題、つきつめると教頭の学生束縛に対する反抗の問題である。別々にして切りはなし、まず前者を解決すべきであると信じたから、そう論じた。ここにおいて大川、高田の二つの立場は対立した。

　票決の結果として少数の差をもって高田の主張が通った。大川氏と、ほか一、二の委員は憤然退席した。その結果、武夫原演説となり、生徒大会において成立したる総意として教頭排斥が主要日程に上った。私は栗野氏転学問題を阻止しようとしたのではない。教頭排斥という筋道のまったくちがったことを付加せず、栗野問題を純粋に進行させようとしたのである。以上の理由から教頭辞職勧告書に、少数者として署名しなかった。これは連鎖反応をくいとめるという総務委員との約束にもつながる。平井博士いまは亡《な》いが、さいわいに赤松博士は健在である。事実を明らかにする必要があるならば、赤松博士はその労を辞されないと思う。

　大川氏の「この機に乗じて」運動は完全に成功した。これは問題が転学問題という学校側の黒星と結びついたから、文部省自体も両成敗的に学生を処分しえなかったであろう。大川氏の昭和日本の動乱における活動はこの戦術に負うところ、少なくないと思う。

　この学校騒動は明治三九（一九〇六）年秋のことである。私の病気休学が終わって復学した直後に起った。三八年九月から私は熊本市藤崎八幡宮近くのドイツ人教師ナタンヨオ・フィリップ・フォン・ヴェンクシュテルン講師の家にいた。当時、べつにいたドイツ人〔フリードリヒ・カール・アーノルド・〕ハーンのところには私と同様に重光葵氏が客となっていた。ヴェンクシュテルンは独身で日本人の婦人、料理人と車夫と私との四人住居である。私はすでに相当の読書力をもっていたがやはり会話に力を入れることがなかったようである。栗野事件の最中、瀧氏が高熱をだしたので一晩帰らなかったのがもとになって、気まずくなり、瀧君の下宿に引き越した。そこは五高の東一〇町〔一町は約一〇九メートル〕ぐらいの宇留毛《うるげ》村〔現在の熊本市中央区黒髪〕の前田という家であった。離れの室には大川氏が下宿していた。ここは後年、大川思潮発祥の地として、アジア主義学生たちにとってメッカになったときいている。

重光と大川

栗野事件はこの九月の出来事である。私は瀧氏とともに赤松・平井両氏に決起を求めたが、他方、瀧氏が熱心に大川氏の説得に努めたことを戦争中に知った。私は大川氏と五高時代、平行線的存在としてすぎたが、年長ずるにおよんで、遭逢《そうほう》は稀であるにせよ、心境は相理解しえると思った。同氏の京大法学部における講演をきいた夜、某氏の招宴に列して相語ったが、話の中に意外のことが一つあった。同氏が立ち上がったのは「瀧君がしきりにすすめたからである。しかるに瀧君は後にかえって反対を唱えた。心外であると思った」。こういう話を私は瀧氏に伝えていない。しかしいまは事理明白に見える。瀧氏が勧説したのは転学事件であり、したがって栗野事件である。大川氏がそれを機会にして立ち上がったのは、教頭排斥事件であった。連鎖反応として何が起るかを予測しえなかったのは私の不明である。

重光氏は沈潜して、容易に動きを示さず、重厚の資質をねり上げて後日に備えるという風であった。大川氏とともに漢学の造詣が深かったが、後者は弁論の雄、論ずるところはすべて整然として文章をなしていた。中に蔵する信念と情熱とは昭和の日本をゆり動かしたともいえる。これが日本の禍福いずれであったかは人によって異論があるにしても、足跡の大いさは争いがたい。ただ清濁あわせ呑むにすぎなかったか。指導者としてはあぶなさがあった。

重光氏はその造詣、その才能を表に示すことはなかった。慎重、沈着の説法はむしろ、圧力を感じさせるが、情熱大衆を引きずる点はない。官界の雄としての経歴のしからしめるところでもあろう。昭和の動乱なく、日本に平和の日がつづいて幣原〔喜重郎〕、重光〔葵〕の外交が日本の常規となっていたら世界の信頼、いよいよ加わったであろう。

〔一九五七年〕一〇月一〇日、五高七〇年祭に出席した。出身者、会するもの三〇〇。宴終り、武夫原の唄を合唱するにおよび、みな感激に涙していた。かの歴史ある母校をつぶして五〇〇の新制大学の一つとなしてしまったのは、いったい誰の責任であるのか。

熊本から徳山の赤松智城博士に会合の様子を伝えた。つぎの返信を付記して回想に資することを許されたい。

〔赤松智城の高田保馬宛書簡〕

排復　本日は御親切にも御旅信を敬受　御懇請を万謝いたします。承れば五高の記念祭に御出席の由
御来示の原田君も東君も往年旧知の間柄にて、約半世紀前を回想し感慨を新にしました。過日隅々相国寺山内で石田憲次君にお出会の節　御物語の趣を同君の来信の中にて拝承し御厚情を感佩《かんぱい》いたします。先日佐賀の小田君と石田馨君（五高で一級下、小生と同郷）とからの情報によれば大川周明君目下病床に臥していらるる由　そぞろに往年を追懐長嘆して居ります。先は取あえず右御礼旁々申上げます。御自玉の程万祷

* * *

右のうち、石田馨氏は戦前の警視総監であった。秋風この飛信をもたらしてわが窓に入る。秋風よ謝す。

第二章　京大入学

第1節　米田博士の門に入る

明治四〇（一九〇七）年夏九月、京都大学文科大学哲学科入学。社会学を専攻することになった。私のごときは、はじめから法文経の中間領域に学問的あこがれをもっていた。はじめから財力に興味をもつなら、おのずから別に進む道があったであろう。官界の地位を求めるならば法科に行くべきであろう。しかし志は別にあり、しかも人間の作った条文の暗記と分析とに没頭することは煩瑣《はんさ》たえがたい。経済学にたてこもるのは狭きにすぎる。

こういう生意気なことを考えるうちに、行き先は社会のひろい範囲を、経験科学的に分析し、しかも社会主義となんらかの接触をもつ学問を選びたいと考えた。ゆえに社会学に身を投じようとした。社会学の中身が何であるかを確認しえなかったが、みずから向うところが、だいたい社会学であろうと見当をつけるにいたった。

哲学科の入学者は三〇数人であったが、社会学専攻学生はただ一人である。同期の学生中、学問を似て立ったのは、宗教学の赤松智城、支那哲学の武内義雄、心理学の楢崎浅太郎、兼常清佐、美学の福井利吉郎らの諸博士である。私は本来、哲学科学生となったのは、たまたま社会学が日本の学制において

1942年米田古希の祝い（前列左より2番目が高田、3番目が米田　小城市立歴史資料館蔵）

哲学の一講座となっていたからである。それにもかかわらず、哲学の諸科目を学修したということは、社会学研究のためにはいうまでもなく後年、経済学やマルクス学説の研究の上に利すること少なくなかった。これは、たえず赤信号によって進路を遮られる私に与えられたところの思いがけぬ恩寵であった。

社会学講義の担当者は米田庄太郎講師である。一方には同志社大学講師として経済学、社会学を担当。京都大学の社会学の責任者は遠藤隆吉、十時弥諸氏の中から定まるといわれていたが、米田博士に定まるであろうということを、当時、京大文学部第一回生であった五高の同窓・徳永氏から聞知していた。京都大学文学部のこの清新なる人事は史学、文学における内藤湖南、幸田露伴二博士の新任とともに学界を驚かしたであろう。

米田博士に眼をつけたのは、教育学の谷本富博士であったときいている。当時、東大の建部遯吾博士の社会学体系は宏壮であったが、新しい学説の吸収においては若輩を満足させなかった。米田博士はアメリカのギディングス、フランスのタルドに学び、その上、博覧強記と烈しき精進によって学殖少なくも国内に比肩するものなしという状況であった。ただ国内においてもまとまった著述を発表されるのが遅れたこと、また一部の人をしていわしめると、当時の帝大出身でなかったことのゆえに、学内におい て認められるのが早かったとはいえぬ。

けれどもこのいわば不遇は、博士をはげしき精進に追いこみ、日本の社会科学者として前後にその比を見ざる学殖の保持者たらしめたというべきではなかろうか。博士の晩年においても談論社会学におよぶ限り、ヴェーバー、ジンメル、パレート、デュルケーム、フロイト、マルクスらに関する博渉《はくしょう》と理解の深さに、ただ眼を見はって驚くばかりであった。私の知識の内容のごとき、一二才といわれても返す言葉はない。博士について学び、しかもはじめの一〇年間、弟子一人というに近い境遇に身を置きえたことは、これこそ思いがけぬ恩寵であった。

入学したのち、二つの困ったことがあった。文学部すなわち文科大学の教場のお粗末はおはなしにならず、一部は法学部の教室を借用し、一部は木造二階建てのパラックとも表現すべき研究室に出入りしなければならなかったが、松下村塾流にいえば、これも困ることではない。一々どの講義も学史の部分からはじまるが、はじめのうちは普通講義という概論風のものが、どれもこれもといっていいぐらいにギリシャ哲学史、しかもプラトン、アリストテレスからはじまるので、またかまたかといわざるをえなかった。

しかしこれもまだ辛抱するとして、九講座の普通講義は、いずれも必修になっていたので、美学もきき、美術史もきき、インド哲学もきいた。中にも美術史の講義は実質上、建築史であった。インド哲学は梵語の名詞がつぎつぎにでた。これには弱った。けれども、もう一歩つき進んで考えると、このインド哲学すらも、今日のインドの思想を知り、インドの社会構造を知る上に役立っている。ネルーをはじめインドの近代思潮の理解に助かることが少ないとは思わない。ここにも、ひとつの恵みを感ぜざるをえぬ。

さて社会学の普通講義の第一年は社会学史であり、しかもそれはギリシャにはじまる社会学前史で、コントを似て終わったと記憶している。第二年目には、この学史の延長すなわちコント以後の社会学史が特殊講義になった。これはいく年かつづき最後にジンメル、タルド、デュルケームの三高峰におよんでいた。

そうして二年目から普通講義は社会学概論となった。これが米田博士の社会学概論の書き下しであろうと思う。そのはじめの部分が後に『社会学院年報』において公にせられた社会学体系論(10)である。これは学界において、今日にいたるまで注目を集めている米田社会学論である。

　米田博士の講義は早口であり性急であったが音吐《おんと》朗々《ろうろう》ともいうべく、教室の隅々までひびいた。ただ一時間八頁という記録的な早さには閉口せざるをえなかった。毎週、普通講義二時間、特殊講義二時間の外に演習が二時間。この後者はなかなか高級であった。はじめからタルドの『社会法則』を読まされ、つぎにグロッパリを読んだことについては、別に述べた。

思想の型が定まる

　高等学校をでるころに、社会学を研究して社会の真実、まことの姿を知り、それから社会のゆくべき方向を考えたい。それによってとるべき主義の何であるかもつかみたい、と考えた。これは無理もないことである。歴史学派の巨星シュモラーすらも歴史の研究から政策論すなわち主義をひき出そうとした。私は理論が主義を教えると見たのである。この考えをいだいたのは明治四〇（一九〇七）年である。瀧氏は経済学を研究し私は社会学を研究して、社会のゆくべき道を明らかにしようと考えたときには、職業や衣食のことは念頭になかった。当年の大学卒業生はそれを考えずに済みもした。時は一九〇七年である。

　ところでマックス・ヴェーバーの価値自由の論文、いわば社会科学の客観性の論文（『社会科学と社会政策にかかわる認識の「客観性」』）はすでに一九〇四年に発表されて、いわゆる政策論争に終止符を打っていた。私は大学入学後、同様な思想を米田博士にきいて頭から冷水をかけられる感じがした。米田博士の政策論の主観性に関する知識はディーツェルからきていた。理論は因果原理によって統一せられ、政策は目的原理によって統一せられる、というディーツェルの見解は方法論に関する著書に書かれている。それを引用して述べられたが、私はもちろん、ただちにこれを理解し、ただちにさきの無謀の企図をすてた。

けれども私の常識的なる企図ないし希望は、人間の本質から離れぬ願望である。ことに哲学の畑ではつぎつぎにこの不可能が意図される。いわんや日本において、今日もなお経済学は経済を高め、人間を豊かにするためになすべきかの理論であると説かれる。これはイギリス思想の系統をひいている。厚生経済の思想の一部もそれの流れに属するであろう。私は学問を貫いて社会主義肯定論を確立しえずと認めつつも、やはり素朴なる企図をすてきれなかった。後年、ヴェーバーの論文を研究するにいたって企図をあきらめた。

社会哲学と社会思想と社会科学とが、ややもすれば一括して同類と見られやすいイギリスにおいては、ロビンズの『経済学の本質と意義』というヴェーバー風の著書がでるべき理由があったことも付記したい。

「けれども大地は動く」、身は刑死しても叫ばざるをえなかった。「けれども内なる声がある」と、ヴェーバーに背いて信ぜざるをえなかった、しかもこれを人間そのものの声と信ぜざるをえなかった。内なる声は自他平等の声であると直観した。

法科の友人は経済学部の有力な教授の結論として、社会主義は生産力を阻害し、貧困をもたらすという主張を教えられたという。私は考えた。それは可能のことである。今にして思えばピグーでさえもそう考えている。「けれども内なる声がある」自他ともに人であり、自他ともに平等である。カントは当時の内容を捕捉する企図をすて、したがって善の内容を規定せずとした。しかしながら他人を手段として見ることなく目的として見よと教えた。手段でなく目的であるというのは内容の規定でないのか。人格の軽視でなくその尊厳を認めるとき、内容が規定せられないのか。内なる声は規定を明かにする。自他の声などを内なる声と見る外はないというならば、それに立って一定の方向がありえるだろうと思った。平等のために乏しいのは、すなわち豊富をすてるのは内なる声ではないのか。これがかの経済の有力なる教授に対して「提出せざりし抗言」であった。豊富を否定し自由をも否定するにいたるのを社会主義の本質として考えた。「自らの思想の型がようやく定まる」のを覚えた。

　学生生活における私はかかる段階にあった。これは『論語』のある章における一句、「乏しきを憂えず、等しからざるを憂う」〔季氏第一六〕、という聖句の意義ではないのか。

　西欧の社会主義の主流ともいうべきマルクス主義は均《ひと》しきを求め、同時に豊かさを求める。そこに、二つ〔『論語』とマルクス〕の絆があるのではないか。この点に東洋と西洋との距離があるのではないか。

　理論を中心とする私にとっては、主義の問題は道楽である。しかもやみがたき人間の本質の属する道楽である。この考え方が漸次《ぜんじ》に形を調《ととの》えたのはいつか。明治四二（一九〇九）年の正月の寒い晩、黒田源次氏（心理学者、満州医大教授、戦後、奈良博物館長）との閑談暁《あかつき》におよぶことがあった。そのころのことである。

　自由と平等とは事実の世界において背馳《はいち》し矛盾する。観念の世界においてのみ一致する。後者は純粋なる人間愛の世界、真実なるヒューマニズムであるとみたい。これはあるいは単なる楽書《らくがき》であろう。あるいは血をもって書ける告白でありえる。筆のすべりを寛恕せられたい。主義を道楽と見る私は、精進は理論を求めることであると解した。在学一年から二年にわたる私はつぎのごときものを報告として書いた。

〔一年〕〔一九〇八（明治四一）年〕

　結社性（sociality）に関する学説の発達を論ず

〔二年〕〔一九〇九（明治四二）年〕

　ギディングス社会学の発達

後者を書くまでにギディングスの四冊の社会学教科書(11)、論文集『民主制と帝国』まで通読した。後年にいたってもそれ以後の同教授の作物は読んでいない。その他に、スペンサーの『社会学原理』、ウォードの『純粋社会学』、スモール、ロス、エルウッドなどのアメリカ経済学書、タルド『模倣法則』、『普遍的反対』、デュルケームの主著の若干、ドイツ・オーストリアのジンメル、グムプロヴィッツ、ラッツェンホーファー、テンニースあたりの主著にあるいは詳しく、あるいはあらく眼を通した。社会学の一般的知識は講義を指南車にして、実質的には読書によって吸収した。一年に二回の長期帰郷にはいつも大きな信玄袋に本をつめこんで帰ったのを思いだす。論文らしいものを書いたのは三年生のときである。

第2節　矢車草の思い出

明治四二（一九〇九）年夏から四三（一九一〇）年七月までの期間を、私は卒業論文のためについやした。そのころの心境は不安定であった。論文のまとまりはうまくは運ばなかった。これは私の学問的要求を、ひとすじに貫いたとはいえぬ事情にあったからである。

社会学の畑以外のことを勉強しようとは考えていなかった。しかし何よりもやりたかったのは体系的な基礎理論であった。しかしこの方面における学派のわかれがはなはだしい。まずその中について、いかなる態度をとるかを定めたいと思った。これについてはギディングスをはじめに精読したことが助けになった。心の底では、この方針を一途に掘り下げるのが本願であったが、環境はこれを許さなかった。

指導教授としての米田博士の方針では、何か特殊の問題を選ぶこと、しかも事実の知識をもって主張の基礎にすることが要求された。ところで基礎的、普遍的のものを求めるのであるから、特殊的のものに集中しがたい。記述的、帰納的、歴史的な事実的方面は苦手であって関心が薄い。この二面において、指示された方針が私の内面の要求と環境とにぴったりしないものがある。これが不安定の根本ではなかったか。

　入学当初の下宿は百万遍〔知恩寺〕の表門の東どなり、佐竹といううちであった。十数人が同宿していたが、そこに法科の瀧正雄氏と二人、相隣れる室を占めていた。やがて瀧氏は百万遍裏門の西村という大きい下宿にいって、そこの離れに落ちついた。食事は大学寄宿舎の食堂に通った。当時の寄宿舎は全員で一〇〇人を少しこえるくらいの人数でなかったか。食堂には外部から月ぎめの切符外食者と舎生《しゃせい》とが半々であった。箸箱に名が書いてあったから、たがいに姓名を知り合った。今の金沢大学の戸田正三、早く法科の教授であった暉道文芸《てるみちぶんげい》両氏など多勢の顔見知りは、箸箱の媒介にはじまった。

　私の大学二、三年は受講の時間が少ないので天気さえよければ少々の寒天でも畑の中を散歩してノートや本をよみつづけていた。朝永三十郎博士の講義は声を立てて読むに最もふさわしかった。きちんと整理されていたからであろう。いわゆる逍遥《しょうよう》学派（ギリシャの哲学史の中からとって自ら名づけた）の私の逍遥の場所は吉田山の北、追分地蔵尊から東の畑地一帯であり北端は茶山にまでひろがる。

大根《おおね》洗ふ　京の吉田の夕川の
美《は》しき少女《おとめ》に　道問はざりし

　明星派の語調は当時の私にとって自然であった。歌はあまり作ってはいない。時々、日記のはしに書く程度のことであった。ところで、三年生から本格に論文勉強をしようと思って、私は閑静なところを求め、下宿を移ったがやはり落ちつかず、戻った先は田中大堰《おおい》町の田中という素人下宿であった。そこで一緒になったのは、瀧氏の竹馬の友、英文学の安井定四郎、私の竹馬の友、国文学の野口幾三の諸氏である。瀧氏と私とを加えて四人が、当時、寝食の因縁深き親友同士であった。

さて逍遙学人の私は日も日もひとり、本を片手に散歩をつづけていた。中心は今の北白川小倉町の一帯、当時は乳牛を飼う家が一軒あっただけで、比叡、鞍馬の山のふもとまで視界をさえぎるものはない。そこを貫流する疏水《そすい》の両岸は多くは花畑である。春から秋まで折々の花がさき移り、紺の手甲《てっこう》をはめた老若の女たちが手入れをしたり、花を刈っては家にもちかえったりしていた。

秋のコスモスは当時から広がっていたが、これはいわば平民花でどこの垣根にも乱れさく、畑につくる品種ではない。最も鮮やかに、記憶に残っているのは初夏の矢車草《やぐるまそう》である。季節が学年試験近くになるとその紫の花がさき始める。うれ麦の色も試験の季節のものであるが、麦の穂には味がない。私には見なれなかった矢車草の紫の気品ある花が回想の視界を占領している。今日の老境までその苗を買って植える習性も、当時からの感傷の連続であろう。

秋の風　伝ふ白川に　花摘める
　　君が手ばかり　淋しきはなし

分業論のこと

前述の環境から不安定の気持ちになりながらも、卒業論文の題目を分業論にすることとした。理由はこうである。特殊の問題であって最も根本的の意義を有するものを選びたい。それならば、事実の資料をもって裏付けのできるという点においても、何とか可能であろうと思われる。

これはすべて私の要求と指導教授の要求との妥協の結果であった。本心の要求からいえば同じ分業を扱うにしても、ジンメルの『社会分化論』のように、伸び伸びと思索の行きつく先を書きたかった。しかし現実においては、低級社会の事実や経済史の資料をあさって、所論を潤色せざるをえなかった。

論文はまことに意に充たぬものであった。当時の慣習にしたがって美濃紙、毛筆書きである。引用文を合わせて八〇〇枚ほど。苦心の大半は民族誌や社会進化論などから事実、例示を蒐集することについやされた。この意に充たぬ方針も私には赤信号であったが、今から見るとやはり必要の段階であった。低級社会に関する発言を少しく自信をもってなしえるのもその結果である。

ただ惜しいことには、卒業後のたびかさなる引っ越しのうちにその論文を紛失してしまった。その大要だけは出版しているが苦心の記述的、資料的部分は出版のための短縮のとき省いてしまったので、もとの論文の復原の見込みはまったくない。多数の本から蒐集した事例の記述も永遠に失われた。

分業論の研究に関してよんだものの中には、経済学関係のものが少なくない。アダム・スミスの『国富論（*The Wealth of Nations*）』の巻頭にある分業の説明は古典的のものである。それの延長または発展として、カール・ビュッヒャーの『国民経済の成立』があげられる。この方向に属する他の有力なる研究としては、シュモラーの『国民経済学要網』を忘れがたい。これらの文献から経済学への接近がすすむわけであったが、私にとってはそれが大事でなかった。もうひとつ、マルクス『資本論』の第一巻における分業の叙述が古典的のものとして有名ではあるが、それも飛びはなれて創造的のものとは思えなかった。『分業論』（京都法学会、一九一三年刊）は私にとって処女作である。それゆえ、もう少し立ち入って述べることを許されたい。デュルケームの『社会的分業論』は社会学の畑における不朽の業績である。それの理論的延長としてブーグレの論文[12]が注目に値するとともに、その中にはデュルケームとスミス、ビュッヒャーの線との綜合があるとも見られよう。けれどもデュルケームに対比すべき業績として注目すべきものとしてはジンメル『社会分化論』があげらるべきものであろう。

私はこの外にきわめて多くの民族学的、文化史的作品を参照した。今から見ると労力が二つに分散されて、根強い、図太い本格的のものを忘れた形になっている。

数年後、詳しくいえば大正のはじめ『分業論』を再考と加筆を施した上にて、約二〇〇頁ぐらいにまとめた。これは法科大学研究叢書の一冊として刊行を許されるように願いでるためであった。大正二（一九一三）年一二月に公刊されたと思う。大正一四（一九二五）年かに刀江書院によって再刊されたときにも、相当に加筆を行なった。

この論文を書き終わったときの下宿は北白川のはずれ、茶山である。俗に杉本別荘という丘の上の離れであった。母屋《おもや》は宏壮な邸宅であったが掃除をしてくれる女中の外は私の室に出入りするものなく、私も母屋の人にはたまにしか挨拶しない。庭園は広かったが私がそこを散歩することもなかった。

午前は大学に行かず、パンだけの朝食である。昼飯と夕飯とは大学の食堂を利用していた。大学まで片道二五分はかかったが、少年のころ、毎日通学に五里を往復していた私は、べつに遠いとも思わなかった。しかし二五分の中、いわゆる白川街道から北に折れてから一〇分間は、ほとんど田畑ばかりで人家もないところである。だから来訪の友人もなく、少し北へ行けば墓場があり、寒い晩にはふくろうが鳴く。すごいほどに物淋しい。

ただ冬の夜は火の気のない丘の上ゆえ寒さが格別に強かったが、宿の人の厚意によって、毎晩、暖かいこたつが入れられた。母屋の家族の人たちと私との間の人間的な接触と親和とがこのこたつによってのみ媒介せられていた。さすがにこの孤独の環境にたえきれず、卒業とともに田中村の旧下宿にまでもどった。

第3節　孤高自尊の記

当時の私の心境をふりかえって見る。高等学校のときには、いろいろの方に世話役のような立ちまわりもしたが、それの反動といわばいえる。そういう仕事から、いっさい手を引いて単に研究だけに没頭することにした。そこで学内にあった修養団体からの入会勧誘を受けても辞退をつづけた。新しき飲食の友人もなるだけ作らなかった。高校のころには詩人としておよびがたき〔下村〕湖人がいるばかりでない。学問の上にも、人間的品格の上にも、尊重すべき人々を周囲にいくらも見出していた。しかもそれらがたいてい東大にいってしまったので、京都にきてからは友人を求めるという気持ちを失ったのである。

その上、隣接の縁の近い法科は、格別淋しくなっていた。三年制を四年制に切りかえた直後であったので、法科の学生は毎年三〇名ばかり。かかる事情の下においては、友人を求めるより精神の糧を世界に求め、古来の聖賢に求めようということになる。これが以前の世話好きから、限られたる友人を守る引込主義に移らせ、専念研究に打ち込む習性を作らせた。

けれどもかかる生活の中にも気魄《きはく》と夢とを失ったわけではない。四年生のころ、二、三の友人と比叡山に上ったことがある。入学間もないころであったろう。四明《しめい》の頂上の将門岩に立ちあがった。私はいつも、権力の中心をくつがえす勢力は権力所在地に遠きところから起ると見た。鎌倉幕府は東に起って西を抑えた。これが武人政治である。つぎの明治の変革は西方の力が京都に集結し、その力が幕府を亡ぼした。今や東京中心の時代である。このつぎの革命勢力は再び西に興って東を征服すべき順序であろう。東伐これ西方新文化の使命である。

そこで岩上に立って地上を俯瞰した。将門覇権の夢、西によみがえれと黙語した。今にして考えると、現代において河上〔肇〕思想は東漸《とうぜん》して新時代を作ったと見る人もあろう。けれども、西力東漸は共産主義の究極における支配を意味することであろうか。これから後のことは今の私の見方である。世界を通じて見るならば、起ち上って東漸すべき主力は武力ではもちろんない。しからば財力であろうか。今や経済は政治の従者となってしまった。この時代においては財力の中心は政治の中心を離れがたいであろう。東漸の力が財力でないならば、それはやはり世界統一を目ざす新思想であろう。

若き日の　ゆめなほ失はず　大ひえの
　将門岩に　立ちて抱きし

超然主義

学校関係におけるすべての集団的活動を離れる。孤高の生活を営む。これを超然主義というならば、私は善意の超然主義の学生であった。私は学生生活をつづけるにしては十分ともいうべき学費を兄に受けていた。兄は進みて卒業後、外遊せよとすすめていた。その用意もあったはずである。子がなかったので、一人の弟を仕立ててやろうという愛情に包まれた私は仕合わせであった。学生生活を二年も延長したのを毛ほども咎《とが》めることもなかった。

学生時代の私は服装においてあまりにも質素であった。田舎の高校生の時のままを改めず、足袋ははかず、頭髪は二分刈、しかもそれは友人との刈り合いである。制帽は一度なくしたのでそれから無帽である。九つ年上の郷里の姉の仕立てた衣類も、少し上等のは着用しなかった。大学の廊下をいつも跣足《はだし》で歩いていた。孤高超然が私をこうさせたのである。当時、京都の新聞は京大文科の奇人として兼常清佐と高田とをあげていた。

試験も済み、引きつづき大学院学生となったが、特選給費生の中にはいらない。私はまず期待をかけている兄にすまぬと思った。つぎに佐賀中学という母校にすまぬと思った。いくたびか赤信号になやんだが、これもまた、ひとつの赤である。天下の秀才が殺到しているというのでもない大学にきてどうしたことかと思った。自己の能力や努力を卑下してはいなかった。このころから私は京都と京都大学とに愛着をあまり感じなくなった。しかも終生去りえないというのは運命の神秘である。それはとにかく、私の抱いた気持ちは外にでるよりも、内に蓄積して猛然たる発奮《はっぷん》となった。これがタルドと米田博士とに吹きこまれたる、アンヴァンション〔invantion〕、すなわち創造へのあこがれに結びつく。吸収と消化とを超えて進め。赤信号から追いこめられた境地である。

　とにかく卒業だけはした。兄は弟も一人前になったので亡き父の墓参りにと十数年ぶりに夫妻郷里に帰っていった。その留守のために私は四日市にいった。明治四三（一九一〇）年七月である。場所は四日市市浜町三番地、後の商工会議所の向い。戦災の後はその焼け跡に歯科医院ができていた。兄夫妻は郷里に一〇日あまりも滞在したかと思っている。この夏休みぐらい、心中平らかならぬ年はなかった。一つは運命の仕業である。二つは学問的の焦燥《いらだち》である。これは学問的考察の社会学における困難である。この困難はこのことを意味する。一つは対象の分類さえろくにできぬほど複雑なことである。

　例えば階級の対立を考えても、その堺目《さかいめ》が何であるか、どこで有産無産の区別線がひかれるのか、みなわからない。職業の区別分類をはっきりなしえない。つぎに学問が新しいので概念整理がついていない。私はこれに悩まされて、思索がここではすこぶる困難であると思わざるをえぬ。しかも、いまさら社会学を去りえない。

＊　＊　＊

さて近日、三重県に関西社会学会が開かれる（一九五七（昭和三二）年一〇月二六・二七日第八回大会、三重大学で開催）。県内いくつかの都市において講演会も行われるが、私も講演者の一人として四日市に行く。四日市の会場を願ったのである。そうしたのは、四日市への一種の愛郷心である。

いったんは焦土となってたいていのもの焼けつくしてはいるが駅の位置も元のままであり、諏訪神社もそうである。兄は四日市に住むこと二八年、大正六（一九一七）年に、私の卒業後七年にして世を去ったが、浜町三番地に立てば当時の町の家並、兄夫妻が親しくしていた故人たち、すべては白昼のまぼろしとして眼の前に浮かびでる。悲しかったことも、苦しかったことも、回想となれば、みな美しくなつかしい。これが私をひきつける。いわんや聴衆の中には私の出会った人たちの子孫もあり友人もあるであろう。今は新興産業の大都市と化して昔の町は亡びているであろうが、私はかつてのまぼろしを追って半日を過したい。

詩人の中にはかつての愛人の郷土の大地に伏して口づけしたものがある。人親しければ土も風も山川草木、みな親しい。これが愛郷の心である。それの発達しきった、したがって歪《ひず》んだ形が愛国心である。愛国心を交換原理をもって律し、国を愛するのを国から利益を受ける限度にしようという。これは国を売買の対象にするのではないか。それは愛国心では寸毫もない。商業主義（コマーシャリズム）である。

第4節　学究生活の第一歩

階級の研究

明治四三（一九一〇）年九月から大学院一年生の生活がはじまった。哲学科二七人の卒業生のうち、若干は教師となり、若干は家業につき、その残りは大学院に残った。残ったといっても学校側から将来を約束して引き留められたのではない。自発的に学生生活を継続しただけのことである。人数は割合に多いので前学年の延長としか感じなかった。しかし他の学部または他の職業の人々と対比すると、いかに恵まれないかがわかる。

兄の厚意によってどこにも職をもたず、専心研究をつづけることができた。ただ研究の題目には苦心した。私は本来、社会学の根本問題を掘り下げたかった。しかし米田博士の方針では特殊の問題、実証による裏打ちを考えねばならぬ。そこで分業という卒業論文の延長として階級の問題をえらぶことにした。階級または階級闘争の問題を扱うとなると、いかにも元気よく見えるけれども、身を研究に打ち込むとなると、これはなかなかの難関である。

第一に階級とは何ぞや、という踏みだしの問題から容易に答えられない。私はそれに立ち入る前に階級形成の地盤または前提としての社会が、いかにして存在するかの根本問題に立ち向かうことにした。大学院生活五年の中、一年ぐらいは寄り道してもよかろうと考えたのである。こう考えて、大学院最初の一年は、いっさいをすてて本格の勉強をしようと考えた。

問題は社会結合をうながすものがいかなる事情であるかの考察であった。その着想の内容については述べる限りではない。ただアリストテレス以来考えだした問題で、これという着想を求めがたいと思った。しかし苦心だけはした。その悪戦苦闘の跡は後『社会学原理』の中に述べている結合原動力についての学説史研究である。

このころの大学院学生生活というものは寂しいものであった。今日のそれは科目の単位をとるのに忙しいが、教授と接触の機会が多い。激励があり監視がある。当時はその反対であったので、結局、寂しくてしようがない。これを逃れるために昼夜読んでは考える外はなかった。

最初に活字になった論文は『芸文』(文学部三科の機関誌)の秋の号(第一巻第八号)に寄稿した一文、家族の崩壊が社会の団結におよぼす作用について、法科の河田嗣郎助教授の見解を批判するものであった。当時の法科の新進・河田氏の研究は注目をひいていた。在学中からグロッセの家族論の著作の紹介をしたり、家族の将来に関する研究をも発表されたりしていた。当時の経済学界の状況からいえば刮目すべき視野の広さである。

その立論の方向は文明の発達は家族の結合をゆるめ、それを崩壊させる。これは社会全体の団結を弛緩せしめるであろうというのであった。私は諸集団間における結合の逆行に着目し、結合定量の法則をとなえだした。着想はいろいろの本の中に無意識的に述べられている。しかし、ひとつの組織的見解にしたのは、私であると思っている。これは今日の国際関係を考える上において、意想外の射程をもつと思う。この意見に立ちて、家族の崩壊は社会の団結をむしろ強めるであろうと論じたのであった。

河田嗣郎(京都大学大学文書館蔵)

当時、河上、河田の両助教授は法科大学の中でも人気が高かった。私が人間的接触をもちえたのはどういう機会であったか、回想のしようもない。規則的な交渉をもつようになったのは明治四四(一九一一)年秋、瀧正雄氏を世話役として経済学読書会ができて以来のことである。このことについては、別に頁をあらためて論じたい。

結局、階級の研究という方向だけを定めたが、外のことの研究に立ち入って、それに急には本格的に立ち入ることがなかった。

新詩社との交渉

先生はえらいほどよいが、あまりえらいとこちらが委縮する。これは私の人生知である。高等学校において〔下村〕湖人を友人にもちえたことは私の幸福の重要な一つではあったが、私は文学青年的に委縮してしまった。競争の気がなくなり、相手が自分をどう見てくれるかと思うからである。近年にいたるまでこの種の体験を友人からきかされることは多い。私の五高時代は、歌はいくらも作らず、詩らしいものだけ少し作った。大学三年も日記のはしに歌をかきつけたが、本格の努力は何一つしていない。

ところが私の大学院生活の第一年には、同じ下宿の文学部の安井定四郎氏と親しくした。これは瀧氏を通しての学友である。安井氏は与謝野夫妻の新詩社に歌を送っていた。私もそれにつりこまれて歌を送った。当時、『明星』は廃刊になっており『トキハギ』[13]という小さい雑誌が出されていた。私が明治四三（一九一〇）年中に歌を送ったのは二回だけ、四四年春に一回送った。四四年の三月の暮れの一夜、感興にまかせて三〇首ばかりをえた。作ったというより内心からわきでてきたのである。それを郵送したら与謝野寛氏の激賞を受けて、これから別格の取り扱いをするといってきた。手帳の隅に「唾手《だしゅ》一番を要するのみ」と書いたのは、このころのことであろう。

その後、間もなく、両氏は渡欧されたので、時に同門の機関誌『吾等』に歌を寄せただけである。

胸の海　外に用なし　人思ふ
　　汐のみちつつ　汐のひきつつ

春霞　嵯峨に流るる　中にして
　　君に流るる　わが思かな

そのころのことと思う、東京大学にいった下村湖人氏は『帝国文学』(14)に拠《よ》って詩論、長詩、短歌を発表していた。『吾等』によせたものの中から記憶に残っているものを一、二首記しておきたい。

団参《だんさん》は　ぬれ紫の　つばめより
　　先だちて来ぬ　京のはるかぜ
野の土筆《つくし》　小さき頭を　打ちつらね
　　子らよぶ春と　なりにけるかな

与謝野夫婦の洋行がなかったならば、私はもっと本格に歌に打ちこんだであろう。そうして「明星」らしい歌を作ったであろうが、事実は、たえず日記に歌をかきつけるぐらいにとどまった。後年、中島哀浪(『ひのくに』主宰、佐賀の歌人)と相交わり、その影響を受けて歌風も変わっていったが、すべて運命のままに動いたと思いたい。

第5節　経済学読書会のこと

瀧正雄氏は明治四四(一九一一)年七月に卒業して大学院に入り経済学を専攻することとなった。これを機会にして経済学読書会が設けられた。戸田海市、河上肇の両教授が事実上の中心となり、毎月一回ずつ会合が開かれ、たいていは食事をともにしたと思う。はじめ、瀧氏が幹事役であったために私も出席を許されたと記憶している。

この会合の特色は、京都大学経済学科教官を常連の会員とし、外部からの参加者として日銀京都支店長・結城豊太郎氏(のちの日銀総裁)、山内静吾氏(のち日銀理事)、やや後れて日銀の星埜章氏、第一六師団某経理部長など。毎回の報告者は一人。報告の後は憚るところのない真剣な批評、応答が交わされた。

この会のごとく地位、年齢の差をこえて率直なる意見の開陳が自由に行われた学問の会合をきいたことがない。特に一度いいだしたら引込めない瀧氏と主張し始めたら一歩も退かぬ戸田教授との討議は火花が散るようにさえ思われた。

もちろんこれは内容的に対等であったという意味ではない。態度があくまで民主的であったことをさす。河上博士は最も熱心なる報告者であり、また常に新しき問題の提出者であった。小川郷太郎博士のねばり強い論法がはじまると、戸田博士との間の議論はいつ果てるともわからぬこともあった。激論のあった時ほど、夜も遅くなって、しかもなごやかに散会した。会場は今の楽友会館の北、学生寄宿舎のつづきの集会所の一室、北向きの室であった。

小川郷太郎
（里庄町歴史民俗資料館）

河上博士のフィッシャー貨幣数量説の紹介、戸田博士のリーフマン限界効用説の説明などが思いだされる。J・B・クラークの学説を研究しはじめたのも、因縁がやはりこの会につながっている。

友人や学生から、しばしばどうして経済学に移行したと質問をうける。答をいろいろな形で述べているが、実質的にいえば、この研究会に出席しているうちの耳学問がこの移行を準備することになったと思っている。私が広島にうつったのは大正八（一九一九）年である。私が出席していた期間だけでも明治四四（一九一一）年ごろから数えて八年になる。

読書会の人々

長老教授の田島錦治、神戸正雄両博士あたりも熱心に参加しておられたし、恩師である米田博士も引きつづいて顔を見せられた。当時、新進気鋭の河田嗣朗博士は健筆縦横の意気さかんであったが討論にあまり参加されず沈黙がちの慎重派であった。その他の諸教授、助教授、講師の顔も揃って、恐らく当時の日本の経済学界における代表的な学会でなかったか。この雰囲気の中から『経済論叢』[15]も生まれたと思う。会に接触があった思い出の人々も多い。

結城豊太郎氏も京都支店長在任中、毎回、熱心な出席者であった。戸田博士の議論に特に関心をもたれたようである。大正のはじめごろ、同志社大学に滝本誠一、櫛田民蔵の二教授が見えて二人ともよく出席もし、議論もしておられたが、ともに河上博士に近かったようである。ことに滝本氏は老政客を思わせる議論ぶりであった。当時、福田徳三博士も見えて報告をされて緊張した議論の応酬の行われたことがある。後年、しのぎを削った福田・河上の両雄も深く相認めて仲がよかった。この報告もその間の個人的接触の間に話がまとまったであろう。題目も忘れたが、福田博士の応酬ぶりはきわめて巧妙で大事な議論をはずして慎重な身構えをする論陣であり、鋭鋒を回避するという風に見えたというのが京都側の楽屋話であった。

当時、福田博士は朝鮮経済史に研究をもち、そこに封建制度のなかったことが近代的発展を困難にしているという主張をされていたが、報告がそれをめぐっていたがどうかは記憶しない。いずれにせよ、水際だった博士の報告に、京都側の緊張も目についていた。私などは沈黙して理解につとめるばかりであった。この時の面識がなかったならば私の東京商大赴任の因縁もたぶん生じなかったであろう。

私はこの会において左右田喜一郎博士の『経済法則の論理的性質（*Die logische Natur der Wirtschaftsgesetze*）』（のち岩波書店、一九二三年刊）を紹介したことがある。左右田博士はドイツ学会においてすでにその名を成し、この第二著述を公にして間もなく帰朝されるであろうと伝えられていた。左右田学説のことについては、朝永三十郎博士から京大の諸教授に伝えられていた。この報告は戸田、石坂〔音四郎〕（民法教授）、河上らの諸博士の間に話があったと思う。正直にいって私にはこの書を理解しつくす力は今にもない。わかっただけを抄訳し少しの註釈をするというだけをして責任を形式的にだけ果たしえた。大正二（一九一三）年の『京都法学会雑誌』[16]における拙稿「左右田博士の経済法則の論理的性質を読む」はこういう事情によって書いたものである。

　私はこの一文によって博士とある因縁をもち、またその知遇をえたことを幸福の一つとしているが、東京商大にいったとき、ゆっくり親しく接触する機会をもちえなかった。病身のために横浜に行くのを思い立ちえなかったことも、ひとつの事情であるが、この哲学的造詣に対して一定の距離感をもち、近づき難さを心の奥に感じたことも手伝っていたであろう。石坂博士はこの方法論的研究について格別の興味をもっておられた。なお左右田博士には、ひとたびは、しみじみ挨拶も申し上げたいと思ったが永久にその機を失った。

徴兵の研究

　私の回想のつばさは明治の末期、大正のはじめあたりを進みつつある。私が米田博士にほめられたことが一つある。前述のごとく、学風が思弁的（spekulativ）である、実証に欠けるどころか、実証の心がけがないというので、戒告をうけたのも、一度や二度ではない。

　ところが明治の末から大正のはじめにかけてカーネギー平和財団の日本研究の仕事の末端の手伝いをしたことがある。私は伊勢にいる兄から大学院に入ってからも学資を受けていた。すでに二年にもなったから、もはや自立する順序であると考えていた。同財団の日本研究の委員会（仮称、正式の名称[17]は記憶がない）で種々なる問題についての研究分担者がいるということで、当時の日本側理事、小川郷太郎教授の下に研究の手伝いをすることになったわけである。兄の給費に比すると倍額近くの手当てであった。受け持ちの題目は「日本における徴兵制度の経済的影響」というのであった。私には親しみの薄い問題であったが、とにかく一通りまとめ上げた。前篇は徴兵制度の沿革、後篇はそれの経済的影響である。これの日本文は印刷に付せられていない。英訳は当時の大阪高商〔現在の大阪市立大学〕中村教授の手に成る。『日本における徴兵制度（*Conscription System in Japan*）』（オックスフォード大学出版局、ニューヨーク）として出版された英語版、二五〇ページ内外の一冊、自著の中のただ一冊の横文字の本である。

　経済的影響というのをしらべる資料としては平凡のことながら統計年鑑以上のものは利用しえなかった。ただ現地の資料をえるために師団、連隊、鎮守府の所在地の市役所、税務署を巡行したこともあった。三七、八年戦役（日露戦争）が日本農業に、いかなる影響をおよぼしたかを見るとき田畑の作付面積をしらべたが、注目すべき一つの影響を摘出したことがあった。その時はあまりのうれしさに研究室の中を小おどりしてぎりぎり舞ったのを覚えている。

　その他の計数は常識で推知しうべきことを資料によって確認したまでである。しかしある機会にこの審査に当たった小林丑三郎博士からよく緻密にしらべた、と評されたことがあって、若い心には感激も深かった。

　東京側の研究参加者の名の中には津島寿一氏などがあった。関西の側で一緒に仕事をしたのは、のち松坂銀行に行った、当時の大学院学生・大山寿氏があったが、たぶん櫛田氏と同期の京大経済科卒業生であった。同氏多忙のため受け持ちの問題「日露戦争の経済的影響」の部分が未完であったためにその部分をも手伝ったことを記憶している。

とにかくこの一連の仕事をやってから後は、実証的の方面の訓練もすんだといって、後はやかましく戒告を受けることもなかった。ただ私自身では、なおまだはなはだ心許《こころもと》ない。

さてこの徴兵研究において小川博士の指導を受けたということは、多くの思い出につながっている。そのころ、訪問をしようとすると大学の研究室を、平素、利用されなかったゆえか、私宅に行ったようである。その家は河上博士の転居の後に入られたので、前から心覚えのあるところであった。

第6節　百万遍の西村

百万遍の裏門のとなりに西村という大きな下宿屋があった。そこの離れは瀧氏のすきな室であった。私が無理をして田中大堰の田中という家の二階に一緒にうつったが、これはしばらくのこと、同氏はもとの室にかえって、結婚までそこの生活がつづいた。そのころ、そこで一緒になった人も少なくない。櫛田民蔵氏がその一人、正井敬次氏（後の関西大学教授）が他の一人である。櫛田氏は学生のころから一級上の瀧氏を訪ねて口角泡をとばすまでの議論を重ねていた。外語出身であり、ドイツ語が達者で、当時からフックスやベームの本をよみ、自然、瀧氏の議論相手であった。私は、当時、この議論のはじまるごとに沈黙して傍聴するばかりであった。これは一つの耳学問になった。

櫛田氏は卒業後、東京に去ったが大正五、六（一九一六、七）年、同志社大学来任後は私と近所であったから往復を重ねた。親しい友人の一人であったのに、昭和はじめの労働価値論争から後は旧き友情を温める機会もなく永遠に別れてしまった。丈夫おのおの立つところの立場を守ったゆえのことと思えば、致し方もないと考えている。正井敬次氏は明治四〇（一九〇七）年入学、法文科を通じて一高から入学した、ただ一人でなかったかと記憶している。瀧氏を通して知り、また食堂の箸箱を通しての仲間であった。同氏は実業界から学会入りの後、接触を久しく重ねている。たまたま会えば、追憶は常にこの頃のことにおよぶ。

瀧の下鴨生活

瀧氏の寓居は結婚とともにこの西村から下鴨東林町、今の泉川町にうつり、つぎに下鴨警察の西、葵橋近くの二階家に引っ越してそこの生活一年もつづいたか、東京転任、議会生活になった。京都の生活が九年、その東京出発を米原まで送ってかえりに石山三日月楼に立ち寄った時、泣けて泣けてしようがなかった。

京都大学法科では社会政策担当の助教授採用が内定したのに振り切って政界にでるという、その決定を何とか変えさせたいと思っても意思の強固、てこでも動く性格ではない。私も泣きながら別れる外はなかった。その五年前には社会学というまとまりのつかぬ学問の辛さに、東京に行って方向転換をしようと思い立ち、身辺の荷物を行李にくくってしまったところを、同氏が訪ねてきて、笑殺に近い冷水をかけて断念させた。その本人が学者としての進路もはや確定している易行の道をすてるのを、何とかやめさせようとしたのである。

そこで同氏の結婚後の新居、つまり東林の家のことにもどる。三軒おいて西隣が学生であった近衛さんの家である。瀧氏はその保証人的の間であった。事情はこうである。瀧氏、愛知一中時代、天野一之丞という数学の先生があって、瀧の人物を認めていた。学習院に転任後、校内において重きをなしておられたという。

近衛公ははじめ、東大社会学科に入学、やはり法科の学問をやりたくなって京都にうつられた時、母堂からしかるべき相談相手をたずねられたのに対し天野〔貞祐〕教授が、当時、講師であった瀧氏を推して保証人にされたときいたが、当時、保証人の制度がなかったかも知れぬ。そうすると保証人というほどの格の信頼であったと解すべきであろう。私は瀧夫人のお産のための帰郷留守に、この東林の家に厄介になっていた。それは大正二（一九一三）年から三年にかけてであろう。私が近衛公と知り合ったのは、もっと以前のことである。

大正二（一九一三）年のころ、田中村にいたときのことである。ミルの『経済原論』を一緒に読むことになった。この申し出は本人から直接になされたもので、仲介はなかった。ただ示唆した人はあったであろう。河上、戸田両教授の一人かと考えるが、ミルを指定された点から考えると戸田博士であると考えたい。とにかく毎週大学からのかえりに下宿に来られてミルを読む、といっても私が訳して行くのである。火鉢だけはあるが敷く座布団がないという場面であるが、別に意に介することもなかった。

当時の近衛公は社会主義的な考えをもち東京往復の汽車は三等であるときいていたから、ミル講読は二学期もつづいたかと思う。訳する以上に説明を付け加えうる学力でもないから、これがどれだけかの知識を与えたとも思わぬが、後年、内閣を東条に渡してからのちの接触においては、相互の理解を深めさせたと思っている。

三軒おいて隣の生活もそう長くはなかった。近衛公の結婚とともに新居がやはり宗忠神社下（吉田山の東側の山腹）に構えられてからも、近衛、瀧の交通は依然として続きその上に両夫人の親交が加わったように思う。瀧氏の東京行となり、政治生活がはじまってからも、一時は床次〔竹二郎〕内相の下に公と机をならべた事もあったと思う。

第7節　紀の森の二葉庵

前後するが、私は下鴨東林の瀧氏宅における二人きりの同居生活を、夫人のお産が済んだから打ち切りにして付近の糺の森（下鴨神社の森）の上下三間の小さい家を借りた。小さい家、しかも古色蒼然たる小屋であったが、場所は天下の絶勝の一部といってもよい。百人一首にある楢の小川、泉川というのが下鴨神社内の泉から流れて私の家の二階から見下せる森の中を通っている。森の中には椋《むく》、柏、松、杉などの何百年とも古さの知れぬ大木が交わりあって天日を遮っている。近くには葵祭り前後に旧慣のままに競馬を行う馬場がある。

　二階は三畳、よく日があたる。下は六畳二間であるが、日を受けるのは一間だけ。塀一重へだてて工学部の渡辺俊雄教授の屋敷がある。当時、この一帯にいる学生たちは、糺の森の一角、三井別荘の近くにある「さがみや」の食堂を利用していた。下宿では食事をせず、食堂に通うのが京都の学生生活の特徴であった。ところがさがみやの周囲から食堂に通う人は多い。これを一括してさがみや連中といっていた。私も二葉庵に居をしめて連中の一人になっていた。

　二葉庵にははじめ独居であった。二階に万年床をしき、下の二間《ふたま》は空室である。時々、二階の瓦にきものや丹前を干しておくと、日ぐれにはとなりの渡辺邸の女中さんが竹竿で物干しを家におし入れて下さる、これは夫人の厚意ある命令によったと思う。私の記憶では渡辺博士は福岡県出身であったが、私の中学の先輩でもあった。

　さてその中に、一人の同居者をえた。法学部の学生、末綱礎吉氏である。今の雄別炭礦《ゆうべつたんこう》会社の社長。

　そのころ末綱氏とはつねに身辺雑談をしたが、年月は早く流れて四〇年以上になる。往年茫として夢のごとしと古人はいったが、筆をとって想起すると、思ったよりもはっきりしてくる。雄別の本社が丸ノ内にあるので、つとめて訪ねたいとも思っている。

　末綱氏とは同居ではあったが、一緒の屋根の下に寝るだけのこと、食事はさがみやであった。当時のさがみや連中の中には忘れがたい人が多い。何よりも仏文学の山内義雄教授をあげなければならぬ。当時、夜おそくまで話更かすのも一再ではなかった。私がフランス語の経済学書をよんでいるときに講義をきかれたのであるが、いまさら冷汗《ひやあせ》がでる。私は小説の読書としては不適格であるが、せめて詩の読者として山内氏の魂にもっと結びついて、久しき友情を暖めたいと思う。

第三章　多難な講師時代

第1節　社会に対する義憤

紆の森生活は一年あまりも続いたか。大正三（一九一四）年の夏休みに、私は法科の講師としてフランス語経済学書をよむことになった。瀧氏は一年前から英独経済学を受けもっていた。私の場合、経済科教授の厚意によることというまでもないが、特に戸田教授が格別、推輓《すいばん》の労をとられたと推知していた。行政法の織田萬教授（同郷の先輩）がある人に戸田君は高田のために考えて提案していたが、フランス語がまずくて高田がつまずくことにならねばいいがといわれたことを聞いている。幸いにして大過もなく――これも山内〔義雄〕さんにいわせると落第点であろうが――すんだが、しかし五年間もつづいたことはまず試験が通ったと見る外はあるまい。

織田博士の郷里は私の村から三、四里の距離に過ぎないが、早くから東京にでておられたので、言葉をいったのは京都大学に入ってのちの県人会の席上であったであろう。その前にあるいは訪問したかも知れぬが、はっきりした記憶はない。格別に親しく願ったのは、私の結婚後のことである。ちょうど私の新居が先生の近くであったために夫妻ともに往訪したのみならず、夫人が妻を格別に親しくして下さったので、私の訪問も自然に回数が重なった。私は同郷の先輩としてよりも、時代の大きい先輩として仰ぎ見る心持ちであった。博士にどれだけ御世話になったかは後に述べる。

大学院における研究記録

私が大学院を退いたのは昭和に入ってからのことである。大正一〇（一九二一）年に学位をもらっている。これを大学院学生として提出したのであるから、学位授与とともに大学院卒業となっているはずであるが、この天下の公理が大学には通用しないと見えて、その後も退学の届け出をせよという督促が何度もくる。根気負けして、つまらぬことにこだわるまいと思い、これをだしたが、いまだに私には正しいことをしたとは思えない。いずれにせよ、大学院在学は大正一〇（一九二一）年に終わっている。これも追加論文の提出の内意とも思われることを聞知していたので早く提出すれば一年や一年半は早くなったであろうが急いで書く気にはなれなかった。

この一〇年あまりの時期は講師に就任した大正三（一九一四）年九月を界《さかい》にして二期に分たれる。そこで大学院だけに籍を置いた明治四三（一九一〇）年秋から大正三（一九一四）年夏までの前期をしばらく大学院在学期とよぶことにしよう。この期間の研究回顧をしてみたい。研究題目は実質的には社会学理論の本格的研究であった。まずこの主題を取り上げた。一つは社会科学方法論でこれによって社会学の学問的性格を定めようとして。つぎには社会本質論であり、ひいては社会形成の原動力（内面的）の問題である。前者は明治四四（一九一一）年から大正三（一九一四）年にわたって論文を散発的にだしている。そうしてそれが大正一一（一九二二）年の『社会学概論』のはじめの方に組織化されている。

Ⅰ　社会科学論

（1）社会法則について（明治四四）
（2）社会科学の研究（同上）
（3）社会法則の特質を論ず（大正元）
（4）社会進化論の性質（同上）
（5）左右田学士の経済法則の論理的性質を読む（大正二）
（6）社会法則論（同上）
（7）社会法則の性質（大正三）
（8）統計法と帰納法（同上）
（9）大数法論（大正三）

Ⅱ　社会の本質をめぐる問題

（1）社会結合の研究について（明治四四、発

表は大正三）

（2）社会結合に関する利益説と類似説（同上）

（3）社会結合に関する家族説（同上）

（4）社会結合に関する反覆作用説（同上）

（5）社会結合の根本過程（同上）

（6）分離論（同上）

Ⅲ　階級に関する研究

（1）『階級考』初版のほとんど全部

Ⅳ　マルクスおよび経済に関する研究

（1）資本家的集積説の研究（大正元）

（2）レオン・ワラア及びロザンヌ学派（訳）（大正二）

（3）高城ドクトルの数理上の矛盾（大正三）

（4）フィッシャア氏物価騰貴の方法を難ず（大正三）

（5）麦の収穫と米価（大正三）

（6）米の豊凶と米価（大正二）

右、年度は執筆年をさす。発表年とちがう場合がある。以上は『高田博士還暦記念論文集』(18)より抄出

社会科学方法論の研究については朝永博士から貴重なる示唆をいただいた。ドイツの学界では方法論の研究に熱心になると一生それからぬけ出られないという話がある。こういうだけのことであったが私は胸を打たれた。そうして左右田博士の業績にまで迫りえる日を求めても一生の仕事であるらしい。やはり内容の問題に入ろうと思った。この意味に左右田博士の仕事は私を社会学に追いやるとともに、国内に方法論一世を風靡するほどの勢力となった。

下鴨北浦の生活

下鴨北浦というのは下鴨神社の森の北裏一帯をさす名称である。その後、整地が行われてから蓼倉《たでくら》と

いう町名になっている。国文学科卒業後、大学院にいた野口幾三氏が新婚後そのあたりに住んでいた。往来するうちに見つけたわけで、家は小さいが相当に広い植え込みがあり、喜んでそこを借りた。四畳半三間に台所。二人切りの生活には狭いとも思わなかった。妻方の母がきて、まるでマッチ箱だといった言葉を思いだす。表から植え込みの中を歩いて一〇間《けん》〔約一八メートル〕も入ったところに勝手口がある。前も後も畑やたんぼである。

西隣は大阪の商業会議所勤務の人。時々、新聞に名がでたので相当の人であったろう。その西隣が精米所、水車が朝晩もぐるぐるめぐっていた。東隣はただ一軒、高い生垣《いけがき》をめぐらしたうちである。そこは坪井次郎というかつての医学部長の未亡人、女学校にでるお子さんと、女中と三人ぐらし。坪井博士は東大文科の坪井九馬三博士の弟ときいていた。未亡人は憲法社会学の有賀長雄、三井の重役・有賀長文、二氏のお妹さん。引っ越しのあいさつの時、一度会って、その後は冬の火事時になって、どうか火の用心をして下さいといいに来られたとき、物をいったぐらい。ほとんどつき合いはなかったが、名門の人らしいと思った。

もっと周囲のことをいうならば、織田萬博士のおうちが西の方、一二町いったところ、妻は遠い縁つづきになっていたので、時々、伺っていた。北は松ヶ崎まで一望田畑つづき、所々に人家が散見する。散歩には麦の穂をぬいて草笛を吹いたり、初夏になると小川に蛍をとったりしていたが、今は北の山まで家がつづいている。

野の中に一軒、神戸の金持、森本さんという人の別荘ともお寺ともつかぬ大きい家があったが、これも膳部町のまんなかになっている。

そのころの私の生活は兄の学資を受けなくなってからはや三年ぐらい、講師給は当時の司法官試補の給料ぐらい。妙心寺の臨済宗大学〔現在の花園大学〕に毎週一回いって手当が少し。その他の雑収入や補助などで生活に心細いことはなかった。また私は農村生まれの生活を続けたいという心の要求があったので不足をいうことはできなかった。むしろ専心に勉強のできるのを仕合わせにして、文字どおり仕事をつづけた。

学校までは徒歩で二五分、それでも「織田先生も歩かれる、遠いなどいうべき分際ではない」と思った。毎日、朝から大学にいって仕事をして、合間に講義をしてかえる。家にいると手もとの本が足らず、なまけがちになるからである。引きつづき書いたのは『社会学原理』のはじめの部分である。もっとも経済や人口問題に関する若干の雑文的論文を書いたが、そう力を入れたものではない。ただ米田博士が出生率の減少、死亡率の減少の平行を論ぜられたのに刺激せられて、出生率・死亡率は平行して高くまたは低いが、その減少する早さは二者ともに低いフランスのような国において、または都会において、または富める階級において大であり、後進国、農村、貧困層において小である。したがって強者、富者は消滅して人口学的に弱者、貧者に取り代わらるる傾向をもつということを述べた。

これは神の摂理が弱者をして残存せしめるという信念であり希望である内容を述べたるものである。これらの論文はすべてこれを『経済論叢』に発表したが若干の読者に刺激と慰安を与えたらしい。それが因縁となって自らそれによって救われたといわれる台湾総督府の兒山庸象氏とは長く交際をつづけた。

なお『社会学原理』の主内容前半を大正四年から五（一九一五～六）年にかけて書いた。これについては今からいえば昔話がある。当時、私の学問的交渉範囲は経済や法科はこれを、別にして文科では心理学の千葉胤成、美学の植田寿蔵二氏であった。ところが文科の教授は一般に長い研究時期の後に教授に赴任されているために自分たちとの年齢の開きが多く階層的にギャップがある。一人前に見られない。それが大学院学生連の不満の種になっていた。

かかる事情から一つの運動が生まれた。月曜会の形成である。

前記の二人をはじめ友人と相談して大学院学生だけの研究会を作り、教授、助教授をいっさい入れぬことにした。そうしてなるべく共通の興味をもつ論題を中心としてはげしい討論の会合を毎月ひらいた。真剣になろうというので菓子もなく茶すらも飲まず、夜遅くまで議論をした。それでも一片の感情のこだわりなく、学問的情熱に生きる会合であった。しかしこの会は長くはつづかなかった。

実証的な立場の人と形而上学的傾向の人々が各専門的に進むにつれて、たがいに共通の興味をもつ範囲が少なくなったからである。

けれども月曜会の経験は、おのおのの学問的成長にいい作用をした。これは私どもから一〇年ぐらい下の卒業生までを包摂したかと思う。

不満のはけどころを、もうひとつ作った。それがこの『社会学原理』である。私は友人に話していた。「スペンサーは肺が弱くて二〇代のときに血をはいた。そこでいずれ長くない生命なら、平素から考えていることをまとめて、いつ死んでも残るようにしておきたいと思って、『社会静学』という正義に関する本をかいたという。自分も本来、病気がちの男である。いつ死ぬともわからぬからだである。それに社会に対する義憤も一杯にある。これを書き残したい。これから書いて書きまくろう」こういって筆をとりかかった。

これを思い立ったのと、月曜会の発起とは相前後していたと思う。

事実上、『社会学原理』は当時の私のうっぷんの晴らし場であった。京都大学内ではどっちに向かっても渺《びょう》たる存在である、というよりも存在は認められない。物を書いても評価も反響もきこえてはこない。そこであらゆる定説に対してまず反対を貫くことにして、有力なる学説をこわすことを考えようと思った。これは研究の方法として誤ってはいなかった。その上に腹の中にたたみこんだ世界社会の理想が、ある社会のいっさいの動きが、その方に向うという結論に向かって整理をした。脱稿は大正七（一九一八）年にもなるが、執筆一年半ぐらいで考えの輪郭もかたまり、完稿の見通しもついた。結局、『社会学原理』はうっぷんのかたまりであるとともに、人類社会形成という人道的熱情の結晶である。私は一生の情熱というものを、執筆の三年間にこの一書の中に注ぎつくしたような気持ちがした。

第2節　酒のこと、兄のこと

私は酒が飲めたなら、このうっぷんも酒にまぎらすこともできたであろう。酒量はゆえあって上がっていたけれども、好きでないからそれもできぬ。結局、筆をとって仕事に精を出すか、学会にでもでて議論をするよりほかに不満の晴らし場がない。こうなると、研究に精を出すということが、学を楽しむというのではなく、いわゆるレクリエーションの一部分となる。

もうひとつ、こういう意味のレクリエーションに当たる事件がある。それは『哲学研究』[19]の発起である。『哲学研究』創業は実質上、朝永博士の仕事である。しかしこれに火をつけたのは前記の月曜会であると記憶している。京大文科の雑誌『芸文』はすでに六年になった。史学、文学との総合雑誌であるから、東大の『哲学雑誌』に対応するものを作ろうという意見がでて、これを哲学科教官にもちだした。教官側の世話役が朝永博士であった。京都哲学会の規則の草案も博士をわずらわした。月曜会側から雑誌の名称をはじめ雑多のことについて、すべて教官側の意見をうのみにはしないという腹をもっていた。これは卒業後六、七年になって、いわば一人前に扱われるまではなお遠いことに対するささやかな反発であった。

酒のことについて記したい。私は飲めないのではない、飲みたくないのである。どうして飲めるようになったか。これにはわけがある。兄は相当の才能をもっていた。書と歌とを楽しみ、眼科の開業医として一生を終わった。青年のころ、佐賀の糸山貞幹という国学者の塾に入って学んだという。そこで和漢の学を修め、のち長崎の官立師範学校にいった。卒業してから鹿児島県にいって今でいう県視学[20]みたような仕事をしたのち、父のすすめによって医学校に入った。

こういう経歴であったから、開業医の仕事を喜んでいないがやめる訳にも行かず、余技の歌と書に魂を休ませていた。歌の方は佐佐木信綱博士の「心の花」にも入っていたが、これは歌人といわれるまでには遠いと思う。ただ書の方は、ずいぶん自信をもっていた。近代の書聖といわれる中林梧竹翁は晩年、従者（これが私の回縁〔遠縁〕の人）をつれて来泊数日、一緒に書を書いて日を過ごしたという。

その時、梧竹は兄の仮名を賞して「高田は書き出すぞ、仮名はかなわん」といったという話がこの従者から相当広い範囲の人に伝えられている。後年、兄の書を、出雲路さん（京都市下御霊の神官）に見てもらったが、「仮名の本流ではない。漢字草書の書き方である」といって、あまり高しともされなかった。この兄が一生の不満を毎夕二合半の酒にまぎらわしていた。一日と一五日には終日余技に楽しんで

兄・高田清俊（小城歴史資料館蔵）

酒量も平日の二、三倍におよんだという。しかしそういう場合も酒楼に上がって杯をあげるのではない。料理を作るものは東京にいるときに結婚した美しい兄よめである。この生活の常規は四日市に移住すること三〇年、恐らく郷里にかえった三週間ばかりしか、はずされなかったであろう。

ところで私の中学四年のとき、卒業後の学校の方向を相談するためにいった折りに、杯をさして飲めといわるるまま、杯数を重ねたが、酔いつぶれてしまった。そうしてその苦しさをいやというほど味わわされた。相手はそれがうれしいらしい。結局、酒量の制限がいくらでも解けてゆくからである。

それから、時々、いって訪ねると、そのたびごとに苦しい目にあう、あえば量が進む。この修行が進むにつれて、苦しくなるまでの量にふえる。しかしちっとも、味がわかってすきになったのではない。私は甘いもののために胃潰瘍になったが、酒は一杯目からにがい。こういう修行または体質があるので、会場の性質のゆえに杯を重ねることはあるが気が乱れるまでのことは、若い時からいって数えるほどしかない。

兄のほか、同胞、姉三人はいずれも酒がのめず、母は六〇ぐらいから夕食に二、三杯ずつ砂糖を入れて持薬《じやく》のようにつづけた。これは百薬《ひゃくやく》の長として用いたのであろう。父は謹厳でまったく酒の味を知らなかった。兄の酒は体質的のものではなく、境遇からくるうさばらしであったろう。五九才。大正六（一九一七）年に萎縮腎でなくなった。母は幼時、私を兄にくらべると気がつかぬ、役に立たぬといっていた。数日まえ、四日市にいったが講演をすましたのは四時半、出発したのは夜の一〇時。その間、宿に休養したが、戦災のためにあまりに変ってしまい、昔の一木一石もなき姿に寂しくなってしまった。駅で夜なきうどんのチャルメラをきいた。

さみしくも　ここに一生《ひとよ》を　終へにける

兄思ふとき　チャルメラのこゑ
知る人の　一人のこらぬ　夜の町
チャルメラのみが　親しかりける
はてもなく　秋の憂を　吹くなかれ
港の町の　夜のチャルメラ

第3節　不運の連続

盗難、別離

北浦の家と結びつけて思いだすのは、花園の妙心寺内の臨済宗大学のことである。私が卒業後、はじめて講義をしたのはこの大学であった。名前はいかめしいが当時のこの大学は妙心寺につづく境内のお寺の一角にたてられた木造の教室、学生の数もきわめて少なかった。私は明治四五（一九一二）年から毎週二時間、社会学を受けもったが、これは心理学の千葉胤成博士（後、東北大学教授）にすすめられた。私が広島に立つ前ごろに千葉氏と交代した。はじめのクラスは学生一〇人ばかり、後にも二〇人ぐらいでなかったか。この大学の学生にはふさわしい先生で私があったはずである。就任のころは洋服ももちろん着ない、帽子もかぶらず、足袋もはかぬ。時間になると、学校に着くなり、足駄のまま急流の小川に入って足を洗ってそのまま廊下をぬれ足であるく。教室に入ると大きな声をだして朗読する。夏冬ともに素足を通したが、そこの学生から見ると当然のことであったろう。

そのころ何を講義したか、まったく記憶がない。結婚をしてからは帽子をかぶって足袋をはいて神妙に北浦の家を早く出かけたが、電車にのるまで二〇分、北野天神前で電車[21]を下りてまた二〇分も歩いたが、あの辺は道にごみが立つので学校につくと、足がまっしろになる。足駄ごと川に飛び込むのが、数年の習慣であった。学生はみんな修行最中の時期にあるので、これを変だと見ることもなかったと思ったが、近ごろ当年の学生、今は禅宗の長老格の人々がやはりそれを覚えてなつかしそうに昔話をされるのであった。

新居を早く立ち去ろうと思った動機の一つとしては学校からの距離が遠いということもあった、その他の不便も少なくなかった。銭湯に行くにも一〇分近くかかる。しかも途中寒風に吹きさらされる。京都の冬の北山おろしは風呂がえりのはだをつめたくしてしまう。

それに一つの災難にあった。盗難にあって妻の衣類を大部分とられた。犯人はつかまってもいくらも帰らなかった。それは大正四（一九一五）年秋の即位大典の祝賀祭ごろのことである。即位式典の行われたのはいつごろのことであったろうか[22]。そのころは毎晩、市内をあげてのお祭りさわぎ、夜遅くまで人の波が大通りを踊ったりはねたりしている。

ちょうど郷里の代議士、かつての誠友団の指導者・豊増龍次郎氏が見えたので、前記の末綱礎吉氏と私とが随行した。事実はその逆である。末綱氏の案内で豊増氏と私とがそれについていった。人波を分けて行くほどに、行くほどに群衆が歓楽に酔いしれるほど夢中になって踊っているところに行きついた。ところは祇園の置屋町の一角。その暁遅く家にかえってから家人にかくかくのところを見た。明晩はぜひ同じ所に案内しようといった。

明晩になった。妻と二人で家を明けたわけであ

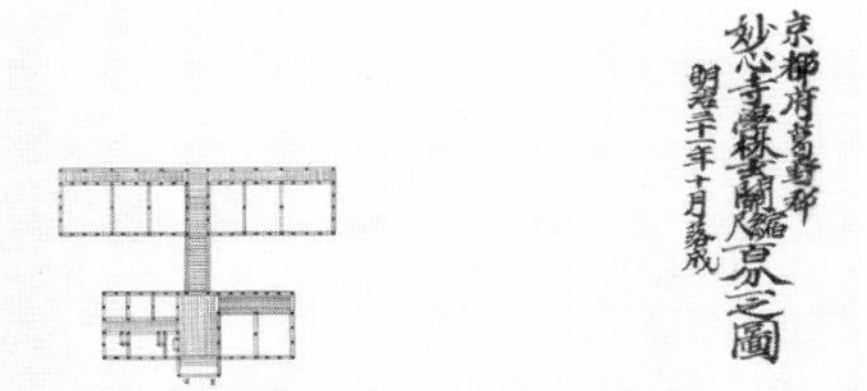

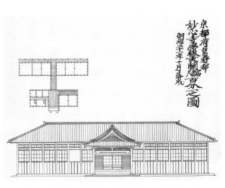

臨済宗大学のあった妙心寺学林の図
（花園大学総務部蔵）

る。鍵をかけると不在を好む人に知らせるようなものだから、鍵をかけずに出よと警官に教えられたときいていたので、かけずにでてしまった。まず昨夜のところに行き、その他のところも疲れるまで見まわって帰ったら、泥公来訪、たんすの引き出しはかきまわされ、目ぼしいものは持ち出されてしまった。それに、カーネギー平和財団から徴兵制度の原稿料が小切手できたのもとられていた。ひと月も換金せずにいたのである。それだけは銀行に連絡して取られずにすんだが、着物は何ともならぬ。

これはその後、犯人が大阪十三《じゅうそう》の警察にあがったので、実物を見にこいという通知がきた。すぐいったけれど大部分は売られた先がわからず一部のものだけが戻ってきた。竹垣一重をへだて隣家の玄関があるのに、なかなか巧妙にとったなと思った。妻の衣類のいくらかは郷里の家にあったので裸になることもなかったが、新婚早々つまらぬことをした。これが転居をしようと思わせた。

下鴨の松竹撮影所(23)から東南二、三町のところに瀧氏の家があった。そのまた東南二、三町目のところに私は引っ越した。河合神社の鳥居の近くの二階家であり、となりは三高の平田〔元吉〕教授（ドイツ語）であった。瀧氏とは、いっそう頻繁に往来したが、間もなく同氏は東京に立つことになった。別に職を求めて行くのではない。政友会の事務所に入ろうというのである。大学にもっと残ってから政界に入るのでは大成するのに遅すぎるという。あきらめるより仕方がない。見送りにいったことは前に述べた。

椋の葉のうた

卒業後の講義のことを回想したい。最初の講義は花園の臨済宗大学の社会学講義であった、これは明治の暮れからと思う。つぎは関西大学の経済書講読、大正二（一九一三）年からと記憶している。大正三年から四（一九一四〜五）年にかけて、今の立命館大学、当時の〔京都〕法政大学に統計学の講義をもち、大正五（一九一六）年ごろに同志社大学に社会学の講義を担当した。同志社大学の講義はずっと続くはずであったが、広島赴任のために中断になった。

『分業論』の公刊に先だち、戸田博士はその原稿に詳細なる批評の労をとられたので、それから時々、訪問して学問的指導を仰いでいた。このことは瀧正雄、本庄栄治郎、小島昌太郎諸氏の同僚も同様であったろう。きわめて親切な指導であった。私などは年長《としちょう》ずるまで、たった一人の若き研究者に対してもあれほどの助言を与えたことはない。この助言に関する限り先輩・河上肇、河田嗣郎の諸博士に対しても同様であったと思う。

戸田博士は、たえず病身であった。読書会の会食でもわずかにパンと魚類をとるだけで、その他のものには手をつけられなかった。大正一三（一九二四）年かに亡くなられた時にもよくも五三才まで生き延びられたと見る人が多かった。そのころの家は吉田中大路にあって、庭の大きい松の木が目じるしであった。

大正の初年ごろには文学部の米田、西田諸博士の講義をはじめとして、法科ことに経済関係の諸講義を規則的にまたは、時々、きいていた。戸田博士は大正二（一九一三）年ごろ統計学の講義を担当されたが、これは財部〔静治〕教授外遊中のことである。私は博士の本来の専門の講義をも時にはきいたが、それは諄々《じゅんじゅん》として説くという風で、感情の高いところなどはちっともなく、議論の筋道をとくことすこぶる綿密であったが、しかしその内容は社会的な、身近なことであった。ところがこの統計学の講義ははなはだしく理論的、専門的、抽象的のものであり、日本の社会科学の水準からいうと、きわ立って高いと思った。

私は格別の関心をもって聴講をつづけたが、だいたいはロシアの学者で意見をドイツ語をもって発表していたチュプロフ、カウフマンあたりの流れにしたがい、それらの見解を消化してまとめたものであった。それを吸収するのには相当な文科的教養ことに認識論や倫理学の知識を必要とするものである。そのうち、私はチュプロフの論文をよみ、その延長として『大数法論』という冊子をも書いたが、この辺の知識は今日にいたるまで、私の仕事に測り知れぬ助けになっている。私は帝政時代のロシアの学者の本としては、トゥガン＝バラノフスキーの外にはチュプロフをよみ、カウフマンをよんだぐらいであるが、学問の水準は高いものであると思った。

『大数法論』を書いたときは、ほかにフォーヒャーの本の数学的部分をも参考にボルトキエヴィチのすぐれたいくつかの論文をも読んだ。欠陥は数学の力の不足にあったので、この道、容易ならずと思わされた。数学の園正造博士の教えを乞うたのもこのころのことである。

園博士との友交は久しい。当時、博士の説明は懇切をきわめて、またあまりに厳密であり門外の私としては、とうてい十分について行きがたかった。正直にいうと意気くじけて、さらに推考を重ねる熱意を失った。もし元気をだして本当の弟子になり精進を重ねたならば、いい学問をこしらええたであろう。私の学問的進路も著しくちがったものになりえたであろうと思う。自らの怠慢を責めるよりも、これもまた運命であるかと思う。園博士はその後、日本の数学的経済学の開拓に多大の貢献をつづけられ、国内の斯学者《しがくしゃ》にして直接、間接に教えを受けなかったものはないといいえるであろう。

私が〔京都〕法政大学に統計学の講義をもったのもこのころのことである。種本《たねほん》としては、キングの平易な教科書と、ユールの高級なものと、ボウリーの本とを用いたが、講義案は残っているかと思うが、公刊に値するものではない。この講義は本来の担任者の不在中であったらしい。そのころ、文科の社会学には私の進みえる地位もなく、法科にも適当の科目がないということを考えられた結果であろう。

文学部の宗教学講座担任の西田教授の下において社会学派の宗教学をやらぬかというすすめを受けたが、これは西田博士の意向を伝えられたものと思った。私は自分に宗教の体験が浅いので非力を感じたのと、経済学方面に興味が成長したので、分に過ぎて力およばぬ旨を述べたが、この時その方向にいっていたならば、もっと深いところを探究しえたろうにと思う。何もかも、運命のしからしめるところである。人間としての努力はいくらでもするが、運命はいつでも框《わく》をはめていくように思えてならない。

大正五（一九一六）年はじめに瀧氏の近くに引っ越したが、たがいに往復を重ねたのもしばらくのことであった。初夏のころに東西相分れてから誠に寂しさを感じた。高校以来の往復の旧友、みな四散して私だけが京都に残ったわけである。しかも郷里には七〇の老母、私のことだけを案じてくれるに、何の孝養をもすることはできぬ。大学内の空気は何となく重苦しい。

秋の風　枕を吹けば　放浪の　子も思ふなり　母のしろ髪

椋《むく》の葉の　そでに散り来る　なさけにも　涙流るる　この日ごろかな

一つは後年、『社会学原理』の扉にのせたものであるが、このころの作である。朝夕、糺の森（付近の下鴨神社の森）を散歩した。椋の大木の葉が秋風に吹かれ落ちて、そでにかかるさえも、自分を悲しんでくれるかと思えた。

『社会学原理』執筆のころ

大正六、七（一九一八、九）年、不運相次ぐ。大正五（一九一六）年ごろから運命のあらしは強かったが、六年から七年にかけて、いよいよそうであった。運命の進路の信号燈は赤のつけはなしである。人生行路の難は人情反覆の間にありということを、あまりにもひしひしと体験したが、それればかりではなく、長期の療養のやむなきにいたった。幸運は幸運を呼ぶというが、不運もまた不運をよぶ。一難去りてまた一難というけれども、そうではない。一難つづいてその上にまた一難が重なってくるのである。

前に下鴨警察前に転居したと書いたが、当時の警察は河合神社（下鴨神社の南の入口にある社）の側にあった。もっと詳しくいえば葵橋《あおいばし》を渡って北に上って、東に折れたところである。大正五（一九一六）年秋から約一年そこにいた。そのころは『社会学原理』の執筆に打ち込んでいた。しかし健康の方はだいたい丈夫であった。今から考えると、大部分を学校の研究室で書いた。そのころの研究室は、今の折田〔彦市〕博士の銅像を前にしている赤煉瓦の二階建。中に法経をふくめた全教授の個室があった。平素、出入りせぬ経済の教授の室に二人の講師が入りこんで利用していた。中庭をぬけて建物に入ると東と西に留守がちの室がある。東の室に私が、西の室に本庄講師が入っていた。

小島教授はまだ住友〔銀行〕におられたと思う。私の室は図書館の分室と財部教授の個室をかねたもので邦文の統計書類が不十分ながらに並んでおり、そのころ徴兵制度の研究や人口問題に興味をもっていた私には、たいへん便利であった。それから西につづく一階南面の室からつぎに東面した室にかけて教授、助教授の室があった。この配置は田島教授の退官ごろまで続いていたと思う。平素、研究室で仕事をする定連《じょうれん》は、神戸博士はじめとして河上、河田、山本〔美越乃〕、本庄、高田という顔ぶれではなかったか。

　昼飯の会食を、一階東端の図書館でとる習慣があった。この習慣には瀧氏のいるころからつづいていた。持参の弁当を一緒に食べるのが一般であったろうが注文のどんぶりを味わうこともまれではなかった。思いだすのは河上博士だけが、時々、二つ注文してしかも平らげられることがある。瀧氏はいつか、先生は素通りですかといって一同大笑いをした。健啖《けんたん》であるが、体重が軽くみになりませんねという意味であった。なごやかな空気であるから、時々、給料からの差し引きで、南座に芝居を見にいった。この総見《そうけん》[24]の肝いりが河上、河田教授あたりのところである。考えると、二人とも今の言葉でいえば、文化人であり、ことに芸術の理解者であった。それに生活様式も趣味的であり、いくらか貴族的であった。少なくも瀧や高田という農村育ちの山出し[25]に比すれば、相対的にはそうであった。

　それは別として、回想の芝居の内容であざやかに思い浮かぶのは、〔坪内〕逍遥、〔松井〕須磨子の新劇であった。南座以外にいった記憶はない。それとともに旧劇の内容は思い出せない。しかしこの見物は数十回に上るということではない。数回のことである。結果から見ると、経済科の須磨子ファンというところに要約できるかも知れぬ。

　これらの追憶はすべて警察前の家につながっている。この家に連なる思い出の一つに京都短歌会のことがある。京都の歌の会に交渉をもったことが三回ほどある。一回はここに書こうとする大正はじめのこと、つぎは昭和はじめにおける与謝野氏の新詩社の関西人会合のこと、三つは二次大戦の戦前、戦中のこと。当時の京都短歌会の中心的存在は新詩社系統の茅野蕭々《ちのしょうしょう》、雅子の夫妻であった。きも入りは別にあったが、「ここはお国を何百里」という長詩で有名であった真下飛泉氏と『婦女身』〔更生閣書店、一九二八年刊〕の著者・西川百子氏あたりであった。最近までこの歌会の記録が四〇年あまりも室町のさる歌人の家に残っていたことを知っている。京都にきて私が敬意を抱いて知り合った詩人は数少ないが、真下氏はその一人である。大学の一級上に沢村胡夷氏があった。この人は『文庫』派の詩人として、つとに詩名が高く、今日なお三高の校歌の作者として知られている。しかし因縁なくして親しくならなかった。飛泉との交わりはこの歌会において結ばれたといいえよう。国際情勢はどれだけ、いく変転しようとも「赤い夕日に照らされて友は野末《のずえ》の石の下」という歌がこの民族の魂にふれぬ日はあるまい。その日がつづく限り、飛泉の生命は永久である。私は飛泉と「武夫原の歌」の作者・恵利武と相知ったことを忘れがたいことの一つと考えている。短歌会は東山真葛原の月見亭というので開かれていたと思う。一夕「安」という結字[26]をとりあげ記した一首、点も多かったが、飛泉の激賞はいっそう私を仕合わせにした。

小さきは　小さきままに　花咲きぬ
　野辺の小草の　安けさを見よ

これは作ったうたではない。人類という雑草の一本としての私の心の中から、おのずからはきだした一首である。学校の空気は私にとって重苦しい。そういう生活の中において私を慰めてくれるものは野草の花である。一本の野草といえども安らかに紡《つむ》がざる花を咲かせている。与えられたる事情の下に安住して、咲くべき宿命の花を咲かせよ。そういえば、涙ひとりでに下り、心はしずかに落ちついてくる。

短歌には精魂を打ちこむことをせぬから歌をはじめてから六〇年、ちっとも本格のものとなりえない。したがって、ただ日記の片すみに三十一文字をならべましたといいうるに過ぎないが、もしその中からどれか一つをあげよということになるならば、私はこの「小さきは」の一首をあげたい。空元気《からげんき》はいろいろ示して見るものの、いずれは土水因縁あり、相集まって成せるこの一つの生命、野草の花と私の書き出すものといずれは同じ類ではあるまいか。そこでこのうたを色紙や短冊に書くことも多かったが、郷里の小学校にそれがあるのを見ると、子たちに見てもらえる喜びを思わざるをえぬ。

二次大戦前ごろには甲鳥書林主人の案内によって、新村出、吉井勇、川田順の諸大家と集まって歌の話をきいた。時には学徒出陣歌の詮衡《せんこう》の集まりにおいて川田順、吉井勇、尾山篤二郎などの方々と顔を合わせたり、なお文学報国運動の短歌部会などでは若き世代の歌人とも言葉を交わしたこともあった。

第4節　赤痢と入院

京都と私の作歌生活との交渉は浅い。その上、京都の風物もなれては感興をひくことも少なく、それを題材にした歌もきわめて少ない。当時の歌の多くは私の孤寂の哀愁をうたえるものである。

小さき野草の私は、なにゆえに伸び伸びしなかったであろうか。今それを説く余裕はない。けれども、なにぶんにも養子の身分である。糠《こぬか》三合あるなら養子に行くな[27]ということわざもある。養家に大事にされても、こちらに退け目を感ずるのが自然である。まして万事に控え目にしかできぬ私はなおさらそうである。文科から法科にうつされたことが破格の厚意である。それへの感謝を忘れるわけではないがやはり気持ちは重かった。今から考えてみると私に格別の厚意をもち、私の学問を過分に認めた教授は当時、学部内においていくらか苦しい立場におられたのでなかったか。その上、だいたい日本の大学の組織においては、専門を同じくする教授があって、その人の指導によって学問的地歩を築くのが順序であり、慣習である。ところが私の場合、私淑した先生は当時専任の講師であって形式上の教授でない。

そこで私は規則上の指導教授をもたぬ孤児であった。その上、はじめから原理を求めようとする学習の方針は喜ばれていない。法科にとっては法科の普通科目を学習していない。学問の割引をされるとは少しも思わぬが、少なくとも親しみが薄い。それも前人未踏の境地を拓いたという学績があれば別であろうが、微力にしてそういうこともあるわけはない。これらの事情が重なっているから、養子は苦しかったという世俗的の表現をすれば当たらず障らずに、輪郭だけはのべえると思う。

これは差別待遇があったということではない。すべての点に、私の用意の周密でなかった結果である。しかし眼を転じてみれば、人事の複雑さをすべてにわたって予知することは神のみがよくする。人間であればそれが致し方もないであろう。そうするならば、私の困難もすべて運命の仕業である。根本の動機は米田博士の進路とは別の方向に動いて、それのじゃまをしたくないという気がねが、私の五〇年を支配したと親しい友人は見ている。

さて私は大正六（一九一七）年の暮れに下鴨松ノ木町に引っ越した。同志社の長老・水崎基一氏のあとに入ったわけである。親戚のものがきて、三角屋敷だから気をつけろ、といったのは迷信であろうが、転居後、一週間にして赤痢になり府立病院内科に入院した。

大正六（一九一七）年の一二月のはじめ、腹が痛んで熱がある。府立病院に行って診察を受けたが、赤痢ときまってそのまま入院した。まさかと思ったがこうなっては致し方がない。私の周辺には面白くない事ばかりつづくので、家人に心配ばかりかけるし、心ならず思っていたのにまた、すまぬことになったと思ったが、やはり諦めるより外はない。赤痢といえば下痢の連続を思いだすのに、一回の下痢もない。いずれ軽症で生命の心配はないと思うが、一ヵ月はかかるという。京大病院を選ばずして知人もないのに府立病院を選んだことの背後には、京大そのものに若干の反抗の念を抱いたからであった。

病気は平凡のもので養生中のことはあまり記すこともない。当時、一年、二年、三年のフランス語の経済書講読をもっていた。ジッドの『政治経済学原理（*Principes d'économie politique*）』を使っていたが同一の本の読む個所のみがちがっている。準備もする必要はないから、私は、たえず『社会学原理』の原稿を書きつづけていた。フランス語出身の人が少ないので、一クラス一〇人あまりである。さて食事は流動食になり内服薬はすっぱい殺菌剤である。熱もないから本をよみつづけたが執筆は不可能である。読んでばかりもいられず自然いろいろのことを思いつめる。病中、一番苦しかったのは、郷里の老母を思うときである。何とかして老母を安心させようとする子の一念が真理であろうか。

昼はまぎれもするが夜は淋しい。鴨川の川の音が枕の下にきこえる。ネオンはなかったが、それでも赤い、青い灯が川下の橋の上で明滅する。子もない家に妻は病床を案じている。しかしそのうち経過は順調に進み、ひと月足らぬうちに帰宅することができた。

しほしほと　憂ひてかへる　後姿の
　妻がかさ打つ　夕あられかな
ふるさとの　枯れし蓮に　霜置けば
　甥が鴨あみ　しく夜なるべし

わずかに一ヵ月の入院ですんだ軽い病気であったが、その後、胃腸のはたらきが本調子ではない。これが三〇年あまりも尾をひいた。はじめは腸のはたらきが弱く、夏休みには慢性に近い下痢がつづく、微熱があるという風で、郷里の病院や医院に通うこともしばしばであった。温泉治療でそれが治ったと思ううちに、大正九、一〇（一九二〇、二一）年ごろ、胃弱から胃部の慢性病となり、今から考えると、神経性疾患の要素も加わって、支那事変〔一九三七（昭和一二）年〕前には胃潰瘍のために胃の手術を受けねばならなくなった。

　私は本来、きわめて健康であると思ったが、病弱になっていった第一歩は高校時代に肺尖カタルを治すための過度の栄養摂取にある。つぎに、結婚生活による肉食の過多、運命への抗争における精神のゆううつなどに負けて、結局、病弱の度を加えたと思う。けれどもこれは表面の説明である。食事の自制がきかず、甘味のとりすぎが根本の原因であろう。

　すっかり胃腸が回復したのは胃の手術も一つの段階であったが、時期的にいえば戦後の教職不適格の判定を受けて畑の仕事に精進してから完全に立ち直ったと思う。けれども私の健康の経過ひとつでさえも因果の連鎖は多面、複雑であり、私の意識ひとつで客観的な原因をつかむことはむずかしい。いわんや、社会的、歴史的実在の動きをつかむのは、本来どんなにか困難であろう。ただ私の甘党であることが病患の根本条件であるとはいいえよう。私の母を八〇あまりまで健康であらせたのは郷里の畑であった。その畑の土いじりが私の余生を今日にいたらしめたことを思うと、土は尊い。

『社会学原理』の前後

　『社会学原理』に本格に着手したのは大正五（一九一六）年からであった。大正六（一九一七）年の暮れ、松ノ木町にうつってからも書きつづけたが、三角屋敷がたたったわけでもあるまいが、一家は薬《やく》餌《じ》と仲よしになった。私の退院後、妻が腎臓を病んで府立病院に入院したが退院後も長く病《びょう》臥《が》をつづけた。やっと治ったと思ううちに、四日市市在住の兄が大病になった。いくたびか見舞に行くうちに、関西線木津駅においてのりかえの方向を誤り、動きかかった列車から飛び下りた。それで膝の関節をいため二ヵ月も横臥《おうが》した。このときは『社会学原理』の終りを執筆中であったから、仕事の中絶が辛かった。

ちょうどそのころは、本文を書き終わって巻頭の序説をかきかかった時であった。とうとう、膝にしっぷして仰臥したまま、腹の上に板をのせ、それに紙をのせたまま上向きになって書いた。参考書の書き入れは何もしない、しかし頭だけはさえていたので、案外早く書きすすむことができた。

米田先生の来訪を受けた記憶は一度よりないが、外は忘れたのかも知れぬ。一度というのはこの執筆も終りに近いときのことであった。静養中を見舞って下さったのである。大正五（一九一六）年、六年と書いて七年の春ごろに書き終わったわけであるが、書き終るころには膝の方もほぼ治っていたので、一抱えの原稿をもって神田神保町の岩波書店を訪ねた。これには旧約があったからである。

それよりも一年も前のことであったろう。岩波茂雄氏の来訪を受けた。哲学叢書の企画についてである。その一冊として社会学を書けということであった。実は長篇の社会学体系を書きかかっているので、近き時期までに短い本を書く時間はないと答えた。それならば、その執筆が終わったら引き受けたいということでわかれた。その結果が二つ。一つは哲学業書一二巻のうちの社会学が削られて哲学史が一巻から二巻になっていること。つぎは私が原稿を抱えて岩波書店を訪ねたこと。今から考えるとよくも一四〇〇頁近い本をだしてもらったということである。

訪問して二階に通ったときに紹介されたのは阿部次郎、久保田俊彦（アララギの島木赤彦）の二氏であった。赤彦の歌集は後年、いくつもよんだが、よむ度にあの背の高くない、いがぐり頭の横にはった、質素な身なりの様子を思いだした。それがいかにも単純、透徹ともいうべき歌風にふさわしかった。私はアララギの歌人の作中、最も早く赤彦をよみ、赤彦に親しんだ。後年、哀浪とこれほどに親しくなりえたのには赤彦の影響が橋渡しをしていると思う。

〔斎藤〕茂吉の歌は天才的ではあろうが親しみを感じがたい。これは性格の差によるのか。今日の私は赤彦の客観的なものをこえて、宇宙にみつる生命のなやみ、慈悲の念を求めたいと思う。

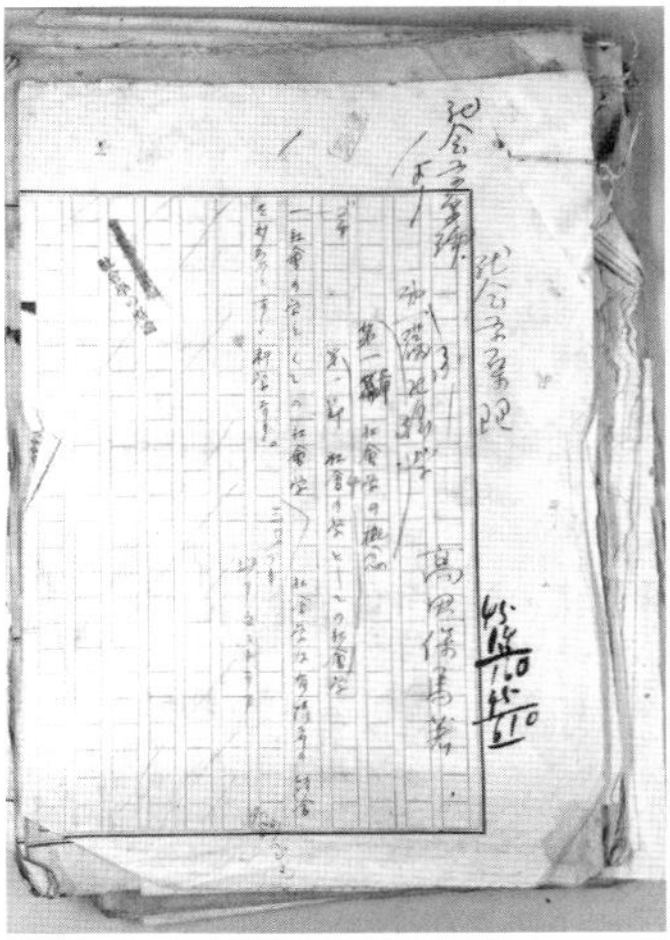

社会学原理の原稿
（京都大学大学文書館蔵）

『社会学原理』の原稿はなお手許にある。どうして風呂敷包にしてかかえていったか。小さい柳行李《やなぎごうり》に一杯ある、今とちがって——というのは今は字が細いが——原稿紙のかく一つに一字を書いたので、あまりにかさばっている。そこでいま巻頭の扉にかいたあんまの歌のことを思いだす。

大正七（一九一八）年三月二三日のことである。膝の打撲傷もだいぶんよくなったので、しばらくの湯治を思い立って城崎温泉にいった。そのころは、どこにも内湯がないので、まだ山のはだら雪(28)を吹き下す風に吹かれて外湯にでかける。深い湯槽《ゆぶね》であたたまってもかえれば寒い。ふとんの中にもぐりこんでいるときに、風の音にまじってあんまの笛がきこえてくる。私はどうも笛の音に過敏である。音痴の私がどうして笛の音に強く動かされるのかわからない。田舎の秋祭りのはやしにまじる笛の音にも、夏の夕方、村の若者たちが村道を吹き流してゆくそれにも、また寒夜の夜泣きうどんが流してゆくチャルメラの音にさえも、胸がかきむしられるような、やるせない思いがする。

なれない宿屋のはなれのさみしいふとんの中、山からひゅうひゅうと下してくる風の中から、高く低く波うってくる笛の声に胸はふるえてくる。思うのは郷里の家に私の甥に当たる一人の少年の孫と暮らして、私の成長を楽しみにしている一人の老母である。

按摩《あんま》あんま　夜更に笛を　吹く勿《なか》れ
　老いたる母を　もつ旅人に

落ちつきえずに、京都に帰ってしまった。翌日、京都に帰ったらいつも心から親切にしていただている先輩からの情報によって、私の立場に関することをはっきりと知ることができた。私はたぶん統計学の助教授として推されていたのであろう。それはまったく困難だという見通しになった。私の後輩の二講師の助教授採用は内定したらしい。もちろん私にとってこの成り行きは早くから推測できたことである。心の中では、いよいよ仕事に精根をうちこんでいこうと考えた。

かく思う私に力を与えてくれたものは、三年間の執筆がやっと結実して近く公刊されるという楽しみであった。新著については、現代の社会学の水準に劣らぬものでありたいという希望とともにささやかな自信もあった。ただ母にも少し楽をさせる日が、なかなかにこない、という寂寥《せきりょう》のみは心の中に漂っていた。

著書もまた運命をもつ。三浦周行博士の『法制史の研究』〔岩波書店、一九一九年刊〕とならんで広告がでたときには、うれしかった。一四〇〇頁の本がいくたびか版を重ねたということも予期しないことであった。それは一次大戦後の情勢が社会にめざめたことと関係があったであろう。この本の中にある国家と家族との関係についての思想が反国家的であるという批評が「国民精神文化研究所」の幹部の一人によって下されたこともある。誤りではない。私がマルクス批判の側に立たなかったなら、私も問題の人間になったであろう。大正の末に、時の貴族院において一議員から危険思想家として度すべからざるものに数えられたこともある。私のこの本に貫流しているのは世界主義である。

私のこの思想は少しも変わることがないのに、終戦後にはG項〔軍国主義者や国家主義者の項〕追放となる。これが世間には軍国主義者と見させることになったと思う。『社会学原理』を古本屋に見ると、その正札が一五〇円である。私はこの本が可哀想になった。いく冊かを買ってかえった。私はこの民族を愛すること、だれにも劣らぬつもりであるが、同時にそれのだらしなさを悲しまざるをえぬ。

私が『社会学原理』を脱稿したのは数え年三六の時、一九一八年。ケインズの資本主義停滞の論拠となっている消費函数は、デューゼンベリー教授によりてくつがえされた。しかしデューゼンベリー消費函数の思想はすでにこの書の中に精しく述べている。しかもそれは私の社会学の根本原理による説明を加えて。それを書いたのは四〇年の前である。この書の主要部分でない一系論の部分であるが。

この書のもつ今後の運命いかんを、私は知る由もない。ただ一つの挿話を記しておく。大正の末期ごろであったか。朴烈という朝鮮の革命運動家があった。ある事件に連座して獄にあったとき、外部からこの書を差し入れて、その背皮のところに写真であったか秘密の文書であったかを届けたということを、公判の記事の中に読んだことがある。この書が東方の民族主義者の一部分によまれたかと思うと、これもこの書のもつ運命の一面である。著者である私が時代の波にゆられて種々なる運命の段階を通るのと独立に、この書もまた運命の旅をつづける。願わくば多幸なれ。

校正のためには約半年を要した。出版は大正八（一九一九）年二月になっている。そのころ私は松ノ木町の三角屋敷をぬけでて、田中の西園寺公別邸、今の清風荘の北方、法医学の小南教授の隣にうつった。松ノ木町の病気の家をぬけて移ってきた家もまた大病の家であろうとは、神ならぬ身の知る由もなかった。松ノ木町の家は前にせせらぎともいうべき清流が流れて夜中、川の音がきこえたが、だいたいは静かであった。

引っ越した家は平家《ひらや》の、植え込みの多い住居であった。大学には近いし便利の家であったが、二人とも流感にかかり、やっと助かったという因縁つきの家である。病気のつづくのも精神がふさいで生理機能が抑圧されている結果であろう。そうすると不運は不運をよぶというのは、神秘でも何でもない。元来あまりにも健康であった妻の病気を思うと、外に考えようがない。このころの日記に。

夢のみは　憂忘れと　ありぬべし
　あかときなれど　なれをさまさず
せせらぎの　流れの声に　ふし合せ
　口笛を吹く　なれのあらねば

長）など。哲学者としての西博士の信望は全国的であったが、ことに同高師内部においては慈父のごとく、教祖のごとくであった。初対面において私につぎのごとく語られた。

地方の学校にいると、その時代、時代の学問の先端の動きを追求して行くことはできぬ。しかし都会の学者はこの波につれて敏感に動くために理解が皮相的になり根本をつかむことを忘れ、底力を養えぬうらみがある。これに反して地方にいると、ややもすれば刺激を失い学問的努力を怠るがそれは態度が真面目でさえあると避けえられる。もちろん時代の波にのって人気を集めるという芸当はできぬが、できぬがゆえにこそゆっくりクワを深く下ろして学問の根底をつかむという本当の仕事ができる。のちの方針を心掛けるものにとっては、地方の学校にいることは不幸ではない。天与のいい境遇でさえある。

私は初対面のときこの体験をきいて、心から頭を下げた。そうしてこの学風を学びたいと念願した。

あまたの先輩の専門学者から受けた印象については別の機会に述べたい。

専門がはなれているが角教授には思いもかけぬほどお世話になった。教務主任であり卒業生の就職世話係でもあったために私のためにも、かゆいところに手を届かせて下さった。年齢が同じぐらい、私の同郷、詳しくいえば佐賀県有田の出身である。何かと親しくなるべき運命のつながりがあった。

当時の広島名物など

今日の広島は原爆の破壊からの復興がだいたい終わったとはいえ、他の都市の拡大に比すれば、いかにも花やかな発達とは見えぬ。これに比して大正七、八（一九一八、九）年の広島は日露戦役後、軍都としての発達が目ざましかった。南方の呉には東洋の代表的造船都市が形成されるし、近い宇品港からは大陸との間を往復する軍需物資の出入りがたえぬ。生活費は安く物資は豊富だからといって退役の文武官吏の隠居者が目立って多かった。要するに活気づいた新興の都市、それに浅野五〇万石の大藩の跡であり、学校町であり住みよい上品の都市として知られていた。

私は運命のなすがままに駅から南にきて定住したわけであるが貫流している大小、七〇〇の太田川の流れは砂白く、水はことの外すんでいる。西は一時間で厳島《いつくしま》の名勝にゆけるし、北は一里にして可部《かべ》の水郷に通ずる。空気は清澄にして自由である。人々は私に対して親切であり厚意をもって接近してくれる。朝夕の風は私にとって沈静剤として作用する。極楽に入るという形容詞はこういう場合に用うべきではないか。

私の広島在住は約二年。寓居ははじめの家、詳しくいえば千田町の平家から半年ばかりで県立一中〔現在の県立広島国泰寺高校〕前すなわち新川場町のポプラ並木のところの二階家に移った。これは塚原博士の厚意によりその東京転任のあとをゆずられたのである。今から考えると宏壮ともいうべき邸宅でしかも家賃は思いの外に安かった。これも広島の印象を美しくさせた。

広島高等師範学校
(広島県立文書館蔵)

学校には一週四日もいったであろう。徳育専攻科の教授は哲学、倫理、心理、教育、社会の諸学を通じて七、八名であったが、何一つ風波のない仲のよさであった。たった一つ物足りなかったのは学生諸君の進路が中等教育界と予定されており、その思想方向も一定されている。教授も自ら発言すべき限度というものを常識的に自制し、ひいては発表すべき言論雑誌をも良識的に限定していた。この見えざる拘束または拘束の幻影が自ら書くものの内容を制限したと思う。思いだすことは『改造』に筆をとらなかったことである。『解放』の麻生久氏からきわめて厚意ある交渉を受けたが、これも残念ながら固辞した。こういう生活慣習が筆をとって雑文を書くことをちゅうちょさせた。これが物足りない一つであった。

もうひとつは、学生の中に本気に学問を追求しようというほどの気概を示してくれるもののないことである。変り種というのはほとんど出ない。京大にいた講師時代には一クラス一〇人ぐらいであっても忠実なるサラリーマン以外に一流の大会社の長または幹部になる人も少なくない、官界に入って伸びる人も稀ではなく、また傍聴学生の中にまで仏文学の山内義雄、支那文学の神田喜一郎（京都博物館館長）両教授のごときがあった。こういうことを期待しえる人生の幸福ははじめからなかった。そこで研究は研究として自分のことであり、教授は教授として一つの労働たらざるをえなかった。

受け持ちの時間は一〇時間、専攻科に経済原論二時間、本科学生に社会学概論四時間、教育科（短期）に英語四時間。このうち経済は教科書を使ったので、ノートは作らない。社会学はノートを作ったが、その稿本がそのまま、のちの『社会学概論』になっている。当時、私は一〇年の研究の蓄積を傾けて『社会学原理』を書いたので頭の中に知識がたたきこまれている。

広島赴任後、間もなく一次大戦の影響を受け外書がこなくなったが、私は誇大にも「今、世界に学ぶべき社会学知識はない」と豪語したことがある。それはヴェーバーの遺稿がでず、シェーラーの主著が手に入らざりし時のこととしては、この豪語も、多少、見のがさるべきものであったろう。こういう自信をもって教壇に立ったから、参考書一つ机辺りに置くこともせずにすらすらと講義案を筆にとることができた。学生の顔色を見てレベルを下げることもしなかった。

後年、東京商大にいって終編約一〇〇ページを書き足して出版したが、公刊になったのは大正一一（一九二二）年三月ごろであったろう。つまり一橋で二年講義をつづけたのちに、病に倒れたのである。そうして出身学校の京都大学においては一ページもこれを講義する機会がなかった。文学部の講義は私からお断りをいたし、経済学部の方は学部の事情ですることができなかった。米田博士への義理立てのつもりであったが、結果から見ると、これが同先生のためにもならなかったのであろう。小節にこだわりすぎたのではなかったか。

ふりかえって見ると当時は講演にでることが多かった。いったい私は講演にでることを気軽に考えた。一つは旅にでて歌を作りたいから、二つには胃腸のために腹をはって声を立てるのが一つの養生になると思ったからである。もとより草稿一つ作らないのでこの横着《おうちゃく》さもひとつの手伝いにはなったであろう。広島高師の同窓会は尚志会(29)という。尚志同窓会の会員網は天下に布かれているので、とても一つ一つ希望をみたすことはできず、自然、近県に集中した。そのうち平清盛によって有名である音戸《おんど》の瀬戸がある。そこの教育会に講演をしたが、たぶん日がえりであったと思う。あそこは史跡でもあるが、たしかに景勝の地である。狭い海峡をえぐって水が深くなっている。その底にいる大きい貝がある。瀬戸貝〔イガイ〕である。私の一生に大きな変化をもたらしたのはこの瀬戸貝である。

広島は天恵に富むといわれる。何より広島がきである。大阪のかき船はみな広島のかきを使う。東京にも進出しているであろう。これはだれも知ること、つぎは清酒である。西条、呉、三原到るところに有名なのがでる。しかしこれは私に用がない。つぎには柿であるが、これも西条産が大切であろう。しかし正直なところ、富有柿や次郎が市場を支配している今日、それは懐古的情味をもつに止まるのではないか。

近年、広島みかんが名声が高いという。みかんだけではあるまい、桃、ぶどう、その他、瀬戸内に適する果樹については、いずれ岡山、愛媛と優勝を争う時がくるのではないか。

広島二年、勉強はしなかったが伸び伸びと自由を満喫した。その上には腹の欲をみたし過ぎた。その結果、三〇年にわたる胃病の素地を作った。二つの平行している原因がある。一つは音戸で賞味した瀬戸貝である。三〇余年前のことであるからはっきりした記憶もない。ただ貝類第一級の味という印象だけが残っている。酒はのめず、大貝のゆでたのを、味わうほどにかみしめるほどに限りある胃の腑《ふ》のみちて行くのを心残りにして、夕方早く立ち去った。帰路もどこまでか舟航したが、あとは汽車で広島までかえった。ところがこれがあと二日も三日も尾を引いて私の弱い胃を苦しめぬいたことは申すまでもない。ただ病んで悔いざる味であった。

同郷の知人の一人が長く糧秣廠《りょうまつしょう》(30)に勤務していた。高官ではない。故参《こさん》の技術家である。牛肉の缶詰をつくる時、最上のわずかな肉は多くの缶にどう分けようもないので内部の人たちに払い下げて自家用にするということであった。その配給の裾分《すそわ》けに、時々、あずかることがあった。これは市場の牛肉とまったく味のちがう高級品である。これが手に入るのも広島の仕合わせと思った。ところがこの仕合わせがまったくあだとなった。万事塞翁《さいおう》が馬。

京都をたつころには公設市場で塩さばを買って天下第一の味と心得ていた。広島にきてから物資は安く果実、魚、菜、みな安い。皮はぎを買い、はもを買い、えびかにを買う。まるで美味探求である。その上に飛び切りの高級牛肉が払い下げ値で手に入る。肉類偏食とならざるをえない。インフレもどこへやら。郷里からきた女中とともに三人、飽食が何日も何日もつづく。最も強く胃を弱らせたのは私である。赤痢の回復後、あまり丈夫ではなかった私の胃の腑は生活の安易にたえられなくなって慢性のアトニー[31]となり消化不良となり、それから一段ずつ胃病の階級を上昇していった。

とにかく私の胃弱三〇年の経歴は、かくのごとくにして始まる。はじめは消化不良、ゲップがでる（胃部ガス満つる）、胃部に鈍痛があり、おなかが空かぬ。こういう症状を訴えて県立病院を訪《おとの》うたが、たいした心配はないという。それが気に入らぬのである。診察が粗雑のゆえであると思う。それと胃液の検査をしたり、胃の洗滌《せんじょう》をしたりする。胃酸欠乏という。こうなるといよいよノイローゼに進む。胃弱よりもこの方が真症になる。薬もかえる、はりや灸をやる。即効はない。大正九（一九二〇）年になると福岡県船小屋温泉にいったが胃酸不足の症状に炭酸泉がきくわけはない。いよいよ悲観して年末から久留米市行徳胃腸病院に入院した。これから私の胃病ノイローゼが進行する。

回顧すると、物があり余って私は大病になって行くのである。京都をたつ前、インフレの大波に揺られて生活が苦しかったころは塩づけのさばを美味とし、高野豆腐と煮豆とをたべたときには、生活に節度があって私の身体もだいたい元気であった。

広島にきて、自由になり、ひまになり、その上、牛のフィレー肉や瀬戸内の大えび、かにに飽きる身とはなったが健康いよいよ衰え、心配に夢さえも安らかでない。節度によって心身の安泰を覚える。飽満によって精神も肉体もむしばまれる。これが私の当時に体得したところである。

聖賢は病まずして知るが凡愚は苦海に浮沈してこれを悟る。それにしてもノイローゼの一学究が田舎の温泉場に正月も帰らずに静養をつづけたころの愚かさよ。

会ふ人も　会ふひとも皆　色あをき
　鄙《ひな》の出で湯に　年くれんとす
大海の　魚ならなくに　わがうから
　散り散りにゐて　年を迎ふる

先輩の諸教授

広島にいってから、前に名ばかりきいていた多くの先輩に近づきえたことは仕合わせのことであった。幣原坦博士の印象は貴公子。後年、大阪府門真《かどま》の豪家の出であることを知ったがやはり少しも浮華《ふか》のところのない真の紳士であると思った。学生たちはもっと野人的であってほしいとでも思ったらしく煙たがったろう。堀卓次郎教授は明治二八（一八九五）年の東大法科出身、珍しく身を教育界に投じて左右を見ず一途に天職に終始せられたところ、夫人の内助《ないじょ》も高かったといわれる。今の関西学院学長・堀経夫博士をはじめとして数人の人材を兄弟として社会に送り出されている。私にとっては忘れがたい謡曲の先生である。こういうと、あの不器用の高田が謡《うたい》をやるとは初耳だ、といわれるであろうが、巧拙は別としてそのことに間違いはない。以前から広

新見吉治還暦祝賀会で配られた絵葉書
（絵は小林萬吾による）

島高師は宝生流《ほうしょうりゅう》の盛んなところで諸教授はほとんどみな玄人、それが縁をなして家族的に親しいという。謹厳の西博士、史学の先輩・新見吉治博士とともに師匠格である。

堀先生は経済科の同僚として格別に近く、いつか話のついでに教えてやろうとおっしゃる。何とぞよろしくといったが、なかなかてれくさいので、ふみきりがつかずにいたら、わざわざ音譜のてほどきに当たる入門書を、毛筆をもって清書して下さる。こうなるといよいよ決行の外はない。しかし怠りがちでいると、わざわざ夕方の時間に訪ねて下さるし恐縮の話である。はじめつけてうたったが、だんだんなれては、ひとりでうたう。階下できく家人は、まるで犬が吠えるようだのいうのも構わず、やっと軌道にのりかかった。

いつかこんなこともあった。夜たずねていただいたので、二階でけいこを続けているうちに一一時ごろになった。これは遅くなったといって帰るところを玄関に見送ったが客の下駄が一足ある。それは産婆のであった。陣痛があって呼びにやったという。見送ってから一四、五分もたったと思うときに長女が生まれた。下のさわぎを私は何も知らなかった。

新婚後六年間、京都の空気の中では子が生まれなかった。広島にきて山も川も伸び伸びと生活させてくれるところで、生命はひとりでに恵まれてくる。私の兄に子がなかったので老母は三年、五年まちにまったが効果がなかった。この広島の空気が長女を育ててくれるのである。母が郷里から出てきて赤ん坊をだいたときの喜びを今も忘れえない。私もやっと親孝行をすることができたと思ってほっとした。長らく広島のあの家をなつかしく思っていたが原爆一瞬にして灰すらも残さなかった。この惨禍を人類はいつまで繰り返えそうとして用意するのであるか。

そのうちに堀師範の手を離れ、毎週一回ずつ本職の高木さんの下に通った。同僚教授の錦田、守内〔喜一郎〕の二教授と私との三人が一組である。私は怠慢でもなければ熱心でもなかった。東京に立つまで約七、八ヵ月も続いたであろう。やはり人様の前で、声が出せるまでに行かなかった。しかし謡をきいて味わうことはできる。やはり、一つの世界がひらけたわけである。一時はひまがあれば謡の本を前にする習慣もあったが、その後、約三〇何年。まったく怠ってのみいるけれども、眼をあけて知り見る一つの世界は美しい。ただ三人のうち最も病弱的であった私だけが生残っている。やはり運命というものであろう。西博士について述べたいことが、あまりに多い。二年間、親しく接近しえたことの仕合わせを思う。塚原博士についても、別に述べる機会をえたい。大倉精神文化研究所[32]に因縁をもつ前から業績をお寄せになっている。これについてさらに述べる機会があると思う。

第2節　火群会のこと

火群《ほむら》会〔火群短歌会〕というのは、当時広島高師にあった短歌会のことである。その中心は国文学の主任教授・下村莢《ひかる》氏、明治二六、七（一八九三、四）年の東大国文学の出身、早くから『帝国文学』に短歌を発表してその温雅《おんが》の歌風を知られた人である。広島に来られる前には山口高等学校におられたかと思う。私には親しかるべき人であった。中学の先輩である。夫人の父は郷里の県政界の中心人物であった。初対面から故旧《こきゅう》のごとく、訪ねると帰りを忘れた。老教授の家庭は静かであった。時々、宇品あたりに夜釣りにでて夜明けにかえる喜びを語っておられた。ちょうど私の赴任する少し前であろう。校内の短歌愛好者をあつめ、火群会をはじめられた。命名者は下村氏自身である。私も客員として参加した。

その後のことをいえばこの会は相当に発展し、会員の中から少壮歌人を歌壇に送り、会長の逝去後も存続していた。発展の事情は明らかである。下村氏は自己の流風で強引に統一する人ではなかった。種々の流風を包容し、これを拒否せず、別してアララギ派の学生の中には鼻息の荒い二、三の人があっても、翼下《よくか》に収められていた。

私は広島にいるころ、詳言すれば大正九（一九二〇）年の二月ごろ、はじめて〔島木〕赤彦の『氷魚』一巻をえて、愛読をつづけた。けれども歌風の基調はやはり新詩社調であった。火群会の中でも最も新詩社的色彩の明白なる一人であったろう。

（一）秋風や　逢うて別れて　忘れ得ぬ
　人数ほどの　海の灯に吹く（御幸橋畔）
（二）忘れては　大江《たいこう》の水　流るると
　ポプラの風を　あけ方にきく（新川場町）
（三）わが小舟　音戸《おんど》の港　近づけば
　秋風の中に　小き笛吹く（渡船風景）

太田川本流の海に注ぐところ、大橋がある。御幸橋である。その上に立ち海上を眺めるといくつかの漁火が明滅する。今橋上に立つと、一生の中、親しくしては別れたが、中に格別に忘れえぬ因縁の人がある。たれかれと数えると、わずかの数であるが、それらの人々の数ほどの海上の灯が見える。（一）のうたは、どうも自分で忘れがたい。（二）は新川場の居宅のわきにならぶポプラの古木。夜明け、目をさますと大河の流れでないかと思うほどの勢いであるが、あれはポプラに吹く風の音だと思いかえす。（三）は前述の音戸所見である。

（四）わが汽車は　小き笛吹き　煙吹き
　つゆ草の野に　秋風を追ふ（可部軽便鉄道）
（五）まさをなる　海には海の　秋来り
　群れて流るる　白くらげかな（宮島所見）
（六）白くらげ　小く悲しき　恋もあらむ
　秋ゆく海を　むれて流るる

（七）国々の　人に交じりて　わが投げし
　　　　　銭そこばくの　音の淋しさ

（四）は特有の調子であると思った。汽車を擬人化してもやはり友人のような取り扱いである。（五）（六）はくらげに対する同類感を示している。（七）は生活の淋しさを免れようとして、ひとり宮島に参ったものの、人生の寂しさ、どこまでもつきまとうことを述べている。

さて下村さんは私が東京に赴任する少しまえ、九月に逝去された。

（八）宇品《うじな》の海　うろくづ秋に　おどるとも
　　　釣する君に　またあはめやも

そのころ、学校前の旅館にいて講義をつづけた。

（九）火の国の　三日月村は
　　　　　菱の花　こもの花咲き　母老いませり

（一〇）大根買へば　しるくも肥えぬ　ふるさとの
　　　　ちくしの秋も　ふけにけらずや

関西学院社会科

関西学院社会科といえば、きわめて因縁の深さを感ずる。つながりの初めは、大正九（一九二〇）年の夏。その前には『社会進化論』〔博文館、一九〇九年刊〕の著者・小山東助氏がおられたことを知っていた。大正九（一九二〇）年の春ごろ、池田多助氏（京大史学科の一級下のクラスと思う）より来信があり、あらたに開設する社会科のための来講を求められるのであった。講義の題目は社会学。講義にいったのは夏のはじめ。その時のことはまことに忘れがたい。写真がいく枚も残っている。一九二一年のことであるから三五年前というところ。このころから各大学に社会科が設けられたが、多くはそれが社会学科または社会学部となっている。時の動きを考えると、ちょうど第一次大戦後、欧州に社会主義の天地がひらけ、例えばソ連の共産主義、ドイツの社会民主主義革命、イギリスの戦時社会主義などがつぎつぎに開花した時期である。その影響が教育や思想に波及したわけであろう。

講義は一週間ずつ二回の集中講義であった。第一回目は私が京都を去ってからはじめての関西入りである。学院の建物はまだ上筒井《かみつつい》にあった。宿は松本〔益吉〕院長[33]の牧師館にお世話になったので便利でもあったが、その親切に心から落ちついた。講義は出席一二、三人、中にはのちの岩橋〔武夫か?〕教授もあった。

保存している写真の一葉は小寺壮吉教授邸の社会思想研究会である。ゆかたがけの集りであったから、たぶん七月のはじめか。中に増井光蔵教授も見えている。つぎの一葉は下新川に賀川豊彦夫妻をおたずねした時の光景である。この後に再会の期をえず、やっと終戦直後、京都の府知事官舎の会合にめぐり会ったのは何年後のことであったか。たぶん二五年ぶりであろう。あえばすぐに知己の感を抱くのも、思想の接近のゆえのみではない。ある意味において米田門下の同人としての同類感が流れているからである。

なお一つ忘れがたい回想はキリスト教青年会の講演会である。これは関西学院社会科の主催であったと思う。当時の専任教授は河上丈太郎氏、それに私を加えて二人だけの講演会。何を話したか忘れたが聴衆は八〇〇名、場にみつとはいえぬが思ったより多いという印象であった。その前後、河上教授邸に晩食に招かれたときの家族の印象は忘れがたい。遭《そう》逢《ほう》、いずれの日にか謝しようという感を抱く。

秋の講義の内容についても記憶に残るものはない。この二回だけで私は出講していない。もっともそのつぎには病気のためにそれが生理上、不可能になっていた。そこで翌年、新明正道教授の来任となり、それから関学社会学の光栄ある歴史がはじまる。小松堅太郎教授の時代を経て学院の出身でありマッキーヴァー教授の門に学んだ大道安次郎教授の時代に入る。あれやこれやと考えると、関西学院大学には長い間の回想がつながってくる。ことにそれを思いださせるのは校庭に大きくなっている唐はぜ（南京はぜ）の並木である。あの紅葉と冬の白い実とが。

第3節　広島から東京へ

大正九（一九二〇）年の暮れ、胃の養生にと思って福岡県船小屋温泉に滞在したがもちろん効能は見えなかった。胃酸欠乏症に炭酸泉のきくわけはなかったのである。正月の一日に郷里の家にかえり、母や姉と正月の数日をくらして五日に久留米市行徳胃腸病院に入る。知人の人たちが胃の養生によく出かける病院である。胃酸不足であることは広島での受診で分っていた。私は悪性の病気ではないかと心配して何事にも手がつかなかったのである。胃の精密検査の結果、単純なる胃酸欠乏症と胃の弛緩症である。一ヵ月ばかり入院せよというはなしで腰を落ちつけるつもりでいた。ところが二、三日の中にひどい感冒になってなかなか平熱にもどらず、胃の養生をぬきにして、ちょうど三月二〇日ごろまで、かぜの跡始末にくれてしまった。不幸なときには、することなすことみなくいちがう。

久留米入院中に当時の東京商大（今の一橋大学の前身）福田徳三博士からの交渉があり、それが京大文学部の問題とからみ合って、電報や手紙の往復を重ねた。それについては、別に述べることにして、一身の健康や研究の問題を述べなければならぬ。私の入院は八〇日近くになってやっと流感の治癒だけをすました。それも胃腸病院のことであり、防寒の設備のないところであったために難儀と不自由とは私の神経をいらだたせ、私の不幸感を大きくした。

体重もへり病後の疲れも深いからだを思い切って退院して、いちおう道中に当る妻の実家に立ちより、そこの離れに静養することにした。ところが、折も折、八一にもなってきわめて元気であった老母が流感にかかった。しかも医療の手の届きかねる郷里の家であったから肺炎になってしまった。私が病院から自宅にかえりえなかった事情の一つは、一緒に病床をならべにくかったということであったろう。

妻の実家の養生は効果的で、だいぶんに元気も加わった。母も一時の重さから免れて熱も低下したという。ところが突然、長姉〔フジ〕が看病の疲れが刺激したのか心臓の持病が急に発作してしばらくの間に、詳しくいえばたったの一日の病故《びょうこ》で急逝してしまった。数え年五九であった。私は使いがきたのでそれと一緒に三日月村の母の家にかえった。何というあっけない、はかない別れであろう。三〇あまりの時から夫は軽い中風のために廃人となり、それの介抱をかねて作男《さくおとこ》たちを指図して三男三女を育て上げてしかも義理のしゅうとめに六年からの中風の世話をしたという辛抱づよい、手本になると言われた生活をつづけたのに、一日の休養をとることもなくたおれてしまった。私は胸をかきむしらんばかりであった。自分の胃疾は養生もできずにいるのに、老母は大病、姉の不幸が現実に迫る。広島赴任もちっとも私に対する運命の爪かたを軽くはしてくれなかった。

姉の急死といい老母の肺炎といい、私の流感といい運命のあざなえる縄《なわ》をたどってゆくと妙なところに根をひいている。大正一〇（一九二一）年一月四日、佐賀にでて灸師に点を下してもらった。その灸師が一年前に比べるとあなたの胃病はひどく悪くなっている。しこりが大きい。急に治療をしなければ難治になる。

日記にこう書いた後、久留米入院を急いだ。この入院は私の胃を治してくれる代わりに一連の不幸をつぎつぎにもたらした。この因果を予想しえないところに人間の弱さがある。私の日記は私のノイローゼと灸師のおどかしとが、重なる不幸に突進させたことを記している。母の感冒は日数をかけて直った。しかし八一才の年齢は肺炎のためにひどく弱ったらしい。今日のように医薬が進んでいたわけではない、田舎の医師をたよりである。結局、体力の回復が十分に行かず、逆に、じょじょに萎縮腎が進行したのであろう。結局、私の東京商大赴任の翌年、尿毒の病が進んで一一月に世を去ってしまった。

福田徳三博士の書簡

　この久留米胃腸病院入院中に福田博士の長い手紙をいただいた。たぶん広島から転送してきたのであろう。とにかく日本経済学界第一の実力者としての名声を久しく聞いていた博士の手紙がどういう内容のものか、あけて見るまでまったく見当もつかなかった。その手紙は郷里に保存しているはずであるが、取りにかえる時間がないから、記憶をたどって書くより仕方がない。

　福田博士の、後進、私のごときに対する懇切なる書簡にただ感激の外はなかった。大要は東京商科大学にして教授として来任する意志なきや内意《ないい》をききたい。担当は社会学、経済学。その他、俸給、官等、外国留学に関する諸点についての予定まで記入してあった。私は自分の健康状態と老母への気がかり――つまり郷里を遠く離れる感情さえないならば、直ちに返事を差し上げたと思う。それに京都大学・米田博士に相談する必要もあり、若干日数の考慮の余地を願うとともに感激の心境をのべてお礼の言葉にした。

　最初の交渉の手紙は福田博士の私信であるけれども待遇問題の予定まで書いてある点から見て教授の方々の懇談の結果であることは想定された。寄信は三月はじめである。日記には三月六日のところに「はじめて商大赴任の意志を発表す」と誌しているが、これは広島側の先輩同僚の少数者に諒解を求める意向を述べたことをさすのであろう。三月七日に、米田博士に内諾の希望を述べて高意を伺う旨の手紙をだし、三月八日に福田博士に内諾致したき意志と、相談すべき方の意見をまちて確答を致すべき由を出簡した。

広島側からは塚原博士は一年前に文部省に転任しておられたが西博士は、こんこん在広一途に研究を進めることを諭《さと》されたが、私がたって願えばやむをえぬと見て下さるという最後の意向はわかった。京都大学文学部の諸先生の側における動きがあるらしく、一四日に米田博士より電報がきた。「東京商大に承諾を表示したか」という意味であった。三月一五日に「確答を保留したれども、承諾のつもり」と返電したる上にて、長文の手紙を認めた。それは、いまさら東京商大をお断りすることは二大学を比較して選択したとの誤解を受けることは、東京商大に相すまぬこと、二つには私が早く京都に助教授として参ることによって先生のご勇退を早めるという友人の推測もあるが、それでは先生にすまぬこと、しからずして後継者たりえるならば何よりの本懐であることを認めた。同時に朝永三十郎博士には右の一つのことと、二つは東京側の要求は既定であり、京都のそれは未定であること、三、終りに福田博士には確答こそ保留したが、すでに内意を述べ、いまさらお断りしにくい事情になっている旨の連絡を申し上げた。実はこの件、早くから朝永先生には御存じのことであったからである。同時に福田博士には二つのことを条件にしたいと申し上げた。一つは東京に長く定住しがたいこと。二つは広島の講義をかけもちにてつづけることを許していただきたいということ。

三月一九日、米田博士から「教授会にてきまる、来任を希望す、あとふみ」二三日、二五日二回、福田博士より来電。「条件などはいかともする。是非お出でを願う」私として筋道は東京商大にお世話になり、京都の話はその上にて双方にて話し合いを願う外なしと思い、いちおう米田博士に無条件一任の形で、いかともおきめ下さいといい、他力本願におまかせした。これは今日とても誤った処置でもなかったと思う。福田博士条件云々の電文は待遇や地位のことではない。これは当初より、現在俸給より四級引上げること、官等留学のことは、聞き及びずみのことである。したがって条件は私の申し上げた前述の条件である。

三月末、朝永三十郎博士、わざわざ東京にいって話をまとめて下さったらしい。結果はある点まで先に話がまとまったと、しかるべき時期において京大文学部の厚意については相談して下さることになった。

その点について米田博士から京大における成り行きの説明をきいた時の話によれば、いちおう東京に落ちついて二年または三年の後、京大側において引き取るということになりそうであったが、それでは本人を拘束しすぎることになる。表面は条件をつけず、ただ暗黙の了解ということにしようという有力なる教授の発言によってそこにまとまったということ。当年の諸先生はたいてい他界されてしまったと思う。

これから昔話を述べることを許していただきたい。私の東京商大就任の件は主力が福田博士であり、助言者が左右田博士あった。このことはのちになって知りえたことである。朝永、左右田の二博士は親友の間柄である。福田、左右田の二博士はドイツの学界に輝ける業績を確立したといわるべき師弟であった。私はこういう先輩学者によって、誤ったにせよ、かくまでに認めていただいたことを誠に生き甲斐のあることと考えた。ただその幸福感を、いっぱい味わいえなかったことは病気の苦痛と心配とであり、同時に老母の病気であった。

昭和三〇（一九五五）年の秋であったと思う。金融学会の席上において、当時の一橋の学生・宮崎力蔵氏からきいた話である。同氏はそのころ、左右田博士の演習学生であった。ある時、博士と会談の時、あなた（高田）を一橋によんだという話がでた。結局、その話は左右田博士と福田博士との間にまとめられたのですよ。これをきいて私は人間の因縁の複雑さ、こまやかさに驚かされた。この話も私が今まで生きていなかったら聞きえなかったことであったと思う。

さて、その後の交渉としては、四月九日、京都の方に米田博士を訪ねるつもりで電報をしたが、間もなくついた書簡によって「お手紙見た。参ること延ばす。あとふみ」と追電した。そのあとは広島兼任のことについて、福田博士と電報の往復を重ねることで、だいたいの落着点に達した。けれども、最後の手続きがすむまでには福田博士と書信の往復がつづいた。五月二〇日に文部省にて俸給の四級上登りを承認せず、二級上りにとめるという通知に、いかにてもよろし、という返電をして、これで発令をまつばかりになった。

第4節　一橋の三年間

病弱だった広島二ヵ月

私自身は四月八日に九州をたって一〇〇日ぶりぐらいに広島にかえり講義をはじめた。しかし今日から考えると愚かなことをしたものと思う。毎日、朝はゴム管をのんで胃洗をつづけこれで私は結果において胃病を、ますますひどくしたらしい。

胃病につづき、それに一身上の問題がきまるまでの諸交渉などに心を奪われて研究はあまり身が入らず、大正一〇（一九二一）年の五月になった。あまりに長く物を書かなかったことを悔いてまず筆をとることにしたのは「文化の概念」という補完論文である。だいたい一二〇、三〇枚のものを五月の末ごろまでに書き上げた。これを京大文学部に提出したが、論文が通過したのは一二月一〇日であったと思う。これについてはあまり感想もない。事実においては『社会学原理』を提出したわけである。

広島においては『社会学概論』の主要部分を書いたこと、前述のとおりであるが、本格の研究としては、九月から多元的国家観をめぐる諸論文を書いた。それらを大正一一（一九二二）年には『社会と国家』と題して公刊した。これは私の社会学に関する諸著書のうち、思索に時間をかけたものといいえるであろう。ラスキをはじめ数多の社会多元論者がいつの間にか国家の優越を承認してしまったのに、私は踏み止まって当初からの見解に執着して離るることをしなかった。もし健康が許すならば、この書には、ひとたび改稿を行って遺したいと思う。大正一〇（一九二一）年において私の公にしたる学術論文がただ「結合と分離との関係」(34)の一つであることは病気が、いかに私を学問から遠ざけたかを知りえるであろう。

なお経済学に関する関心について述べなければならぬ。専攻科において経済原論の講義をしたけれども教科書を使った。しかもそれは紙数の少ない売れ行きの多い本ではあったが、だいたい限界効用論に立つとはいうものの、それを心から理解して書かれたものとは思えない。ことに生産財の価格については教えること最も乏しき教科書であったために、私は興味をそれにつなぎえなかった。その上に外国の学術雑誌が経済に関する限り、ほとんど見るべきものがこない。私はたった一つの論文を書くこともなかった。ただ経済学のことを忘れたかといえばそうではない。ことにクラークとシュンペーターに関する興味はこれを失わずにいた。

これが一〇年一〇月に東京に行ってから間もなく河上博士のクラーク風の剰余価格論に関する批判を雑誌『解放』〔第五巻第二号、第七号、一九二三年〕において公にさせるにいたっている。かくはいうものの滞広二年は経済学、社会学を通じて、なんら新鋭の研究を行わず、社会学の概論を執筆することにのみ努力した。しいて何をよんだかといわれるなら、つぎのごとくに答えたい。多元的国家観に関するもの。ことにメイトランド、ギールケの『ヨハネス・アルトジウス』、ラスキの諸著書。後者は理論的でないので面白くなかった。しかし外国の多元論は透明をかくと思った。

ただ回想すれば広島在住約二年の間、どうしてもかくまでに病弱になってしまったか、自分ながら訳がわからない。当初の日記をめくって見ると毎日胃のけいれんや痛みのことばかり、それを治そうと思って薬をのみ、毎朝、胃洗をやっている。神経過敏の症状と胃の異状とが相刺激して、そうなっているのであろう。その上、大正一〇（一九二一）年はじめの流感は引きつづき、のどを慢性的にわるくし、同時に痔の出血に悩みぬいている。結局、安住の地、健康の地とのみ予想していた広島の生活も、運命は私に優しいとはいえなかった。

いちおう新川場の家をたたんで荷物を東京と郷里とに送り、東京の仮寓のきめ方を日本郵船勤務の妻の従弟に一任し、私は妻子とともにいちおう郷里の家に帰ることにした。七月に入ってのことである。結局、七、八のふた月を静養についやして、九月、私は広島を訪ね学校附近の宿屋に入り、約二週間ばかりの講義をすまして東京に単身出発した。妻子も年の暮れ近くになって、東京に上ってきた。

さかのぼるが六月九日、京都に下車、米田庄太郎、朝永三十郎、西田幾太郎、狩野直喜、波多野精一、深田康算、松本文三郎、小西重直、藤井健治郎、野上俊夫、織田萬、小川郷太郎の諸教授を訪問したが、ゆっくり話を伺いえたのは、米田、朝永の二先生だけであった。

東京についたのは翌一〇日の朝。中野に福田先生を書斎に訪ねた。京都の経済学読書会で講演もき き、一度、頭を下げてあいさつしたまでのこと、親しく数々の御礼を述べ、最近、余分の迷惑をおかけしたわびをいい、終りに今後の指導をお願いした。かねてから厳しい先生だという話をきいており、心中落ちつかずにいたら、初めからたいへんに親しいいたわりの言葉で心はすぐ暖かになってきた。セル[35]の筒袖の仕事着で書き物中であったから、書斎に通されたわけである。

私の今の年より二〇年以上若くなかったと思う。玄関から書斎までの廊下の両側の書架の長さ、田舎の貧学究は眼をみはるばかりであった。からだが弱いので余分に御迷惑をかけますがと申したら、心配するにおよばぬからゆっくり養生すること、講義をしないでもこの人がいるということで、大学には何かの役に立つものだといわれた言葉が耳に残っている。

講義は社会学と経済学史とをもつようにということであり、学史の知識不足を述べたら好きな学説のことを講義すれば良いということで安心してお引き取りをした。後年、私に日本経済史を本格にやれという福田、佐野〔善作〕両博士の意向を伝えられたが、これにはどうも勇気がなかった。

『社会学原理』に長々と民族的社会史的な記述をしたので無縁ではなかったわけであるが、やはり歴史がやれる傾向ではないと思った。博士にも、一度、大事な指導を受けたことがある。それは重ねてこの中野の書斎を訪ねた時のことである。私は社会学と経済学のいずれに重点を置くかに迷っている旨を述べたとき経済学をやれ、しかも理論をやれといわれた。これが暗黙のうちに方向を示すことになって、少なくも形式的、時間的には経済に多くの労力をかけたかと思う。

翌日は佐野〔善作〕学長を訪ね、その翌日に商大に左右田博士を訪い、教官寮にいってあえる方々に挨拶したが、この秋、瀧氏の官舎（内相秘書官官舎）にとまったことと、二木謙三、南大曹両博士に受診をしたことが記憶に残る。二人ともちっとも重くはいわれない。前者は二食主義、玄米食、後者は辛抱強い摂生を説かれた。南大曹氏には東京在任中、主治医としてお世話になりつづけた。二人の名声をもってしても、私のノイローゼを押さえることができない。

クラークからシュンペーターへ

大正一〇（一九二一）年九月、広島の講義を終わってから上京したことは前に述べたが、私にとってきわめて有意義であった一橋三年の学究生活はそれからはじまる。ただこの三年、詳しくいえば二年七ヵ月足らずのことを暦年にしたがって述べることは私にとってもあまり興味がない。この三年の追憶はあたかも一瞬の出来事であるかのごとく、すべてがこんがらがって、眼の前に浮かんでくる。

私の『社会学原理』はすでに、いくたびか版を重ねていた。時代は一次大戦後、世界を通じて社会人の興味が高まったころである。貧弱な講義も学生の耳に新しくきこえたであろう。けれども、福田、左右田、三浦〔新七〕その他の諸先輩の講義の中に入るとき、きわめて微かな存在であったことは、当然のことである。経済学史の講義としてクラーク学説を論じたことはやはり京都大学を去るときの問題を広島二年の間にもちつづけ、くりかえし考え、その帰結を東京の教室にまで持参したことになる。

これが河上博士の研究と連絡のあることはいうまでもない。明治四一（一九〇八）年以来、京都大学における河上博士の講義の様子を私は瀧氏から聞いていた。一時は政治学の講義を受け持たれたこともあったが、本来は経済史、経済学史の担任であった。そのころの著書『人類原始ノ生活』〔京都法学会、一九〇九年刊〕という法律学経済学研究叢書の一冊は、そのころの経済史研究の成果である。これには河田教授の家族研究の手法とカール・ビュッヒャーあたりの影響があると思っていた。もっとも当時がドイツ歴史派の最盛期であったことを思えば当然の方針でもあったろう。やがて本庄〔栄治郎〕講師の経済史担任者としての就任があった後は、もっぱら経済学史の担当であった。そのころから、一時、スミス、マルサス、リカードあたりの古典研究がつづいた。ことにマルサスには格別の興味がもたれたらしく、京大におけるマルサス記念祭〔まるさす生誕百五十年記念会のこと。一九一六年二月十三日に京都大学で開催〕の行事があったこともそれと関係があったろう。『貧乏物語』あたりまでその影響が何らかの尾をひいている。

ところでこの古典への沈潜はやはり新しいものの理解と吸収の要求を生んだのではないか。この要求がアメリカ学者への興味となったのではないか。一方ではアービーング・フィッシャーの物価論の分析となり、それからカーバー、フェター、クラークあたりにおよんでいる。フェターの道徳論の翻訳(36)がでている。

こういう傾向がクラークに到達したのではないか。『経済論叢』における剰余価格論はクラーク生産力説とマルクス利潤論とを結合しようとする企図である(37)。

私が京都を離れたのは大正八（一九一九）年夏。大正九（一九二〇）年秋に関西学院にいったために京都大学研究室に訪ねたとき、博士は『資本論』第二巻をウンターマン英訳(38)と対比して読みつづけ中であった。

広島二年間、病気さわぎが続いて勉強もできなかったが、読みたいと思っていたのはシュンペーターの『経済発展論（*Theorie der wirtschaftlichen Entwicklung*）』である。ただ頭の中ではクラーク『分配論（*The Distribution of Wealth*）』を考えつづけていた。本来、シュンペーターはクラークの影響を強く受けている。クラークの静学、動学の区別はシュンペーター経済理論の骨組みに影響をおよぼしている。後者の静学の条件についてはローザンヌ学派に連なるにしても、クラークに学んだかと思われるほどに一致している。これだけのことをいうのは、私がクラーク研究について便利な地位にあったことを述べようとするのである。

ただ私のクラーク講義の要点は『経済学研究』のクラークに関する部分〔第一篇〕においてくりかえしている。これは批判の試みであるが、これは成功しているのかについては、もう一度くりかえして読まなければ確信がもてぬ。私の勢力説的主張は大正の末年以後のものであるから、今日の立場とはちがうけれども河上博士との論争に関する限り、この点に問題はない。争点は一つにクラークとマルクスとの一致または総合が可能であるか否かにある。

大正一一（一九二二）年のはじめ、私は大久保の新田裏の二階の家から中野駅の近くに引っ越した。ここは当時の演習学生・関栄吉氏（のち大阪商大教授、昭和一八〔一九四三〕年逝去）に探してもらった。永井潜博士のあとである。雪の深いところに引き越したが、この雪はなかなかにとけず、三月までも残ったと思う。引っ越して間もなく、家族も九州から東上した。雪の中に庭隅の沈丁花《じんちょうげ》が匂っていたのが記憶に残っている。

あの家への引越し当初に同郷の人、のちの二科会《にかかい》の松本弘二氏の来訪をうけた。雑誌『解放』[40]の編集のことである。急いで長篇の論文を同誌二月号に送ったのが「河上博士の剰余価格論」である。これは拙著『経済学研究』の中に収めている。大正八（一九一九）年、学会において発表したものを、その後の知識によって詳しくしたものである。論旨はクラークとマルクスの総合が可能であるかを扱ったものである。要するに、博士への反響の一つが東京商大のクラーク講義であり、二つがこの論文である。博士の反批判はその個人雑誌『社会問題研究』[41]において発表された。私はこれに対して二回の答を書いたが、初めの答を『解放』七月号に書き、二度目の長篇を『改造』誌上、大正一三（一九二四）年秋の病後に発表している。『解放』が廃刊になったからである。

福田博士が大正一一（一九二二）年三月の試験に

さきの『解放』論文の論評を報告として徴せられたことを、ずっと後になってから知った。福田、河上両博士の間に資本蓄積の行きづまりをめぐる論争が白熱的に行われていた前後であったかと思う。

私はクラークの外の本にも手をひろげたが『分配論』ほどの興味もわかず、自然、関心はシュンペーターに集中した。当時の商大の図書館にあった『理論経済学の本質と内容（*Wesen und Hauptinhalt der theoretischen Nationalökonomie*）』を借出して目を通したが、直感の鋭さと行論の厳密さとは驚くべきものであるが、同時に難解の本であった。けれども文字どおり刻苦精励して読んだ。その結果の乏しき知識を傾けて、講義案を少しずつ作製した。もちろん私はそれだけを研究の仕事としていたわけではない。

シュンペーター学説の講義をかかる用意不足のままにはじめたのは、もとより本意ではない。しかし自信ある準備ができるのはいつのことかわからぬ。いっそのこと、まず講義を始めながら背水の陣を布いて理解を進める外はないと考えた。けれどもこの方針は最後まで貫徹されたのではない。私は大正一二（一九二三）年の地震〔関東大震災〕のあと間もなく、胃潰瘍のゆえに床につき、絶対安静の生活を守ることになった。硬い、理論的の本を読もうとすると強い胃のけいれんを覚える。そこで、せっかく

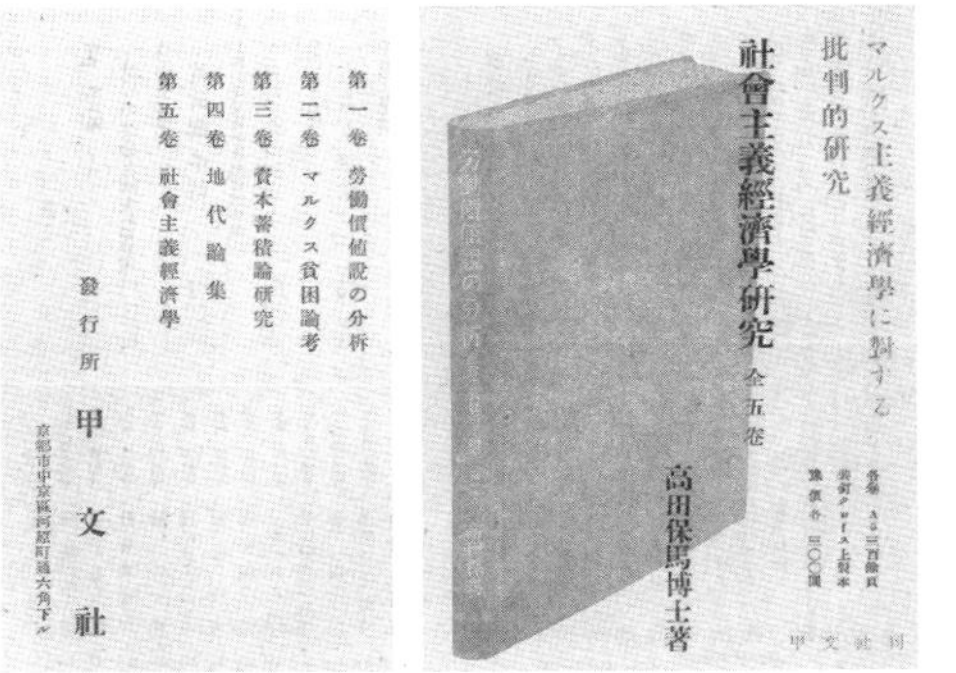

高田のマルクス主義経済学の集大成『社会主義経済学研究』のチラシ。全五巻で計画されたが第1、2巻（1949年 - 1950年刊）までを出して途絶。

の文献も中途までで読めなくなってしまった。もちろんシュンペーター理論の私の研究は方法論的または価格理論的部分に限られたわけではない。初めから注目したのはシュンペーター利子論であった。

私はこれをオッペンハイマー理論と比較しながら分析を進めた。もちろんオッペンハイマーの利子論を吸収したというわけではない。それの社会主義的色彩に興味を感じたからである。当時のシュンペーター利子論研究の収穫は私の『経済学研究』に収めている。私の利子動態説の支持はこの後一五年の長きにおよぶ。それの支配からぬけでるためには、一方ならぬ思索と反省とを必要とした。

『社会学原理』が筆者にとりては反抗の書であったことは前に述べた。一八世紀のフランス革命思想家にとりては神と国家と私有財産と時には家族もまた反抗の対象であった。社会科学はあくまで法則の科学として追求される。その体系があくまで評価〔価値判断〕から絶縁されることはいうまでもない。けれども研究者の意識は決して没価値的なるをえない。最も冷厳なるべき法則は最も熱烈なる激情と結びつく。

一次大戦前におけるドイツ・オーストリアの社会民主主義の主流にとっては、マルクス学説はあくまで必然を説くところの自然主義であった。それはカント倫理説と結びつくことによって社会主義となるべきであった。たとえばマックス・アドラーのごとき。一面から見るとマルクス唯物史観もマルクス資本主義没落論もあくまで存在の法則にして当為の格率ではない。

けれども、彼自身にあっては革命的精神がその『資本論』を生みだしている。コントの社会学体系、したがって三状態の法則もあくまで自然科学的法則の社会への延長であるが、彼自身においては人道教と別異のものではない。私のささやかなる『社会学原理』すらも反抗の情熱の掃きすて場である。それは国家と民族と階級と家族との葬送曲であり、人類と平和との降誕の譜であると思いながら書きつづけた。それは一面より見れば結合定量の法則の歴史を一貫する普遍的作用に外ならぬ。しかし反抗の熱情は国家を葬り階級を葬り、現存する権威の滅亡と弱きものの勝利を求めさせた。

『社会と国家』

一くきの野菊を讃美し、内海を漂流するくらげの群に生命の同感を禁じなかったこのころの私は、おごれるものへの反抗の気分を満喫するために筆をとりつづけた。『社会学原理』を書き上げたるのちに研究の筆をとりつづけたるものが『社会と国家』である。これはマッキーヴァー、ラスキあたりの多元的国家観に同調してはいるが、思索の根底に結合定量の法則を置くだけに結論は深刻である。

それは現在の国家を一つの機能集団として株式会社、クラブと同列のものに引き下げるとともに、集団分化の大勢につれてついに無限にその機能を失うべきことを論ずる。結局において国家上位をすてなかった西欧の多元論とはちがった結論を追求した。私はこの段階において中島重博士と一脈おのずから通ずるのを覚えた。それのみならず、私の内心には国家理論の研究への潜熱を抱いていた。この傾向が岩崎卯一博士の政治学、小松堅太郎博士の国家学への前進に何らかのつながりをもつと思う。

東京に移って間もないころ、私の記憶では大正一一（一九二二）年はじめごろと思うが、東大法学部の緑会[42]の講演部にいって三回の講演をつづけたことがある。その時は、私はこの書の骨組みを述べたのであった。当時、助手であった蠟山政道博士が緑会の世話をしておられたが、私のささやかな理知の成長からいえば、この著は最も好調にあったころの作物であると思っている。大正七、八（一九一八、一九）年ごろ、糺の森を歩いてこれの構想をねっていたころを思いだす。ただもう一度、世界の情勢を考え合わせて、これを修訂したいと思うが、その日がはたしていつくるものか。運命は知る由もない。

一橋三年の間には私がまだ社会学の畑から経済学の方に移りきっておらず、したがって読書の回想をすると、社会学の本をかなり読んでおった。大学の演習ではシュタムラーの『経済と法律（*Wirtschaft und Recht nach der materialistischen Geschichtsauffassung*）』を用いたが、これは私の失敗であった。考えの方向がちがうので、私が十分に消化しえるものではなかった。病気がちのためにあまり進行もしなかった。

ついでに当年の演習所属学生のうち後年になってから、または近年、交渉をもつ部分だけ、思いだすと、前記の関氏とつれ立ってよく来訪し、のち地震の時に研究室にあった私の本をトラックで運んでもらった今の西南学院大学の渡辺定一氏、電力関係の財界人・松根宗一氏、法政大学の平野常治氏、滋賀大学の大谷孝太郎氏、第一銀行の曽野勇二氏あたり。若松市長・吉田敬太郎氏も近年しばしば往来する。アルゼンチン大使・井上孝治郎氏も病中よく訪ねて下さったが久しく会うことがない。住友火災・三村倜《ゆたか》氏もよく訪ねて下さったのに、早逝はまことに惜しかった。

演習には関係がなかったが当年の学生、三菱銀行の三浦懋《つとむ》氏その京都支店長時代に縁あって御世話になったが、何ゆえもっと親しく往来しなかったかと悔いられる。新聞でたまに名を見る北鮮の要人・白南雲氏（前文相、かつて『朝鮮社会経済史』〔改造社、一九三三年刊〕の著書）は地震前後ごろの演習学生であった。なお私の演習学生ではなかったが、私が大久保の家に入るころ、保証人であり、引きつづき今日まで親しくしているのは、前三和銀行常務、今は大同生命の田中武八氏をあげねばならぬ。

学界には当時の教授であった高垣寅次郎博士、助手であった中山伊知郎博士は今日なお親しく、何十年の交りである。中山教授はシュンペーターの高足《こうそく》としてシュンペーターの流れを汲む私にとっては学縁最も近い。

回想が横にそれたが、胃痛というよりも胃のけいれんに苦しみながらも、ドイツの本をよんでいた。力を入れたのはマックス・ヴェーバーとマックス・シェーラー、フィアカントである。ヴェーバーのは『社会科学と社会政策にかかわる認識の「客観性」(*Die 'Objektivität' sozialwissenschaftlicher und sozialpolitischer Erkenntnis*)』と『経済と社会(*Wirtschaft und Gesellschaft*)』あたり。ことに後者は一から四までの分冊がつぎつぎに到着する。それを読むと二ページで頭がクシャクシャする。胃病がひどくなる。それでもつづける。理論の部分はわかるが、歴史的叙述になると、こちらがわからなくなってしまう。極端な表現をするとヴェーバーに追いまくられて病気が重くなった。それに少し本を買う余裕ができ、輸入のこともよくなったので架上の本は増す。読みこなすのは一冊で半年も一年もかかる。社会学がこれほど哲学化してゆくときに、今の健康でどこまで進みうるかを考えねばならぬと思った。私の経済学への移行はこういう事情も強く作用した。

この期間において私が手をつけた一つの分野は唯物史観の批判であり、裏からいえば社会学的史観の構築である。後者ははや『社会学原理』の終末篇に含まれていると思うが、それを整理したわけである。唯物史観の知識の到達点を私は米田博士の講義において大正のはじめから学んでおった。到達点というのはマルクス主義者における見解の展開と批判家と批評家たちの思想の集積とをさす。

「第三史観」や「経済史観より第三史観まで」という論文(後に『階級及第三史観』に収めている)はこの期の執筆にかかる。文献の引用もそう貧弱ではなかったつもりである。

いったい日本の社会学界にマルクス主義の学習が行われだしたのは経済学におけるよりも遅かった。

したがって唯物史観を社会学的視野よりするところの吟味、ないし分析という仕事は若干の新味をもつと見られたわけである。社会学的史観というのは社会変動の原動力として生産力をすえる代りに人口をすえるものであり、人口増加の結果として、異社会の成立、異質文化の形成が行われ、それらの交渉によりて国家をはじめ複雑なる社会構造を作ることを説くものである。この過程の説明をすべて結合定量の法則をもってしている。これを包括的には一橋三年のはじめごろに公刊された『社会学概論』において述べた。

そこで今から考えると、私の社会学的述作の主要部分はすでに、東京商大在任期までにまとまっており、九大の初期から後はドイツ学界との交流のみをつづけた、といいえる。明治四四（一九一一）年から大正一五（一九二六）年まで、概算一五年間に私の社会学は八、九割まで構築を終わったというべきであろう。世界の社会学の動きも、だいたい一九四〇年ごろまでには私の知識をもってつかみえることであったが、二次大戦後、ことにアメリカの動きにいたっては理解しかねるところが多い。これが進歩を意味するか退歩を意味するかは、時日《じじつ》の経過をまちて判断したい。

病弱の記

以上のごとくに述べてくると、いつも本をよみ、物を書いていたわけである。しかし実は一橋三年が病弱の三年であった。苦病のために静養の合間、合間に学校の勤務を細々と果たしもし、物をも書いた。したがって普通の社交や会合にも義理をかき、時には流動食、絶対安静を半年もつづけた。大正一三（一九二四）年のはじめに郷里にかえるころには、体重も液体食の結果、一〇貫代〔一五貫で五六キロ程度〕にまで低下した。

私の主治医は南大曹博士、通ったのは木挽町南胃腸病院。病名はびらん性胃カタル(43)。それが地震のあとの激しい運動や不規則の生活のために慢性の胃潰瘍になった。自覚症状はほとんど毎日のように胃痛がある。少し良くなってから麦粉をねり半液体として常食にしたが、それでも毎食時、のみ下すごとに胃が痛む。はじめは胃の傷が痛むと思っていたが、もちろん血が少しずつでるのでそれもあるが、主としてはけいれんのために胃が神経的に激動して痛むのである。空腹時に近づくと胃の背部に鈍痛があり、これは中止しない。これは胃酸過多《むねやけ》と関係があるから、時々、重曹をのんだ。本をつめて読むと食事中でなくても胃痛が強くなる。そうすると横臥する。ことにヴェーバーを読むと痛みが強かった。

南博士は私の過敏症状を熟知して、心配することをやめよ、自分とても持病があるけれども気にしないで働くことにしているといわれる。その話の記憶。南博士自身にはアミーバー赤痢がある。大腸部にしこりがあり常に異状があるがつとめて気にせずにいる。私のも何も今生命にかかわるほどのことはないから元気をもて、といって慰められた。

大正一一（一九二二）年の春、帰郷したとき、調子が悪いので村の医師に診察を求めたら「私などではとても分りませぬ。一番たしかなことは九大病院にいって診察を受けて、それでもわからなかったら開腹してもらうことです」という話である。内科に行けばよいのに村医《むらい》の意見にしたがって外科にいった。レントゲン検査の結果、胃に大きなくびれ（しわ）があるからということで、開腹をするということになった。すべて成り行きをまったわけであるが、がんも腫瘍もないというので、そのまま閉じられたが、二、三日の腰の痛さはいいようもなかった。三週間ののち退院はしたが胃の様子は少しもよくならぬ。しかし学校も休んだので、東京にいって講義をはじめた。

やはり南病院に通ったが南博士は腹の手術の後を見て思い切りすぎたことをしましたねといわれた。

私も熟慮の足らぬことであったと思ったが取りかえしがつかぬ。しかし手術の前にはいろいろの場合を考えて、万が一手術の結果が悪かったら妻子もどうなるかなど、先々のことをも一応は考えた。

一二〔一九二三〕年前半は一通りの講義をつづけたが胃のけいれんは変ることもない。なるべく気にしないことにして仕事も細々つづけてきた。夏七月に上田貞次郎博士のすすめにしたがって満鉄の講演にいって往復とも二週間をつぶしたが、この旅中は精神の緊張がとけたゆえか胃痛をあまり感ぜず食物の用心はつづけたが、無事、大連、奉天から朝鮮を通って帰宅した。胃痛は東京の刺激の多き生活の産物であるということをしみじみ感じさせられた。旅行から帰ってのち、親戚の子を一人、炊事のためにつれて鵠沼《くげぬま》にいった。のんびりした生活をしたいと思ったのである。

八月三〇日に、東京の宅を東北大学の千葉博士が九月一日訪ねるという通知があつた。八月三一日に急いで帰宅したが、一夜ねて翌日、九月一日の震災にあった。中野もだいぶん烈しい地震であったが、瓦が大量に落ちたくらいの被害ですんだが鵠沼の家は丸つぶれになった。千葉さんに生命を救ってもらったと話し合った。震災の話はありふれたことであるから記すまい。

ただ、その後の不規則なる生活、別して食べ物の不自由と、やむをえぬ活動がたたって、病勢は急に変化した。休講、絶対安静の生活が続く。二月のはじめに病性やや衰うという程度である。この間、南博士の来訪を願ったが、そう度々という無理もいいかねるので、一方では近所の加藤病院長に主治医をたのみ、その間に、時々、五高の同窓、慶應大学内科の平井文雄助教授の来診を願うことにした。かつて京都において妻の肺炎を助けられたから、重患ごとに御世話になるわけである。

当時の日記を繰って見ると、病勢悪化したのは一〇月二六日からである。一ヵ月前、すなわち九月二六日に福田博士を訪ねている。その時にはレーデラーへの紹介を願ったり、小川博士から九大法学部の話があるので、今の病弱では郷里にかえりたいという話をしたり、学位論文をまとめたいということなどの雑談をした。経済理論に力を入れるようにという話を伺った。その後、レーデラー氏のことは一二月の暮れ、三〇日に一緒に晩食をともにしたいからといってわざわざ便りをいただいたが、もはや絶対安静のころでおわびを申す外なかった。

大正一二（一九二三）年一一月一五日の日記にこうかいている。夕方、七日の月を仰いで長女（四才）が拝んでいる。ののさん、どうかとうちゃんのぽんぽんを治して下さい。その声ぐらいに私に辛く悲しいものはなかった。

第5節　東京生活の追憶

日記をめくって見ると、私が病に負けて東京をたったのは大正一三（一九二四）年二月一六日である。震災後の生活に病をこじらせて、まったく床についてしまってから約五ヵ月、その間は来訪の客にもあわず、家族の若い人たちもなるべく病室に入らぬようにしていた。ただ妻一人だけが看護と食事養生の面倒を見てくれた。家の室数が少ないので居間や若い者の起臥する室の物音がすべてきこえる。すべて胃が痛む時には神経が過敏になる。物音をきいてはいらだってくる。ずいぶん扱いにくいことであったろうと思う。

家の中は広島にいる時からあずかっていた姪《めい》（そのころ女学校三年）と、受験学生の甥《おい》が二人、郷里からつれてきた女中一人、妻と長女、それと私である。当時は郷里から米とみそとを取りよせていた。それに切りつめた生活であるから、給料と若干の稿料とがあれば、いくらかのゆとりさえあったともいえる。その方の苦労はしなかったが、中年慢性の胃潰瘍になった者の病苦と神経のたかぶりとは、わずらわぬ健康人の想像もできることではない。

さて東京在中に講義に通った学校をめぐる追憶も少なくはない。中にも因縁の深かったのは日本大学である。日本大学の社会科、たぶんのちの社会学科の企画者は圓谷《つぶらや》弘氏であった。同氏は京都大学における社会学科の私の後輩であり、米田門下の一人である。快活であり談論風発ともいうべき、話上手の人であったから、同門の中でも特に親しかった。私が商大に赴任してから間もなく、社会学の講義をもてとすすめられたが、当時の私はそれにたえぬ訳ではなく、また一橋のかえりに講義をすますことができるので喜んで引き受けた。恐らく社会科のはじめごろであったろう。

学生数は一〇数名ぐらいでなかったか。その中にコントの研究者、浅野研真氏もあったはずである。建物は今まったく変ったから、どことといって思いだしえるはずもない。何かの機会に記念講演にいったことがある。私がまず何かを話したがつぎの講演者は中野正剛氏であった。

圓谷氏はその後、長く日本大学の経営の中心にあって寄与するところが多かった。近ごろその建物設備の拡張を見るごとに同氏を思う。しかし日大社会学の興隆が同氏に遡《さかのぼ》ることを考えると、その長くなかった寿命もまた償《つぐな》われるところがあった。

講演のために法政大学にいったのはいつのころであったか、健康がひどく悪くならぬ時のことであった。たぶん大正一一（一九二二）年ごろであろう。土方成美博士の独占論の後を受けて、同様に独占の話をしたことを記憶している。私の後に立たれる長谷川如是閑氏にあったが、その後一度もお目にかかったことがない。因縁が浅いのであろう。法政大学の錦織理一郎教授を久しき以前から知っていたので、この講演もその連絡によったのであろう。

その後、法政大学には何人かの親しい友人をもっていた。社会学の松本潤一郎氏は東京生活中に相識り、戦争中のその晩年まで親交かわることがなかった。

商大における社会学の最初の演習学生・関栄吉氏は大阪商大〔現在の大阪市立大学〕に移るまで法政大学に社会学を講じていた。卒業のときは中橋〔徳五郎〕文相による学校拡張期であり、直轄学校に行けばすぐに外国留学ができる事情にあったが、その勧めを断って同氏は法政に籍を置いたのであった。

商業政策の平野常治氏もまた卒業とともに法政大学に入り、運命を法政とともにし、研究もまた商業政策を離れず、篤実一路の風格は学生の時から示されていた。ただ松本氏亡く、関氏亡く、電車の往復にその校舎を見るごとに人間界の寂しさを覚える。

東京在住中に相識った社会学界の人々は少なくない。もし私の著書の読者を友人というならば、そのほとんどすべては友人であるといいえるであろう。しかしその中、種々の因縁から記憶に刻まれている程度に深浅がある。

東京在住中、最も往復の多かったのは松本潤一郎氏であった。財界、官界いずれにいっても適任であろうと思われる博士が社会学を選ばれたのも、ひとつの運命であったろう。しかもこの運命共通につながる友人は数多いなかに、学派を近くし往復を重ねたのも、ひとつの運命である。

今日となっては、総合社会学の代表的地位にある新明正道博士も、松本博士もともにいわゆる形式社会学の熱心なる研究者であった。相近いというのはこれをさす。

松本氏とともに毎日新聞社の井上吉次郎氏が訪ねられたことも何度かであった。日本社会学会または『社会学雑誌』のことで今は毎日新聞の藤原勘治氏の来訪されたのもそのころのことであり、あるいは松本氏と一緒ではなかったか。

近年、藤原氏のいわゆる経綸《けいりん》の志業《しぎょう》の大きさを知るごとに当時を追想せざるをえぬ。松本氏の研究は形式社会学を突破して総合社会学を築くとともに学殖、思索いよいよ進み学界注視の的であったがアメリカ社会学中心になりつつある我が社会学界から、その業績のややもすれば忘れがちになることは日本社会学の大いなる損失ではないであろうか。

第五章　東京から九州へ

第1節　病苦の身を郷里へ

綿貫哲雄博士との往復も東京在住期の忘れがたき思い出である。相会えば長崎を語り土佐を語りはするが、吉浜の村荘を訪ねうるのはいつのことであろうか。松本〔潤一郎〕博士とは、出版文化協会時代にたびたび会合の機会をもちえたが、そのうちに戦争もはげしくなり、博士が信州の疎開先に亡くなられたことも、一昨年〔一九五五年〕の戸田〔貞三〕博士の逝去とともに私をしてさびしさを深くさせる。

東京女子大学の創立者・安井哲子氏の訪問を受けたことが二回ほどあった。創立間もなき同大学はまだ柏木にあった。用件はそこの社会学講義のことであった。これは大正一二（一九二三）年のはじめであったと思う。四月から毎週一回の講義を、地震までは続けていった。今から考えると『社会学概論』を使えばよかったのに筆記させるための別のノートを作った。これの稿本がたぶん「社会政策大系」(45)という叢書の第一巻に蔵《おさ》められている『社会学大意』ではないか。この記憶は必ずしも確かでない。当時の学生はわずかに一二名、狭い教室でゆっくり講義を進め、ペンの音が休むとつぎの言葉を出すという風であった。ただ学生はきわめて熱心であるとともに、マルクス主義の広がる前のことであるから、疑問もなく納得されたと思う。地震後、私が床についてから安井女史の再度の来訪を受けた。病室でお目にかかったが、誰か代講を定めてくれということであったから小松堅太郎氏をすすめた。この代講はその学年末限りであとは松本氏が担任されたときいている。

私の病気が進んだころに学生一同の来訪を受けた、花をもって見舞に見えたのである。玄関で辞去されたので、ついに御礼をいう機会を失った。その後、偶然にして中の三人にお目にかかった。第一の機会は、大蔵省関係の国力研究所の研究会において(46)その所員の一人が名乗りをされた。第二の機会は昭和二七（一九五二）年のはじめ彦根駅で少しの怪我をして駅から連絡してもらった外科病院における手当てを受けたときである。院長夫人がやはり当年の学生であったと名乗られる。第三の機会は昭和三一（一九五六）年の夏のころ太平洋問題調査会の関西における研究会の席上においてまた堺市在住の人の名乗りをきいた。

静養中、演習学生（商大）代表の見舞を受けたことも忘れがたい。代表として来訪されたのは、前掲の井上吉次郎氏と小椋広勝氏（たぶん）とであった。見舞の品を種々持参されたが病中の栄養にと気を配られたことも心からうれしかった。当時のプロゼミナル（一年生の準備演習）の人々であったから、中には今日の数学派の経済学の開拓者である久武雅夫氏などをふくんでいた。この学生諸君とも再び教壇に会う日がなく、あいさつをする機会を失った。

風のごとくに

敗残の一学究はようやく学問の中心に来り一橋の諸先輩にもまれて研究を高めたいと熱望したのに、病弱にして周囲からの刺激を乗り切るだけの力がない。かくして病床に倒れてしまった。この時、妻と私とはともに郷里を思いながら同床異夢、別々のことを考えていた。

妻は看護に疲れながらつぎのことを考えていた。これはのちの述懐から知りえたことである。これほどの衰弱の上に、病苦はなお減ぜず症候は依然として続いている。あと三、四月ももたぬのではないか。どうせ治らぬならば郷里にかえって死なせたい。これを一語もいいはせぬがその決心はついていた。私は私で環境をかえないではとても治るまい。東京のすべての刺激から逃れ田園にかくれることが健康回復のただ一つの途である。よしまた絶望の日に立ち至るにしても、親戚、故郷に見守られて死にたい。何より父母に育て上げられ姉たちに愛撫された生家にかえりたい。

二人はちがった考えをもちながらも西下の決心において一致した。症候緩和するのをまって出発することにした。大正一三（一九二四）年二月の中旬。結局、また見送りを辞して、風のごとくに去ることになった。駅頭に別れを惜んでくれたのは、入京の当日からたえず面倒を見てくれた妻の従弟・横尾夫妻（当時、郵船会社勤務、いま海上保安大学校長）家族の一員として同居していた女学校在学の姪、二人の甥、それに池袋生まれの手伝、たぶんこれだけであった。その手伝の少女まで涙を流しつづけていた。車中はただ夫妻と五才になった長女との三人。長女は大正一一（一九二二）年の春にきて出発まで二年の間、東京にきても中野の家に入ったきり、私の病気ゆえに都内のどこにも行く機会はなかったであろう。近所の子供と遊んでほんとの東京口調になっただけの東京みやげである。ひざの上に抱かれながら、車中の風光を見るのでもなく眠りつづけた。郷里にかえると聞かされて心が落ち着いたのであろう。

郷里に着いてから直ちに生家の座敷——といっても何のかざりもないのであるが思い出に充ちた一室に静養することになった。ただこの時のさびしさは何ともいえなかった。

私の老母が一年半ほど前にこの室で亡くなったのである。大正一〇（一九二一）年のはじめ私の久留米入院中にはげしい流感にかかって後、いったん回復はしたものの、もとのとおりの健康ではなかった。委縮腎が残ったのである。それでも、大正一一（一九二二）年の春に村の人々が私のために集まってくれた時にはやはり一緒に出席もし心から喜んでいた。いかにも仕合わせそうな風であったのを私は今にいたるまで忘れがたい思い出にしている。その時は病苦がぬけきらぬ母を置いて立ったわけであるが、ただ心強いことには姉たちが入り代り家にきては看護をしてくれる。今は長兄の跡をついでいる末姉の長男夫妻〔高田光治・か子〕のいることも私を安心させた。けれども回復はすすまず、その中に尿毒症になったという手紙がきた。

九月ごろであったと思う。私は家族と一緒に、もはや重くなりかかった老母を枕頭に見舞った。あんなに勝気であり、感情の強かった母も、時々、意識のはっきりせぬことがあった。一方からいえば心細い、悲しいことでもあったが、またひしひしと病苦を訴えられるよりも辛抱しやすかった。学校の事情もあって東京に帰ったが郷里からのたよりは、病重《おも》るということばかりであった。ついにくるものがきた。早く帰れという電報である。しかし時間が悪くてすぐ立てる列車がない。夜半から用意して朝の急行にのった。名古屋の駅で列車のボーイが電報を届けてくれる。地上において誰より私を愛し、何十年間、私を何よりの頼みとしたひとつの魂は天上に去った。列車は私の悲しみをのせて、何事もなかったごとくに西に走りつづける。

ひざの上　吾子の眠りは　なほ深し
芒《すすき》の野辺は　尾張にぞ入る

私の一六の時に父に別れた母は引きつづき中農の家計を守ったが、そのうちに田地を小作にだし、少しばかりの畑作を楽しみにつづけながら十何年の間、孫とともにさびしいともいわずに私を他郷にだしていた。春夏秋冬、この一人子を思いつづけたであろう。私も学校卒業が遅れたり、世間行路の難に会うごとに、また病気の心配をかけるごとに、母を慕い母にわびていた。東京転任になかなかふみきりがつかなかったのも、母から遠くなるのを考えたからでもあった。

地震の日に中野の私宅を訪ねるという千葉博士の要件も仙台にこないかというすすめではなかったかと、今まで想像しているが、それより先に鈴木宗忠博士からもその意味の私的厚意を伺がったときに、東京まででるのさえ離愁《りしゅう》を感じたのに、なお一〇時間を母から遠ざかることは一段の苦痛であると考えた。私がいくどかの外遊の機会にそれを断念したのも、母から三年も離れることのふみきりがつかぬからであった。女々しいという者は、いってほしい。甘んじてそういわれたい。その母がいない私の人生になったのである。一一月の二五日、母は私のかえるのをまち切れずに永《とこし》えの旅についた。

葬儀の日は晩秋一一月というのに大吹雪であった。それから一〇日あまりたって家族とともに東京にたった。私の代りをして姉たちはよくも母を守ってくれた。私は日夜つめたい理論に取り組みながら母と姉たちの限りもない慈愛に感謝しつづけた。東京にかえってから『階級考』という論文集の校正をつづけ序文をも書いた。今から思いだすと、この悲しみのうちに校正をつづけた論文集の一文こそは、私が経済学に立ち入った場合、勢力の作用をとり入れさせた着想を盛っている。私の勢力説がトゥガン〔＝バラノフスキー〕の学説のつづきのようにいい去る人たちは、この辺の消息を知るわけもない。もし許されるならば私にとって勢力説は悲しみに泣きぬれているともいいたい。

大正一二（一九二三）年八月のはじめ、満州からのかえりに、郷里の家に立ちよったことがある。母亡き郷里の家。それは空洞のような感じであった。心を打ったのは生前愛育した庭の芍薬《しゃくやく》のしげり、門前の百日紅《さるすべり》の花がかつてのままにわが眼にうつることであった。東京を去って帰ったのは、母亡きのちの二回目の帰郷である。しかもこの度は郷里の土となる決心をもってかえったのである。村人たちは心から喜んでくれた。

私の退官は三月のはじめに発令された。私はもはや癒《なお》らぬと考えてはいなかった。普通であれば休職を願い出るのであるが、とにかくいっさいの拘束から自由になって静養しなければ癒《なお》らないという決心と反省とがあったからであった。かくて病身を郷里の一室に静臥した。長女は父の病気のことなどに関りもなく近所や親戚の子と遊んで、二週間のうちに九州弁に代ってしまった。妻の看護の苦労は変らぬが姉たちがいるので、万事に気づよかったと思う。小作料の収入は私の生活費と療養費とに事欠かさぬので、この点に気をつかうことはなかった。それに社会学関係の本が、震災の結果、版を重ねて行くので予想しない収入もはいってきた。ただ病勢は変らぬので長期静臥の養生をつづけた。

祖先の家に帰ったけれども、やはり不幸は私から離れてくれない。妻は四月に産をする予定になっている。産は佐賀の病院にまかせたかったが、身内のものが、たって自分たちが手伝うといってきかぬので、入院をあきらめた。四月はじめに男の子が生まれた。母の長い間の心配が胎児にさわったのか、村医のまずさか、とにかく元気で生まれた男の子は便通が悪く、吐き気がとまらず生後二八日で世を去った。親の義務さえ果せない辛さを思うと悲しかった。不運の親、不注意の親をもったばかりに末長い一生はつみとられてしまった。ちょうど巣立ちの雀が朝夕親子づれでないている。この雀たちが心からうらやましかったのも親の愛の愚かさであろう。子に向かってすまぬ、すまぬと思うばかりであった。

その後、間もなく九大に入院したがそれから小康をえて少しずつ回復の過程に入る。けれども、本格の仕事をすると直に胃にひびくので、本はあまり読まず、校正すらも友人に頼んだ。

学問的決算

広島の学問的休養の生活から離れると、東京の生活は学問緊張的とならざるをえなかった。それは一橋の学問的雰囲気と先輩の無言の刺激と終りには東京のいら立たしい空気に負う。この緊張は私の健康に作用したが、若干の研究的仕事にかり立てた。社会学の方面では『社会学概論』の原稿に始末をつけさせた。シュンペーターを中心とする利子論研究を曲りなりにまとめさせた。唯物史観の研究および批判に関するいくつかの論文をかいた。これが『階級及第三史観』の主要部分をなしている。「剰余価格」（余剰価格をさす）をめぐる河上博士への批判をまとめた。

もっとも最後の第三論文は大正一三（一九二四）年秋、病後の回復をまちて執筆したが、その骨子ないし腹案は早くまとまっていた。ドイツ社会学の病中の断片的読書は大正一四年以後の『社会関係の研究』の思索方向を決定させた。この意味において三年に近い東京生活は病苦の連続にかかわらず、私の知識をいくらかとも引上げたとともに、経済学への興味を強化させた。私の経済学研究の初期が戸田〔海市〕博士に負うがごとくこの中期への進行は福田〔徳三〕博士に負う。前に述べたる二学の一つの選択については私の健康もひとつの条件ではあったが、福田博士の経済理論への勧奨《かんしょう》は強き示唆となった。これだけを三年間の学問的決算とすることができるであろう。経済理論に本腰を入れようとするまでに、左右田〔喜一郎〕博士にも意見を願ったことがある。しかし博士は正面から私の問に答えず、経済学に対する所懐をつぎのごとくに述べられた。

「経済学を学問であるとは考えていない。一生をかけてカント哲学を理解したいと思う。これより外は考えない」もっと長いがその主旨はこうである。これは大正一三（一九二四）年のころについた手紙であるがその学問的熱情と純真とを物語る。私は頭をたれてこれを読み、これを永く保存している。ただ当時、私に対する答えの何であるかを考えたが、それは経済学などつまらぬからやめよということではなかったか。ただ社会学にふれてないのは、哲学以外のものは駄目だという意味か、社会学はまだましだという意味にとれる。後者が真意に近いであろう。

そこで左右田博士自身の研究を見る必要がある。論理の明哲（こういう造語が許されるか知らぬが）何人にも許さぬ博士にとっては経験科学のはかなさが、あまりに見えすいたのか。『信用券貨幣論』（同文館、一九〇五年刊）以後の画期的なる諸著作のいずれも経済の内容にふれるところはない。方法論的には経済学を文化科学したがって歴史学と規定し、経済法則すなわち経済学の内容を歴史したがって価値の平面をはなれぬ経験的概括に過ぎぬとなし、自己の開拓領分を文化哲学の分野に限ろうとされたのではないか。いずれにせよ学問的高踏の極致という印象を与えるとともに、その思想は一時期の日本学界を風靡《ふうび》した。

個人としてはその才能、風采、健康、富、家系、人間的品格、いわば円満具足して幸福の絶頂にある人と思われた。震災の打撃によりてその地位その富が禍《わざわい》して早世せられたこと、世をあげて痛惜《つうせき》するところであった。私は接すること浅く短かったのにかかわらず、その厚意に負うところ、あまりに多かった。しかもしみじみ感謝の言葉をのべる機会をもたず、別れてしまった。久しくしていよいよその人を思う。

左右田喜一郎
（『左右田喜一郎全集』第１巻、岩波書店）

第2節　九大病院へ

東京を去って郷里の生家に帰ったのは大正一三（一九二四）年の早春であった。それから床について重湯《おもゆ》をすするという生活をつづけているうちに、花は咲き花は散った。長男は生まれて、わずかに二八日の呼吸をつづけたままで、土に帰ってしまった。二〇代もつづいて古い石碑がならんでいる家の墓地は私の生家から一町も離れぬところにある。父と母とのそばに長男の小さいからだを埋めた。彼のかつての存在を記録するものは村役場の戸籍にある数行の文字のみである。慣習にしたがって葬儀も行わず、読経の声すらもきかせずに遠い旅に立たせた。

愚《おろ》かなる親は自らの過誤によって小さき乳児の一生を空にしたことをなげきかつわびた。近所の人々に頼んでその小さい子のわきに『社会学的研究』という一冊の本を収めさせた。読むわけもない、なにゆえに入れたかもわからない。ただかそかなる煩悩《ぼんのう》の仕業である。その後とても春秋の去来するごとに思いださぬことはない。

生家の名ばかりの座敷を病室につかかっていた。農村であるからおびただしい雀がいる。春さきになると、ひさしのかわらの中に巣をつくって卵をかえす。それがだんだん成長をすると巣立ちする。そのころの子雀の声が格別に、柔らかみを帯びてやさしい。しゅるしゅるときこえる。児を亡くしてから日数がたつにつれて、その声が大きくなっていった。雀の子、はや巣立ちする日となりぬ、われらが保美〔夭逝した長男〕ついにかえらずと日記にかいたが、雀の親ほどの力もない親の愚かさを朝夕わびるほかはなかった。

そのうちに、病院に入って静養することにした。四月の暮れごろであったと思う。九大内科に入院した。武谷廣教授の下に、直接、受けもって下さったのは中島良貞助教授であった。武谷博士はすでに故人、中島博士は、のち放射線科の教授(今は名誉教授であると思う)であった。同氏は長崎県神代《こうじろ》藩の家老の家の出ときいたが武士的風格の人であり医科に似合わぬ憂国の士ともいうべきであった。

診断の結果はこうであった。胃のけいれんが格別にひどく、しかもそれは主として神経性のものである。温泉が一番いいと思う。小浜《おばま》温泉に行くのもよかろう。その外に薬のことや心掛けの注意もあったが主要点は精神の休養であるといわれた。入院はひと月足らずであったと思う。この九大病院は思い出多いところである。かつて、上海事件で隻脚《せっきゃく》を失った重光葵氏を見舞った。それは昭和五、六年（一九三〇、一）のことであった。そのころ、私は九大に勤務していた。

第3節　蒼白き情熱

　しかしもっと深刻な追憶は大正一一（一九二二）年の三宅外科における開腹手術であった。それは武谷内科入院によりも二年の前であった。その時は胃のくびれが大きいから潰瘍《かいよう》がある見込みで開腹されたが、それらしいものもなく、そのままにしまったということであった。安心はしたものの、手術後の辛さ、別して腰痛は何ともいえなかった。私に対して妻という名は、半分、看護婦であり付き添いでもあった。妻にどれだけの苦労をかけたかと思う。早く治って糸をとったら近くの筥崎宮まで参りたいといった言葉をなお記憶している。日記のはしに「糸とらばここまですがり来んものと妻にはかりし箱崎の宮」と記したのは、後日、九大につとめて「敵国降伏」の門額《もんがく》[47]の前を通ったときのことである。

　退院してからは、生活の様式が変わった。食物の範囲もひろくなり、終日床にねるのでもなく、散歩もする、座って談笑に時を過す、村の人も訪ねてくるというほどの生活である。ただ研究に関する硬い本は、いっさい自らさけた。読みかけると胃病がひどいからである。

　やがて中島博士の指示にしたがって小浜温泉にいった。郷里の鉄道の駅は久保田である。長崎線にのって諫早にでる。そこから島原線にのりかえて、愛野下車、自動車で約三〇分もかかるところ。雲仙岳の西のふもと、海に面する温泉場。昔から有名な療養向きの質素な場所である。宿は親戚のものの紹介によって浜松屋というのにした。戦後火事にやけて廃業になっているから、名を掲げだしてもいいと思う。老人夫婦に二女という四人ぐらし。二階の海に面した室に入る。妻と五才の長女との三人。いったい小浜は人口二、三〇〇〇という温泉場であるが、人の出入りが多いのにもかかわらず、きわめて人情の厚い土地柄であるが、別してこの宿の老夫婦の親切は深く身にしみた。

　九大の診察によって私の病院の中に神経性のものが多くふくまれているということを強く意識してからは、生活の様式を切りかえた。本をよむかわりに自然に親しむこと、しかしこれは平凡のことに過ぎぬ。つとめて散歩をして眼を行雲流水にあそばせることである。つぎに温泉に長くひたること。なるべく長くつかっていることにはするが、これには生理的な限界がある。のぼせが起こる、秘結《ひけつ》(48)に苦しむ。そこで療養の方法を考えたが、それは古来どこの温泉場においても湯治客が現にやっていることに外ならぬ。

　湯に五分ひたって湯の外で一〇分やすむ、これを三、四回くりかえすと一時間になる。この一時間を一日に三回ほど。これで正味入湯時間が六〇分。この生活は私の健康を著しく増進させてくれた。このほかの時間を食事や雑談につかう。散歩の時間と範囲がふえる。私のいわゆる煙霞《えんか》の癖はこの時に養われたように思うのは錯覚であろうか。診察の結果として病気が必ず治るという自信を与えられてからは心の一角に蘇生の喜びを感じた。

生命ありて　またも越えゆく　千々岩の
　　峠あかあかと　照るつつじかな

湯の中より　吾子のうたふ　声きこゆ
　　読み終へねども　下り立つわれは

千々岩の峠は音にきく千々岩灘を見下す山路であ

る。峠から見下す湾の水はすみ切って深くあくまで青い。がけは何百尺、脚下には岸によせて白いしぶきを上げる大波が、高くから見ると、しわほどかすかに見える。そこを車で通るときに峠の左右には五月のつつじが真紅にもえているではないか。生命《いのち》びろいをして六年ぶりにここを通ったのである。

ひと月あまりの滞在のうちに、体重もました。食事の上にも自信が加わった。浜松屋一家の人々とは親戚同様の親しさになった。近所の店の人たちとも出会うとあいさつをするようにまでなった。温泉の塩分が身中をあたためて血行をよくし、胃の活動を促進したのである。藩政ごろから私の村の人たちは春の農閑期にはつれ立って小浜入湯に出かけた。かぜをひかなくなる、子が生まれるといい伝えたものである。私にとってはその上、入江の対岸に見える長崎あたりの半島の風光が歴史の夢をそそる。海上の漁火《いさりび》がこの神経を休ませてくれる。

温泉からかえってからの郷里の生活は割合に落ちついていた。静臥せず本をよまずに時を過すということになると、やはり家のことで時間をつぶす外はない。散歩ばかりしてもおられぬから、家の炊事の手伝をすることにした。田舎のことであるから、魚や野菜などを洗ったり煮たりという主婦の助手になるのである。こういう生活が一夏つづいた。それから私は久しぶりに軽い論文を書いた。地震〔関東大震災〕以後はじめてのことである。『社会学雑誌』に寄せた小編(49)であった。

健康にようやく自信をえた私は病後第二の論文にとりかかった。それは剰余価格に関する河上博士の反批判に対する答弁である。『改造』に寄せた論文「剰余価格第三論」である。これは意外の長編になったが、参考書をつかわず、また論旨の明白な論文であるだけ、一気に書き下ろすことができた。これの内容は二部分からなり、一つは余剰価値と独占との関係を論じたものであり、二つはこの点との関係をたどって、資本蓄積がいかにして可能であるか

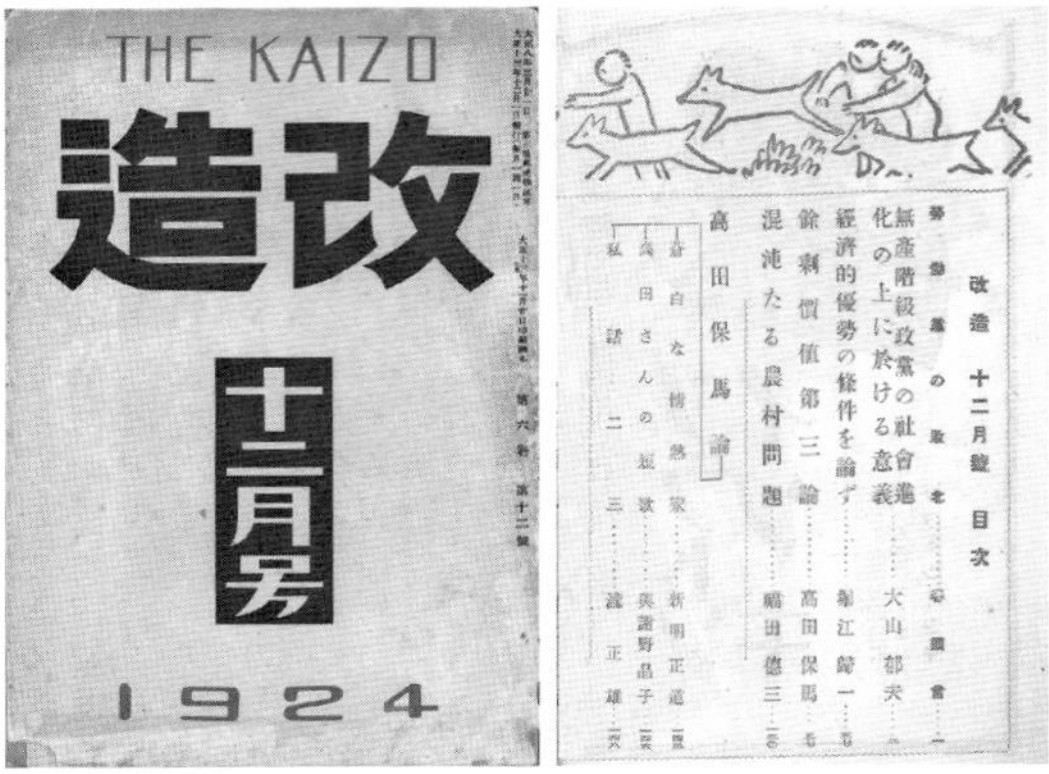

『改造』1924年12月号の表紙と目次

という論点——これは当時、福田・河上論争の問題——に論及したものである。

この論文をのせた『改造』（一九二四（大正一三）年）一二月号は同時に私に関する新明正道、与謝野晶子、瀧正雄三氏の感想をのせた。私に対する蒼白き情熱という評語は後にも他の評論家によって用いらるるが、これは与謝野晶子女史の造語であるといわれている。はたしてそうであるかは点検したことがない。ただ社会批評家として一家をなした与謝野晶子さんが私のものを読まれたことは事実である。前に述べた（明治時代）以後の新詩社との交渉も述べておきたい。

新詩社の末席

私が新詩社（与謝野門下の結社）の末席につらなったのは明治四三（一九一〇）年秋から与謝野氏渡仏までである。それからのち、『明星』も長く廃刊中であった。広島在住中の末ごろに、第二期の『明星』が刊行された。[50] 創刊の折りに、与謝野寛氏からの書信があり、歌と随筆とのいずれかを寄せよとあった。わずかに数回歌を、しかも一〇年前に、送ったばかりの私をよくも記憶されたと、驚きもし、また喜びもした。第二期『明星』は豪華な総合芸術雑誌ともいうべきものであったが、その後、拙い歌を届けまたは堅すぎる感想を述べた。雑誌のためにプラスになるものは一つもなかったと思う。それでも東京赴任以来、『明星』の編輯会には案内がつづいた。

大正一〇（一九二一）年の秋ごろに、一度、出席したが、その後は病気のために休みつづける外はなかった。出席の日は森鴎外氏も見えるということであったが欠席された。それでも、初対面のいく人かにあったことは仕合わせを感じさせた。その後、新詩社関係の会合にでたのは帝国ホテルにおける与謝野寛氏五〇年祝賀会（一九二三（大正一二）年二月）、上野精養軒の晶子源氏完成祝賀会（一九三九（昭和一四）年一〇月）、それから京都における丹羽安喜子歌集出版祝賀会（一九三六（昭和一一）年六月）などであった。丹羽祝賀会では晶子さんの席と三時間も向き合いになって、はにかみながら言葉を交した。与謝野夫妻がなにゆえにそれほどまで私を記憶して下さったのかの事情はほぼ明らかである。

京大哲学科の同級生との雑談で、こういったことがある。学者の仕事というものは、こつこつやって理づめで行けば、一歩を進めるということが可能である。少なくとも万人に可能である。当時は哲学史を習っていたので、こうもいった。ヒュームからカントへの道はカントがでなくても、だれかつきつめた努力をする人がでてカントに代ったであろう。

ところで文学上の天才の道は、たとえば晶子の道は晶子ならずしてはひらけない。天の恩寵《おんちょう》に恵まれたる人のみに作品が許される。万人に可能の道ではない。カントの道は学びえるはずであるが、晶子となることは晶子以外に許されない。こういったことが、高田はカントよりも晶子を高いというのだと伝えられたらしい。この話が寛氏の甥・赤松智城氏を通して伝えられたのであろうと推測している。

新詩社当初の高足《こうそく》たちが、あるいは亡くなり、あるいは離れてから、その若干の人に接することができた。鞍馬山の信楽〔香雲＝真純〕貫主《かんす》の厚意により昭和のはじめから与謝野寛氏、つぎに晶子女史の追悼会が毎月五月末に行われていた。京大関係では、一時、新村出、成瀬無極博士も出席されていたが、二〇年もつづくうちに出席者もへった。山にうず桜が散り著莪《しやが》の花が一面さくころには京阪、さらに遠くは東京や中国、四国の同門有縁の人々と一緒に法要の鐘の音をきいた。近年それもやまってしまったのは淋しい。与謝野夫妻の近親であり、かつての後援者であった小林政治氏とは家が近いので往復を重ね、その晩年には明治晩期の関西文学運動のことを聞くことも多かったのに、それも昨年秋からできなくなってしまった。

第二の『明星』は大正一〇（一九二一）年ごろから昭和の初期まで続いた。そのつぎにもっと簡素な形式において『冬柏《とうはく》』が発行されて、これが相当の期間つづいた。この期の『明星』には、いく度か短歌を寄せたが、寛氏が常に加筆されたようである。

ただ私自身の歌風は大正一一（一九二二）年ごろからみると昭和のはじめにかけて著しく変わったと思っている。これは帰郷静養に入ってから中学の同窓、当時は歌誌『日光』[51]の同人、今は『ひのくに』[52]の主宰者、西日本の代表歌人として知らるる中島哀浪氏と往復してから、その感化を強く受けたのである。この感化と高校時代の〔下村〕湖人の影響と明治末期の新詩社の歌風とが混在して私の歌の姿をきめたと自ら思っている。

わが馬の　ひづめの音を　吹き下す
　から国岳の　初秋のかぜ

音もなく　阿蘇さりげなく　火をば吹く
　その大さに　人間は似ず

ああ海は　大いなるかな　無益《むやく》なる
　波高くあげて　うまず疲れず

霧島は　かくれて見えず　くず桔梗
　小雨にぬるる　さつま高原

これは混在の様子をありのままに示すであろう。改造社『新万葉集』[53]に収められている三〇首のはじめの一〇首ばかりはこの期間のものであると思っている。私の貧弱なる歌集『ふるさと』を執筆の際に参照しえないことは若干とも不便である。

第二期の『明星』の終りごろに「風の言葉」という長い詩をかいた。これは郷里の家に静臥している時の作である。『冬柏』の新刊号に再び採録されたのを見て何か取るべきところがあるかと思った。それは世界主義の気持ちを述べたのである。歌のことについては、べつに改めて記す機会があるであろう。

第4節　九大法文学部

京都大学文学部のことについては、大正一三（一九二四）年のある時期と思うが、米田博士から帰郷の際の通過の折りに訪問するようにという通知があった。それには先生がやがて引退して著述に専念したいので、文学部に転任してはどうかということが書いてあった。これは以前からあるいはと予測しえることであった。ただその後、在京中の私の健康はいよいよ良くない。何とかして郷里にかえりたいと思った。

福田博士は、私が京都にかえり、米田博士が東京商大に来られることが望ましいといっておられたこともあったが。それは必ずしも単独の意見でなかったと思うが、米田博士は関西を離れる意思がなかった。私がべつに道を作って進みたいという気持ちは強くならざるをえぬ。この気持ちを小川郷太郎博士に述べたことがあった。当時、博士は京都の教授と衆議院議員とをかねて、東京高輪に家をもっておられた。そこには大蔵省の尾関将玄氏（のち大蔵省逓信省の高官、同時に後年、博士の義弟）がおられたことを後に知った。これらの事情から、米田博士には私の苦しい立場を述べて辞退を申し上げることの許しを乞うた。そこで朝永博士を訪ねてその旨を話せといわれたので、岡崎入江町の博士の許から聖護院にいって朝永博士にあい、転じて西田幾多郎博士を訪ねて同様の事情を述べた。こういう事情のつづきとして、老母が亡くなったあとの郷里にかえって、なるべく静かな農村の環境に入り、養生をつづけたいこと、健康さいわいに回復するならば、そこから九州大学に通勤、講義をしたいことを考えておった。専心静養の生活が大正一三（一九二四）年の秋までつづくうちに、ちょっとでも食物の油断は許されないが、少々頭を使っても日常の生活にたえうるという自信をえた。このテストになったのが、『改造』の長い論文[54]であった。震災からはや一年あまり過ぎたころのことである。

大正一三（一九二四）年の暮れ近くなって、私の九大法文学部就任の話は美濃部達吉、小川郷太郎両博士の間に進められていた。私が美濃部博士と書信の往復をするころには学部の新設、若干の教授の任命が公表されていた。

大正一三（一九二四）年の一一月から一二月にかけて、湯平《ゆのひら》温泉にいった。この間に三日月村の家をときくずすことにした。祖父の代かその前の代からの古い平家である。私がいよいよ郷里に定住するについては、やはり改築したいと考えたのである。ただ生まれてから四〇年、その間に父母に抱かれ、姉たちに可愛がられた家である。それがとけるのを見るのが辛いというよりも、混雑にまきこまれて養生にさわりがあってはという心持であったろう。私はひとり、大分県の湯平温泉に出かけ、家族は隣村の甥の家に厄介になることになった。あとで家がとける折の様子を聞くと、妻も姉たちも涙が止まらなかったという。甥の家には、改築がすむまで約半年もいたであろう。そこに滞在しているうちに、改造社の山本実彦氏が来訪、雑誌『社会科学』[55]についての相談があった。編集に介入するよう話もあったが、学校のこともあり健康も許さぬが寄稿だけは努力しようといって別れた。

その翌年になるが、永井亨博士が中心となり穂積〔重遠〕博士ら数人で出された同人雑誌『社会科学研究』[56]にも執筆した。それから『社会学雑誌』が刊行されていたので、それにもいく篇かの長くない論文[57]を寄せた。土方成美博士の『経済研究』[58]にも論文を書いている。京大の『経済論叢』への寄稿は回数こそ多くないが、依然としてつづいていた。『社会科学』への寄稿は大正一四年だけであとは、たえている。これは刊行がとまったゆえであるか、または中心になる学派がなかった結果であったのかと思う。

湯平温泉には、いくたびか行った。後に昭和一六（一九四一）年『第二経済学概論』の校正のころに長く逗留《とうりゅう》するまでつづいたわけである。その時に持参して、花の川（これが湯町を流れる谷川の名であったと思う）の川音をききながら、向うの山が山霧の中からでたり、それにかくれたりするのを見入るひまに読みつづけたのがマックス・シェーラーの『倫理学』である。こちこちの経験科学的傾向に立っていた私にとっては味解しにくい本であった。当時、著者が東北大学に来講するという話をきいたので、それまでに読みたいという気分も手伝ったのであろう。読む本は難しかったが、その印象は深かった。カトリック的な信仰と、仏教の理解、東洋精神の吸収と、精神病学の知識と、伝統のドイツ観念論とが融合しているともいうべき体系はつかむのに易しいものではない。しかし郷里の家のとけて行く悲哀もしらずに、専念よみふけっていた。この本の扉か巻尾に多くのうたを記入した。

夜もすがら　月も自転に　疲れたる
　かほにしのぞく　山かひのむら

湯平は山峡《やまかい》の村であり、四面ほとんど山であるから、空の面積は狭い。その中から月が淋しい光を村のかわらの上に投げる。この歌はまったく新詩社ばりのものである。しかしこのたび湯治の効能はあまりなかった。それは本をよみ過ぎたのであろう。それゆえか大正一五（一九二六）年からは長崎県小浜にいっている。それにしても、当時たびたび、しかも時々、家族づれで、温泉行きを気軽に思い立ったということは、社会の学究に対する待遇の、いかに今とちがうかを思わせる。このころの歌は『明星』によせている。

大正一四年四月からまず講師として就任、教授任命は講座増設をまって五月に発令されたと記憶している。社会学の講座には井口孝親氏が予定されており、経済原論は向坂逸郎氏担当である。私に割当てられる講座は統計学講座であった。実質的にいえば、美濃部達吉博士が兼任学部長（本官は東大教授）、大島直治氏が学部長代理であった。創立委員としての美濃部博士の申し渡しでは、統計学の講座であるが、講義は統計学、社会学、経済原論のいずれをもつも任意である。そこで学部の諸氏に相談して、講義としては経済原論を主として担当し、社会学を兼担したい。原論講義は向坂教授と隔年交代にするということにした。そこで初年度は社会学概論だけ、次年度に経済原論の講義をもつことになった。統計学の方は後年、高橋正雄氏の担当になった。

第5節　九大の教壇に立つ

開講の前後

講義をはじめたのは、一階玄関わきの第一教室、百数十人あまりしか入れない。はじめ緒序説（これは『社会関係の研究』の第一章）だけを書いて、あとは『社会学概論』を使用した。広島において執筆してから五年後である。それが三八年の後ともいうべき今日まで読者をもちえることは、私にとって意外の幸福である。[59]当時、友人と語って著書の命数を一〇年とうわさしていた。この一学年は社会学への興味が深く、経済学講義の準備に着手することができなかった。これを決意したのは大正一五（一九二六）年春のことである。大正一四年には、小松堅太郎氏が助手として東京よりきたり、私も社会学の問題に興味をもち、ドイツ社会学をも断片的には参照しておった。回顧すると、私の社会学的思索が自分なりに最も成熟したころである。

今から考えると、社会学の理論について、このころに書いた論文は、これを『社会関係の研究』の中に収めている。その中「結合の上位」と「定型としての共同社会」との二篇は後まで自ら再考し続けている。前者は結合と分離とをいちおうは形式的に対立するものと見ながら、内容的には結合を基礎的のものと考える立場を述べている。これは分離または対立そのものすらも、理解を前提とし、理解はまた極小の結合を前提とせずしてありえざることを述べたるものである。

これはシェーラー、リット、それからフィアカントなどの一九二〇年代のドイツ社会学に流れている基調ではないかと思う。これには批評が多かった。反批評を『社会学雑誌』[60]にのべている。「定型としての共同社会」は翌年、九大法文学部においてだした『欧文紀要』[61]の中に収めている。テンニースをはじめ、数多の人々によって注目されたことは後に詳述したい。当時の理論社会学関係の論文にして、論文集にもれたのが少なくない。再編集をしておきたい。

今から考えると、年齢が成熟して能力が伸びたのであるが、病苦がいらいらさせて神経が鋭くなったのか、または一部の世間から離脱したことが有利に作用したのか、私の思索と考察が自分なみに緊張をつづけたと思う。大正一三（一九二四）年に公にしてマルクス史観を扱った第二論文（第一の論文は前に述べたとおり、明治四四〔一九一一〕年）についてもいえるであろう。これについては、山川均氏から格別の注意を受けたということを間接にきいたが、その意見の内容については知る便宜をえなかった。

さて通勤の様子を述べねばならぬ。当時、家から久保田駅まで徒歩で二〇分、人力車は通えるが往路に利用したことはほとんどない。上り列車は一日一〇回ぐらい、二時間おきである。朝七時にでて博多の駅につくのが九時半、市電二〇分で一〇時ごろにつく。帰りはたいてい七時前後の列車にのり家にかえるのが一〇時ごろ。これが講義日の日程である。駅についてから時には俥《くるま》を利用するが多くは徒歩である。しかし就任当初はからだも自信がなく、講義日は一日だけ。教授会は隔週であるが休むことも多かった。大正一四年ごろの私の常食は、煮餅のうらごしで作った濃い重湯であった。人がミルクとパンの弁当をとるのがうらやましかった。一、二年のうちに、うどんをたべるようになった。こういう生活を続けるうちにも、いつもソーダの小瓶をもっていて胃が痛むと胃酸を中和するためにそれをなめていた。病気の心配は寸刻も身をはなれない。講義をはじめたのは改築中であったから、甥の家から通っていたので、その家が鉄道の近くであり、博多からの買物を通過の際に投下することもあった。

この通勤生活は昭和四（一九二九）年春、京都にゆくまで数年つづいた。昭和八、九年のころまでは九大兼任であったので半学年は同様の生活はつづい

昭和２年ごろの九大法文学部教官（中列左から４人目が高田。前列左から５人目が春日政治、同６人目が四宮兼之学部長、『九州大学百年史－写真集』39ページ）。

たはずである。九大在勤中、母校関係で格別に親しかったのは国文学の春日政治氏、経済学の大森研造両教授であったが、大森教授は別して経済科に関する用件もあり、別してその学部長時代にはこの駅頭に見送られることも多かった。

私は始終病身であったから、いずれは長くない生命と思い、大森教授の親切とはちきれる健康とを思って、やがては後事を教授に託する日があることとのみ思っていたのに、病弱の私が残って別離の弔辞をのべようとは思いもかけなかった。大森さんははじめ住友〔銀行〕につとめて学界に転ぜられたが、その誠実と友情とにはいつも心動かされた。後に残ってから二〇余年、この追憶を記そうとは神ならぬ身のまったく考えうることではなかった。今も博多駅にいくと当時のことが思いだされる。当時、私は愛知県第二区に友人〔瀧正雄〕の選挙応援に旅行中であった。一宮の旅館で「病重シ」という電報を受け取ったときに、茫然として自らの眼を疑った。急いで西下したけれども、間に合わなかった。熱をおかして駅に旧師・小川郷太郎博士を迎えて肺炎が進んだときくにつけても義理堅い人の義理に死ぬ最後として頭を垂れざるをえなかった。

九大通学のころを思うと、当時、教授会が深更におよんで博多の旅館にとまったことも稀ではなかった。これには教授の年齢構成が一つの理由であったと思う[62]。しかしそれよりも、私の経済学勉強のことを記さねばなるまい、

経済原論の講義

大正一五（一九二六）年の四月から九大において経済原論の講義をはじめた。はじめた以上はその腹案に全力を注がねばならぬことはわかり切っている。そこで二月から三月下旬までかけて、社会学の基本問題の構想の残りの部分をまとめておきたいと思った。いつの日になって原論講義案の仕事から解

放されて、それらの問題に帰りえるのか、見当がつかぬと思ったからである。

しかし健康はようやく恢復《かいふく》する、郷里の風物にも人間にも慣れて、気持ちも落ちついた。東南からの春日を身にあびながら、毎日、原稿用紙に書きつけた。ペン先のジュラルミンの反射の紙の上に動くのがあざやかに見えるぐらいに、心は澄み切っていた。私よりもペンが賢い、筆を運んでゆく中に、私の考えたよりもいい内容をそれが記してゆくとも思った。内容的にはドイツ社会学の最盛期の三、四人分の学説を理解して、私見を付加することを怠らなかったわけである。それを『社会関係の研究』として公刊した。

原論講義の方は難航をきわめた。もともと、価格理論を考えるためには、古典学派以来の理論の骨組みをつかまねばならぬ。別して知りたいと思ったのはウィーン学派とローザンヌ学派との考え方である。今から考えると、ベーム、レオン・ワルラス、ヴィクセルの順序で進むのが大道であったであろうに、九州のはてにいて相談相手もない独学では、試行錯誤と暗中模索とのはてもない連続であった。それに理解したからといって、そのまま講義案にするという気にはなれなかった。私の気持ちを語ることを許されたい。

三つのことがらである。一つは小学の終学年のころ、郷里の高い山——これは天山という。明治の末年、万朝報《よろずちょうほう》の記者として有名であった円城寺〔清〕天山の筆名の由来するところ——に登った作文をかいて、それに「斗升《とます》の感慨」という題名をつけた、稚気にみちた命名であるが、誰もいったことがない題をつけようと思ったに外ならぬ。この気持ちを何というべきか自分にもわからない。米田博士にいつもきかされるのは母観念のことである。例えばタルドの発明（のちシュンペーターのいう革新）、デュルケームの威圧〔contrainte〕というような特有の中心原理のことである。創始なき学問は魂なき学問であることを聞かされたのが、乏しきものは乏しきなり、それを求めたいと思わせるようになった。しかしこの気分が小学の時からある三つ児の魂百までもという性分によってそうであったのか、師訓の結果によるのか、自分でもわからぬ。とにかく社会学一五年はそのつもりで研究生活をつづけたので、経済理論に入ってからもその気がぬけていない。そこで最初の講義案の起草の第一歩はこの母観念の探索ではじまった。

はじめに免償価値(63)をとりあげたが、しばらくにしてこれをすてたことは、前述のごとくである。つぎに勢力をとり上げた。それまで勢力、ドイツ語のマハト〔Macht〕、英語のパワー〔power〕を経済理論にとり上げる人はあっても、異端者として見られるのが常であり、しかもそれらの人々さえも勢力をもって分配を説明するに過ぎなかった。トゥガン＝バラノフスキーも、シュモラーも修正主義（ベルンシュタイン）も、そうしてオッペンハイマーさえも。私はそれを効用とならぶものとなし、経済を効用または満足の一元の世界とするのに反し二元の世界となそうとする。これが着想の由来であり、ひとたび腹をきめて、今、三五年になる。守備の態勢に怠りがあるから、この〔一九五八（昭和三三）年〕春からこの怠りをのぞいて、生き甲斐をそこに見出したいと思う。

そこで講義案であるが、新しき知識を盛ること、中心観念の心棒を忘れぬこと、この二つで一貫しようと思った。このとき、全国の学界の様子では新理論の水準に立つものとしては福田博士の一門――一橋と慶応とをふくめて――があり、そうして、北海道に早川三代治、手塚寿郎、二教授があった。当時の手塚氏の業績は、あらたに見直さるべきであるが、これは福田一門にふくめて見らるべく、べつに驚くべきことではない。ただ早川教授が大正の終り、すでにワルラスの『入門』をはじめ、パレートの著作のいくつかも訳出し、素養が広くローザンヌ学派におよんでいた。早川教授の精進は今から見て驚異とするに値する。(64)当時の私は同教授よりも遙かに遅れていたが、その知識の吸収を怠った。福田門下のうち、啓発されたのは中山教授の『商学研究』(65)における諸論文であった。

大正一五（一九二六）年四月から夏、一〇月までの講義は毎週四時間、とにかく価格までをすました。ところが一〇月下旬からの講義を休む外はなかった。胃疾の再発である。その年八月上旬のことである。愛媛県宇和島に講演にいった。たぶん市教育会の主催であったと思う。三日の連続講義で会ったのは鶴見祐輔、高良富子の二氏である。中学の同窓であり宇和島市立病院の院長であった末安吉雄氏の厚意により、釣りに出かけた。否、釣れぬから釣りを見に船遊びをしたわけである。私には食物の選択が大半であるが、友人は「医者だ、まかせろ」という。まかせていって昼飯をとったが酒はあるが水がない。心配しながらも折詰《おりづめ》をたべたが、これがたたったのであろう。夜から胃痛が尋常でない。翌日は朝船《あさぶね》にのって大阪に向ったが松山の近くの高浜で胃痛が加わり血の線がでる、大阪の講演を電報で断り国にかえって静養した。

夏休み後、講義をつづけたが、再発後の経過はよくない。一〇月から再び絶対安静の流動食生活に入った。秋去り冬来たりて家の周囲の老木にひゅうひゅうと木枯らしが鳴りすさんでも、元気にならずただ一食の不養生に半年をねてくらす不運は何ともいいようがなかった。親しかった主治医佐賀の村島晋作氏の手当てもよかったのであろう。春から講義をはじめた。それは昭和二（一九二七）年のことである。京都にうつる二年前のこと、つづきの講義はまずプリントを作らせてそれを説明するということにした。ところがはじめ予定した三〇〇ページが長くなって一〇〇〇ページを遙かにこえた。学生はその分量をよく目を通したと思う。

勢力説という自己流の生硬《せいこう》なノートに抗言もされ

ずにすんだが、プリント業者は多くの部数を東京に売ったと聞いた。この講義案を作るころ、私は郷里の家の二階の室を利用していた。軽快といっても胃疾は完治したわけではない。時々、便の検査をしてもらうと、血液がでている。これは頭を使い過ぎると胃がけいれんを起し胃痛を感じる場合のことであった。それでも二階の室に上って窓前《そうぜん》の大きい榎《えのき》の古木の枝ごしに北方の県界の連山の姿が夜明けに見えはじめるのを眺めまたは川の堤防の東から暁の列車が近づいて鉄橋を渡る声をきいたりして、手を休めた。朝起きるのは不規則であったが三時から四時、時には二時のこともある。年四〇をこえるころからは夜の仕事をやめて暁にきりかえたのである。

九大にでるのが、社会学講座の兼担をした関係から一週二回になりしかも夜一〇時の下りでかえる。駅からたんぼの中の夜道をかえっても、暁の仕事を怠らなかった。この講義案をまとめるかたわら若干の雑誌にその一節を論文として寄稿したり、またはあらたに起稿して届けたり、全集の稿をまとめたりした。雑誌は京大の『経済論叢』の外に前述の永井亨氏『社会科学研究』、土方成美氏の『経済研究』に学問的のものを書き、『改造』と『中央公論』には他の形の述作を寄せた。改造社の山本実彦氏とは交渉も割合に多かった。これはその出身地が同じ九州であった関係もあったであろう。

九大経済科で雑誌をもちたいという希望は創立の当初からあった。昭和のはじめ、ちょうど私が講義案プリントをまとめるころから協議したが、やはり機が熟しなかったのであろう。当時の教授の陣容は年順にいって金融の大森研造、財政の三田村一郎、経済政策の竹内謙二、原論の向坂逸郎、経済史の石浜知行の数氏、助教授に森耕二郎、小島精一、長田三郎の諸氏であった。波多野鼎氏、高橋正雄氏の講師就任はやや遅かった。研究会を一、二回やって見たが結実しなかった。私は年齢の関係上、若い教授と四つに組むにしては、時間が惜しかった。若い諸氏はみな、講義の準備に忙しかったころである。研究会が結実せぬくらいであるから雑誌も結実しなかった。それにはつぎの挿話もある。

私は以上の執筆をもつ学術的雑誌の引き受け、発行を岩波書店に交渉したところが、岩波茂雄氏から、高田に向かって「外の人は知らぬ、貴下に対して引き受けるのだから、その場合、他社への執筆出版をしないことにしてほしい」という返事であった。私の事情ではそれも致しかねるので、話は進まなかった。また執筆者の成熟も、独力刊行までにはいたっていなかった。私が京大に転任して兼務の講義を九大にもっていたころ、学部長・大森教授に、ふみきりをすすめたと思う。そのころには教授の中、外に去った人もあるが、研鑽の日もつもり、田中定、栗村雄吉二氏のごとく、卒業生からの筆者陣も加わっていた。ただ当年の教授陣のうち、他界した人も多く、そうでなくても九州を去った人も多い。向坂氏、高橋氏の復帰を外にしていうと、今残るもの森耕二郎氏のみである。

人口論争と経済学

九大にうつってから間もない昭和のはじめ、福岡で公開の学術講演会に出席した。内紛後の再建のために東京から来講の末弘厳太郎氏との組み合わせである。県庁のとなりの公会堂、といっても狭い建物である。八月のむし暑い夕方、そこの演壇に立った。流汗淋漓《りゅうかんりんり》[66]という古い言葉もあるが文字どおりに流るる汗である。暑い上に私があまりにメートルを上げ過ぎた[67]のであろう。その内容はすでに原稿に書いて改造社に送ってあった。梗概をのべるのであるから筋道はたっていたはずである。速記には加筆して福岡日日新聞（今の西日本新聞の前身）に寄せ、さらに補訂して『人口と貧乏』という随筆集に収めた。当時の福日の中心、菊竹淳、阿部暢太郎二氏とは格別に親しかったのを思いだす。

河上博士との剰余価格論争は大正一三（一九二四）年に終わったが、その後、博士の方から批評を受けて私が立ち上がる順序になった二の問題がある。一つは勢力説をめぐるものであるが、これについては後に述べる。他の一つが人口の問題である。郷里の田舎町を歩く一人の乞食を見て生活程度を工夫すると生きる道があろうと考えた。それをきっかけに「生めよ殖えよ」という随筆を書いた。これが河上博士の個人雑誌『社会問題研究』に取り上げられた。その主張はマルクス人口法則にもとづく批判であり、学問的のものであった。私もあくまで学問の本筋に立って応酬した。これは後に、那須皓、永井亨、向坂逸郎諸氏の参加をえて、若干注目をひいたらしい。その後、戦争近くなってから「生めよ殖やせよ」という言葉がはやったが、それには苦い感情を味わった。『旧約全書』日本訳には「生めよ殖えよ」（「創世記」九：一～七）とあるはずである。人の子に対する神の声である。殖やせというのは豚の子についていうべき言葉ではないのか。戦時人口増加政策を主張して、戦後人口制限主義に急転する人々に対しては理解しがたいことが多い。河上博士の批判を読んでから、二年近くもたっていたであろう。今から考えると講義案も曲りなりにまとめた。少しは他の問題を考えるゆとりもできた。博士の論拠となったマルクス人口法則は私が一五年も前に手がけた問題である。またマルサス人口法則については大正四、五（一九一五、六）年以来、年期を入れている。こういう自信をもって反批判の論陣をはっ

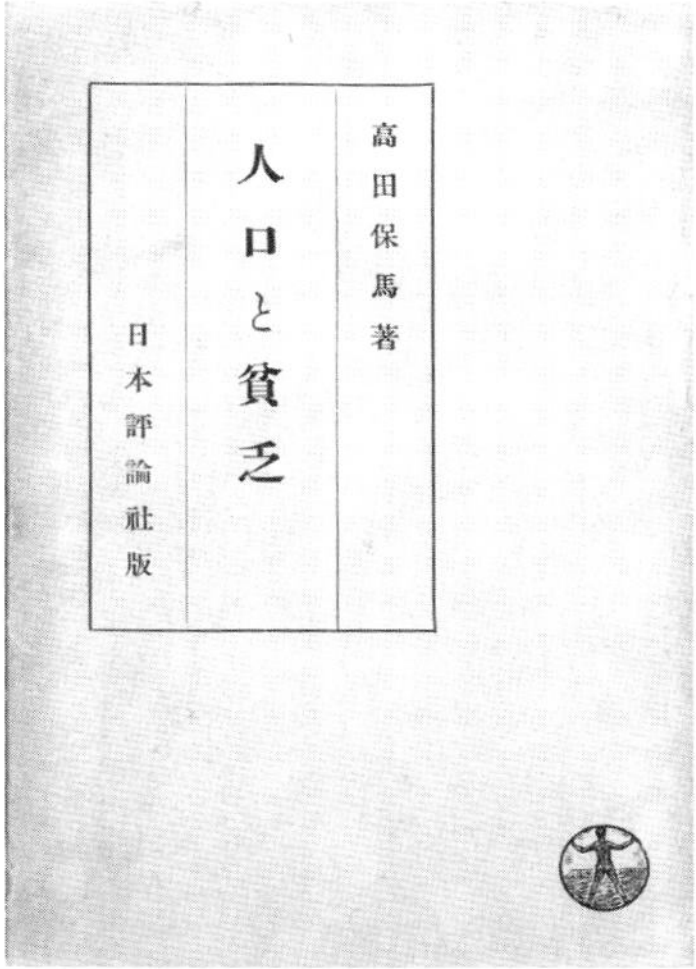

『人口と貧乏』は昭和２（1927）年、日本評論社より刊行された。

たから、当夜はメートルを上げたと思っている。往年夢のごとしとはいうものの、当夜の光景は忘れがたい。

第6節　法文学部の回顧

私は生活上昇の根本の動機を力の誇示にもとめている。文明の世界を虚栄の見せ合いとして見つづけている。これは長きにわたる私の社会研究の結論である。生活水準にはいつも下げる余地があるというのが私の主張の基礎である。この思想は経済自立のためには耐乏の必要を論じ、貧乏とても「力の欲望」の作用であると断定させた。これをもって社会の不幸を軽視するかのごとく見る人もあるが、それは常識と社会科学の冷静なる命題の区別を知らない立場であると思っている。

そのころ、人口方程式というのを掲げだしたが、昨年〔一九五七〕、ハロッド的成長率論を考えるに際し[68]、再びとり上げて加工したいと思った。人口理論に関する私の興味は脈々としてつづいている。「人口理論の基礎づけはマルサスによって行われた、人口理論は経済学から分化した」といわれるが、まことの人口の説明は確立されたとはいいがたい。これは経済成長理論の有機的一環となるべきであろう。

さて、講義案以後、日本評論社の経済学講座に『経済学』の執筆をつづけたが、完結の後、それに加筆して小冊子、四六版二〇〇ページあまりの『経済学』（昭和二（一九二七）年）をかいた。これは吹けばとびそうな豆本であるが、私の経済原論（ということを許されるならば）のはじめての公刊である。これは伝統的内容においては貧弱であるが、私の勢力説というべきものを伸び伸びと心ゆくまで書いたものである。私はこれらのうち、前者を豊富にし、後者の過強《かきょう》を小さくするために三五年を生きてきたといいたい。

ただこの三五年が純粋でなかった。雑音にみちていた。昭和一〇（一九三五）年以後を反省すると冷汗が流れそうになる。社会科学の祖国であると思っていたドイツ・ナチスの嵐に吹きすさび、その統制の気流が日本におよぶ。学習の自由が乏しくなる。人造真珠ならぬ人造理論が横行する。私は純粋性を失わなかったが、この空気に気を配らざるをえなかった。やがてケインズ学説が世界に横行した。私にして見れば一通り経済学の学習を進めたつもりであるのに、また方角のちがうものを理解せねばならぬ。私はむしろかすかなる反抗をつづけた。それがケインズの理解を二〇年にわたって妨げた。そのつぎ一〇年近い追放である。不適格判定が取消しになったのは昭和二六（一九五一）年六月であるが、社会の目がひがんで自分を見ているという心理的圧迫を感ずるのはその後もつづき、時々、心の平静をやぶる。

その上にこの十何年かは生活の基盤の変化に適応する努力を必要とした。革命家マルクスは終りの三五年を純粋に経済学の研究に生きたといいうるであろう。学問に終始しようと思った高田は、今までの三五年が雑音にみちたということは、社会への行動を断念してしかも学に忠ならざることであろう。これが冷たい汗の由来である。この悩みは自然科学の研究者や変説改論者にはわからない。

小冊子『経済学』はいろいろの人々に私を結びつけた。その中について、シュンペーターの早き門下であった大槻正男博士と長く結ばれえていることを、大いなる仕合わせとする。この点からしても私の仕事の目標はこれの改訂を重ねて行くことでなくてはならぬ。それがなお業《ごう》いまだ半ばにもおよばぬのではないか。春秋ようやく乏しく、論破すべきものは多い。いつまでも本をよまずにのんびりせよという若い人たちもあるが、ホッブズは九〇にしてなお幾何学の論争をつづけたという。いま学を廃して大人の風を学べというのは学究と力士とをごっちゃにするものである。私はこの理論の後継者をさえ作りだしていない。

ただ一つの希望の光がさしている。この三五年間に、世界の経済はますます政治化、すなわち勢力化の色彩を深めてきた。ケインズ経済学さえもそれの反映と見られるであろう。古典派経済学、新古典派経済学の前提としている純粋経済の地盤はどこにもない。現実の経済は常に勢力経済である。それの極限としてのみ、かの地盤は考えられる。純粋経済学の中には勢力の介入を説明しうべき何の理論的統一もないではないか。

昭和の元年、二年ごろのことを述べたが、私の社会学から経済理論への放浪は事実上このころにはじまる。それまでの経済学研究は知的好奇心以上のものではなかった。これからは自分の運命とこの学問とを結びつけたといいえるであろう。そのころの興味の中心を象徴するものが人口論争と小経済学〔『経済学』日本評論社〕である。私の眼前の仕事は後者の彫琢にあるであろう。

この彫琢の方向は明らかである。経済理論の分野にいくつかすでに社会的勢力の要素の密輸入といってわるければ夾雑物投入が行われている。一つはケインズ経済学における貨幣賃銀一定の想定である。それは純粋理論の国籍をもつものではない。二つはフェビアニズム〔Fabianism〕からアメリカに渡米してそこで成長をつづけている交渉力（バーゲニング・パワー〔Bargaining power〕）の観念である。これは労働組合の行動をとらうるための観念である。それには純粋理論（独占理論をもふくめて）以外のものと以内のものとの混合である。しかも分析なき混合概念である。それは分析によって純化し、以内のものと以外のものとに分けなければならぬ。そうして密輸入のもの、夾雑物についてはその輸入を登録し、それによって理論の改造をなすべきであろう。くだいていえばこれからアメリカ学界を風靡しているかに見える組合の「交渉力」の観念を分解し、それを独占と独占をこゆるものに還元する。後者は勢力である。この場合の独占、すなわち前者を論じつめると、それも組合の集団的勢力に帰着する。それで賃銀を勢力に結びつけ、ひいて価格一般の決定者としての勢力の作用を浮かび上がらせようとするのである。

短歌と郷里

私がはじめて郷里をはなれたのは、高等学校入学のとき、明治三五（一九〇二）年九月である。それから五五年あまりになる。その後も老母の生存中、すなわち大正一一（一九二二）年までは毎年三度くらいはかえっていた。広島にいった理由の一つは母に近くなること、かえりやすくなることであった。数週間前に広島時代の同僚、勝部謙造博士にあったとき、広島のときには毎日曜のようにかえっていましたなという昔話をしておられた。それゆえに郷里の親しみも加わり、また郷里の人々も私を身内のものとして扱われるようになったと思う。今までに校歌をつくった中小学校の数も県内に七、八校もあるであろう。思いだすことも多いが、忘れがたいのは私の短歌の生活が九大帰郷のために著しく変わったことである。変わったのみならず、少し本格のものに近くなったと思っている。この意味において、中島哀浪氏と親しく往来したことは大きな仕合わせの一つであったと思う。私の村から東北に三里ばかり、佐賀のつぎの駅まで汽車でいけば、徒歩して山の方へ一里。同氏、郵便局を経営のころに訪ねたが氏もまた三日月の村居に、いくたびとなく来訪された。会う度ごとに歌を語りまた近作を見てもらった。私は新詩社にかつて籍を置いたものの、のち赤彦をよみ牧水に近づき、統一するすじがない。万葉から本格の道に入らずにしまった。これは一生の損失であった。花田大人（大五郎氏）にこの本格の道をきいたら二年間、万葉に没頭せよということであったが、聞いた時すでに私は四〇をこえていたので、これを実行することができなかった。大正一四年ごろ、哀浪さんを訪ねたとき、私は第二期の『明星』によせた一連のうたを持参して意見を問い、その説明を聞いたが、これは文字どおりの啓蒙であった。この眼を見はって哀浪指さすところの真実を見つめようとした。しかしこの変革を作品の上にあらわすのには長き歳月を要した。昭和六（一九三一）年に『ふるさと』（歌集）を出すころの作は、やはり私にとって新旧の要素がぎこちなく入り交じっている。

中島哀浪
（『中島哀浪全歌集』短歌新聞社）

東京遊学から帰った後の全生涯を郷里に住みついた哀浪氏は文字どおり郷土愛に徹した郷土詩人である。

当時の私の心境は亡き母への思慕と母につらなる郷里への愛着と、失える幼児をめぐる悲しみと悔恨と、それらの感情が潮汐《ちょうせき》のごとく夜となく昼となく胸の中に波うっていた。歌は新詩社調をふくみながら著しく平淡になっている。つぎの雲仙のうたは、晶子さんが明星派の一〇〇首の中に抜いて下さったものである。

雲仙の　湯の川わたり　思ふこと
　なお離れざり　ふるさと人を

大正一三（一九二四）年、帰郷間《ま》もなく長男・保美を失って後、私は九大病院に入ったが、その期間のものから。

な鳴きそよ　親子雀は　ななきそよ
　わが子かへらず　春の逝く日に
子は母に　母は子により　淋しくも
　われまつといふ　ふるさとの家

大正一四年、湯の平温泉にありて。

山の湯に　母を思へば　おわします
　常世も遠き　国と思はず
豊《とよ》の国　湯の平山の　霧に立ち
　ぬれて思へば　子の遥かなる

大正一四（一九二五）年夏に生まれた次女さ江子は昭和元（一九二六）年、二才であった。長女はすでに七才。当時、三日月村の生家は妻と二人の子、親戚の娘一人、女中と私との七人。博多に出勤する日は夜一〇時、駅について多くは徒歩。暗き野道をわが家の灯の方へと急いだ。

ほととぎす　今年二つの　ひざの子も
　交じりてぞきく　ふるさとの家
子の二人　まてるわが家にと　急ぎつつ
　かへり行く野の　月明かりかな

昭和元（一九二六）年、宇和島に旅して胃病のぶりかえし以後、その秋から二年四月にいたるまで静養をつづけたことは前に述べた。静養というのは家に引きこもるだけではない。静臥して流動食をとるのである。その年はあまりに寒く、床をしいていた二階の室は火の気が乏しいために三方からの風が格別寒かった。村人しばしば寒中、濠の鮒をとって贈った。

やみこやり　聞くは幾月　門の辺の
　木木の風にも　春さりにけり
吹きながら　寒鮒《かんぶな》の汁　今朝も味ふ

人の情の　身にはしみつつ

田園のうた二首。一つは二階の自室からの遠望である。

麦田より　雲雀《ひばり》追ひつつ　来る子あり
顔漸くに　わが子なりけり

蚕《こ》をかひて　姉のせわしき　便りあり
くれてなほきく　よし切りのこゑ

蓮華草　いつしか黒き　実をつけぬ
輪廻生死《りんねしょうじ》の　世はとどまらず

ボルドー大学の夢

日本の国立大学に法文学部が設けられたのは、大正一二（一九二三）年開設の東北大学法文学部、一三年開設の九州大学法文学部の二つである。明治初期において法科文科の分化のなかったころを回想して、中橋徳五郎文相のころに計画されたものであるという。前者は四六講座、後者は四四講座をもってはじめられている。

九州大学におけるこの四四講座は文科二〇、法科一六、経済八講座であった。各科には協議会というのがあってそれが事実上の自治組織をなし、重要なる事項については学部教授会の承認をえることになっていた。設立の当初しばらくは教授の数も少な

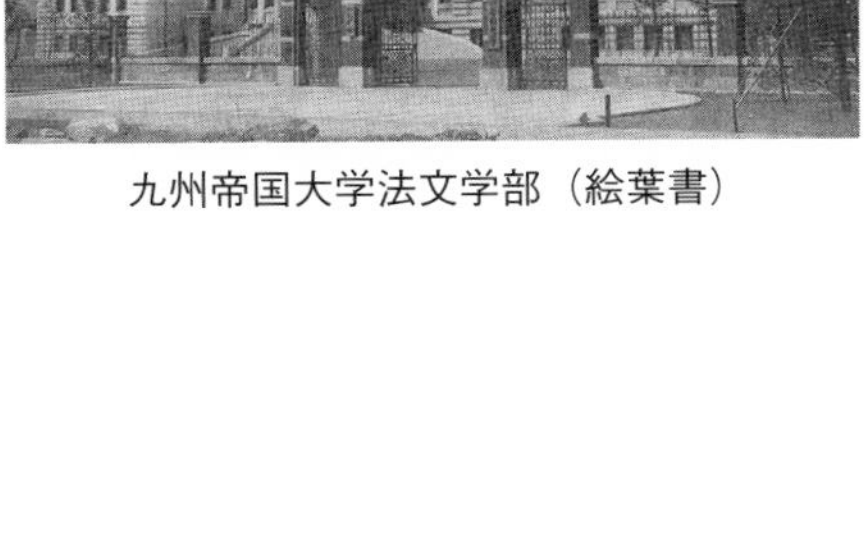

九州帝国大学法文学部（絵葉書）

く助教授も教授会に出席し表決にも慣習的に参加したと記憶している。文科の教授には私より四、五年、年長の教授もあり概して年長の人が多かった。法経、ことに法科には三〇前後の若い教授が多かった。そこに老成円熟と新進気鋭との気分の対立があり、それに年にかかわらぬ思想の差異がからんでいたために、会議は難航をつづけることも稀ではなかった。

少年のころ、「多々良浜辺のえみし、そはなに蒙古勢」、という歌がはやっていた。それが今でもくちびるに上る。その多々良浜というのは箱崎の東方の海岸である。松を伐りひらいて、法文学部のコンクリートの三階の校舎が立った。私どもの研究室は三階南面、玄関の真上あたりの室であった。南方を見渡せば一、二里先にいくつかのボタ山があり、その手前には春になると、一面、菜の花と青麦とが、じゅうたんをしきつらねたように広がっていた。赴任の当日、見下ろした光景を忘れえない。私は講義の日と会議の日としかでないので、蔵書は家にある。したがって、そこで研究の原稿をかいた覚えもない。教授会のいろいろの議論やうずまきの中にまき込まれることをさけたいと考えた。そうして極力研究に専念しようと思った。

けれども、時々、問題が長びくと、超然とばかりにもしておられず、いつの間にか委員会にも評議会にもでることになっていた。教授会がたびたび深更におよび電車がなくなって、箱崎から西一里をこえる西公園、地行《じぎょう》あたりの自宅にかえる人も多かった。私は途中まで一緒に歩いて栄屋、松島屋などにとまり、または駅前の旅館に翌朝の列車をまつこともあった。会議で議論をした人たちも、月をふんで帰る夜道ではみななごやかに雑談をして歩いた。馬《まい》出《だし》、千代松原、呉服町、追憶による道すじはみななつかしい。当時の給料ではこういう高級の旅館にとまるゆとりもあった。

しかし当時の旅館も、否、町そのものも大ていは戦災でやけてしまった。栄屋にあったアインシュタイン筆の額を、柳橋に再築された栄屋で見たときは、古き友人に出あったようになつかしかった。

先日、社会学の小松教授にあったとき、フランスのボルドー大学の政治学は盛んであり、優秀な人々が輩出しているということをきいた。すべてパリ中心のフランスでは地方の大学は影がうすれて見えると聞いているにかかわらず、人々の努力によっては、こういうこともできるかと思った。しかしボルドー大学について私どもはかつてそこに社会学のデュルケームがあり、公法学のデュギーがあったことを記憶していた。

私は京都を去るときに、太陽は京都にのみ照るのではないと人にもいったが、運命のしがらみに導かれて九州にかえるとき、福岡でも十分に勉強はできると考えた。そうして若い友人とも同様のことを語り合った。東京高円寺におったとき、木村亀二、風早八十二両氏の来訪を受けた。病床につかぬころで日常の生活をしていた。当時、木村氏は法理学の教授になることが確定しており、風早氏は刑法の候補者であった。二人はともに三高文、仏科[69]出身の親友である。木村氏とは縁あって私の広島時代から文通していた。風早氏は私の大学院時代、一中通学の紅顔の少年であった。私にしては、やがて九州で同じ釜の飯をくうこと、並ならぬ因縁と思った。そこで一緒に勉強してボルドーを九州にきずけないかと話をした。木村氏は早く、風早氏は少しおそく外国から帰り、私も病後にいって同じ建物に住むことになった。

ところが思いがけなくも、対立が両教授の間に激化していった。かつての親友の間のことであるが、当時とてもその真の理由はつかめなかった。すべては運命のなす業《わざ》であると思っている。二人だけのことであれば、時がすべてを解決したと思うが、文科、法科がともにA、B二派にわかれて何とも致し方がなくなった。主動力が文科の若い教授にあったときいたがそれもはっきり分らぬ。思想の流れもあったわけであるが、新旧のいずれもAとBとに分属している。経済の同僚だけはこの流れに入らなかったので、結局、調停を考えて数人一組になり、しらみつぶしの訪問をはじめた。自動車が使えない時代であったので、東西に長い町をてくてく歩いたのではさばけない。その中、とても生易しいものではないことがわかって打ち切ることになった。

そのころ私は二人ともに親しかったので木村教授、風早教授別々に三日月村の村居を訪ね事情を説明されたこともあった。年をとると、往事茫々《おうじぼうぼう》として夢のごとしという古人の言葉をしみじみと思いだす。とにかく結末はA、Bそれぞれ三人の教授の引退となってしまった。これが学部にどれだけの損失であったかはいうまでもない。そのあとは東京、京都の両大学からの諸教授の補講によって運営がつづけられた。

当時の学部長代理は長老教授・大島直治氏であった。そのころの苦心のほど想察《そうさつ》にあまりがある。四四の講座を包括し、科目は三学部ともいうべきものにわかれ、その上、年齢において文科は年長、法科は年少、新旧思想の分化もようやく進みつつあった。結局のところ創立者・美濃部教授がもっと回数多く西下されるか、大島教授が学部長となるるのが必要ではないかと思われていた。私はできるだけ三日月の村居にこもって読書執筆に専念したいと思っても引きだされる回数が多かった。教授会の席上の紙片にしるした二首。

はてもなき　大天地に　浮びゐる
　　　小さきちりの　本とし る

やがてしも　ちりとなるべき　身をもちて
　　　いさかふ人を　前にみつむ

私の研究室は一番眺めのいい、また学生のとおりの少ない室であった。隣室は憲法の山之内一郎教授、蔵書が多いので二室に収められていた。概数一万冊を超えるかという法文雀のさえずりであった。

第六章　郷里三日月村の生活

第1節　「貧乏」を探求する

経済理論への転籍

表面担当の講座はとにかく、受けもつべき講義を経済原論にしたことは、前述のとおりである。申し合わせによってそれを翌年、すなわち大正一五（一九二六）年春から開講せねばならぬ。ところが今まで経済理論関係の論文を書くにはかいたが、基本的部分、すなわち価格の理論を取り扱っていない。これをまず構築せねばならぬ。それの準備を大正一四（一九二五）年の間において整えようと思った。それは社会学の片手間にできることではない。

そこでいよいよ腰をすえてかかることになった。これが、まさか私が今まで進んできたとおり、四〇年近くもつづくなどとは夢にも考えず、五年か一〇年か知らぬが、没頭しなくてはできぬことなら没頭しようと思ったわけである。当時の気持ちとしては一通り自ら納得のいく講義稿本のできるのを期として社会学の畑にかえるつもりであった。昭和八年すなわち一九三三年『経済原論』の完稿によって切り上げを考えたのであるが、利子論に関する雑誌論文が理解しがたかったのに発奮して、また再び腰をすえ、それが惰性となって老境におよんだということになっている。

このことについて、私の親しい友人からきいた。「経済学から社会学に転ずる例は稀ではない。パレート、オッペンハイマー、ヴィーザー、ギディングス等、みなそうである。社会学から経済学に転籍するものを聞かぬ。貴君の進みは変人の行き方ではないか」。私はそれにこう答えた。

理論を目ざすものは基礎へ基礎へと進む、それゆえに哲学の方向へ進むのが精進である。逆の方向にゆくのは、堕落である。社会学は哲学であるとはいえないが、経済学に対しては基礎的方向にある。この意味において私は自ら堕落の方向を歩いたことを認める。しかしいわゆる変人の道を歩くのには、それ相当の理由がある。

私をひきつけたのは貧富の問題、別して貧乏の問題である。こういう社会主義的な興味が社会学に進ませた。中学四年、五年に書いた論文[70]はこの方向を予示したはずである。そこでまず社会の基礎の探求を進めたが、つぎに貧乏そのものの探求、したがって経済の考察に入るのは当然のことであろう。運命は長期の病気を与えた。ひとつの試練である。これにたえる道は自ら転換するほかにはない。疾病の地獄に入った以上、自ら焼けざるものに変化しよう。変化の方向は貧乏その問題に徹することである。マルクスはヘーゲル哲学から三五年の古典経済学研究に堕落したではないか。これを卒直に言えば、病身になったときに社会学はドイツ的色彩を帯び哲学的に移行した(ヴェーバー、シェーラーなど)。病身のたえる方向にうつったまでである。しかもそれは本来の素志ともいうべき貧乏本質の究明である。この堕落は宿命の道であった。

とにかく、私の転籍は大正一四(一九二五)年から昭和元(一九二六)年にかけてであった。回顧すれば明治から大正への改元のとき、マルクス蓄積理論に進入した。大正から昭和への改元において経済理論に進入したといえるであろう。大正一四(一九二五)年に公にした論文八編、七編までは社会学の基礎的方向に関する。しかし翌年の講義に備えたる思索と、試行錯誤との跡を示すところの二、三の論文[71]を昭和元(一九二六)年において発表している。

そのころの経済理論の中心問題は価格であった。価格が何によって定まるかが経済理論のひとつにして、またすべてであった。今から考えると道は二つである。自ら納得のいく答をえたいと思った。今から考えると道は二つである。学説発達の跡を忠実にあとづけてその方向の先端にきたときに一歩を進める。これは私が社会学において歩める進路であった。経済学の分野においてはこれを許さぬ事情がある。講義をすぐ始めねばならず、講義案は書き出さねばならぬ。いきおい第二の路を進むほかはない。それは自己の直観をたよりにして、今までの知識を出発として試論を企てることである。それを展開して試行錯誤を進めることである。定説をおうむがえしに述べることはしたくない。試論の外に道はない。それをあえてするのに必要なくらいの知識ないし良識はすでにもっているつもりである。もうひとつの事情は大事である。

イギリスの社会科学の発達の歴史を見ると画期的の学説は大学からでずして、学外の素人からでる。マルサス、リカード、ミルみなしかり。考えて見ると大学の職業的学者は細心ならざるをえず、過誤なきを求める。いきおい通説に妥協して己をすてる。素人は大胆に自由な試論をやるのであろう。私は社会学の畑において職業的に行動した。経済学の畑においてはある意味の素人であり、いくらか責任が軽い。放漫な暴論は、はかぬ用心をするが、少しは自由にふるまえる。そこで価格論の分野において試論をあえてすることにした。それが大正一四（一九二五）年の後半のことであろう。結論を大正一五（一九二六）年の『経済論叢』にぼつぼつ発表した。

はじめに免償価値の概念を述べた。価格を決定するものは需給の相手の、おのおの見積もるところの価値である。この価値の本体は何であろうか。「これをもつことが代償を免れさせるためのねうち」である。いわば費用価値（cost value）の心理化されたものである。これに間違いがあるとは思わぬがやがてこれを引っこめてしまった。これを掲げ出すことによって、えられる結論があまり豊であるとも考えなかったのである。

そのかわりに持ちだしたものが勢力説である。価格を物のねうちと考え、物の間の比率、または関係と見るのは誤りである。それは需給両方の力の関係ではないか。選択理論や限界効用説の述べているところは、この関係の特殊の場合にすぎぬ。こういう見方をとって約三〇年間これを一日も忘れずに考えている。学説的にさかのぼれば、エンゲルスの論敵であったデューリングにいたり、また制限されたる意味においてではあるが、きわめて独創的なる学説のいくつかを残したロシアの学者トゥガン＝バラノフスキーにいたる。ただ彼らは貴重なる珠玉をつかんだが現代の理論を似てこれをみがいていない。私はこれをみがく役目を引き受けようと思った。これは多難な行路であるが、年長じて世故を知るにつけて、いよいよその信を深めている。どうしてここにいたったかを述べる必要がある。

それより一五年前、すなわち大正元（一九一二）年、京大文学部の雑誌『芸文』の誌上に三号にわたって「職業の尊卑を論ず」という一文を寄せた。これを、のち『階級考』のうちに収めている。これを貫く考え方「富は地位にしたがう」ということである。この原則を最も明確に示すものは封建制度である。しかし封建的なものは亡びてはいない。いかなる階級組織をとってもつきまとう。階級をつぶしたと思ってもつきまとう。現代においてもそうである。賃銀は地位にしたがって力の関係によって支払われる。賃銀こそ生産の費用である。価格は費用によって規定される。この一連の命題をつらねると、価格を決定するものは地位すなわち勢力関係である。価格は勢力の作用によって定まるという結論に到着する一連の命題の前半が一五年前の着想であり、その後半が昭和元（一九二六）年のものである。

これは説明としてあまりに粗雑であるが、私の思考の順序の物語である。大学院学生の二年目、階級の考察の途中に思いついたことである。一面からいえば平凡の常識であり、この常識をせんじつめた結果にほかならぬ。これを「ひとりよがり」の独断に終らしめぬために、私は忠実に通説を吸収することにつとめた。それから三三年になる。そこで最も親しい少数の人から、何ゆえに勢力説の仕上げをしないかといわれる、これくらいありがたいことはない。この怠漫と見えることも、以上の用意のためであった。学問に境界はなく祖国はない。しかし学ぶ人間に祖国がある。自然科学の同胞は学者のすぐれたる人たちはその発見したものに、亡国の民族であってもそれにその民族のマークをはりつけている。社会科学にもその心掛けがあってわるいとは考えぬ。自らの思いつきが世紀の審判によって無価値とされても、この心境だけは告白してさしつかえないと思う。

紀要の早産

九大法文学部の欧文紀要〔*Journal of the Faculty of Law and Letters*, 1926-1926, Kyushu Imperial University〕を出そうと相談した。動きに参加した同僚は藤沢親雄、豊田実、山之内一郎の三教授に高田を加えて四人が寄稿したと思う。第二冊は分冊をまずだして後にまとめるつもりであったが、第一分冊藤沢教授のもの、第二分冊高田の『価格の勢力説』だけをだして尻切れになり、合冊することもなかった。第一冊に書いたのは「定型としての社会（Über die Gemeinschaft als Typus）」（独文）と「社会の地域的解放（The Territorial Emancipation of Society）」（英文）の二つであった。前者は『社会関係の研究』の一章〔第五章〕、後者は『社会と国家』の終わりの章〔第八章〕の訳である。前者は福岡高等学校のドイツ人に目を通してもらったが、工科出の人であったゆえか、ほとんど加筆されていない。不安であったが、やはり読んでもらった。巨匠フェルディナント・テンニースからは転載をもとめてきた。マックス・シェーラーには倫理学の主著の序文〔『倫理学における形式主義と実質的価値倫理学（*Der Formalismus in der Ethik und die materiale Wertethik*）』第三版、一九二七年〕に引用してもらった。フィアカントは『社会学（Gesellschaftslehre）』の第二版序文〔一九二八年〕にリット、ガイガーの著作とともに、この小論文をあげ、本文の中にも論及している。ヴィーザー教授からも書信をもらった。テンニースの手紙は特に親切であった。

ヴェーバー、ゾンバルトの『社会科学紀要（*Archiv für Sozialwissenschaft und Sozialpolitik*）』と『国家学雑誌』とに交渉したが、いったん他に発表したのはのせないというから、助手ヤコビに書き改めさせて後者に寄せるといってきた。ヤコビ助手からは共同社会を要素として見るか定型として見るかについてのすなわち高田の問題についてのテンニース自身の解釈をしらせてきた。シェーラーが出版序文に外国人として二人の名をあげた中の一人はスペインのオルテガ教授であったが、彼は数年前に世を去った。思想界の大物として知られていたと書かれているのに、私は経済理論の畑にさまようて、理論いまだ大成することもないのを、つまらなく感じた。

なお他のひとつの英文の分がマッキーヴァー教授から認められたことをうれしく思った。これも批判と承認とを意味する書簡を大事にしている。この私見は国家消滅の予言であるが、自由主義の結論、ひいては多元論の結論ではあっても、米ソの対立、今日のごとき時代には急に実現されそうにもない。

ザロモン教授から『社会学年報（*Jahrbuch für Soziologie: Eine Internationale Sammlung*）』に寄稿を求められたのには、前述の『紀要』の一文が媒介の役をしたと思う。寄せたのは書き下しの小論文「利益社会への道」であり、結合定量の法則を述べたものである。これは私の社会学の骨子であるが、これをガイガー教授がふたたびとり上げ、それにもとづいて文通をした。ひとたびは、ヴェーバー、ゾンバルトの『社会科学紀要』の論文において、私見に対する賛同の意を述べた。つぎにはその主著とも見るべき『結合形態論（*Die Gestalten der Gesellung*）』の中において、この法則に重要なる意義を認めている。ヴィーゼはその雑誌『社会学季報』の書評において批評を加えつつも決してこれを軽視していない。ドイツ社会学会との交渉はテンニースの存命中に目次だけを献呈したという八〇の賀の記念論文集[72]に「第三史観」を寄せたがシュトルテンベルグはその著書の中において、私見の学説史的位置づけを述べた。ただそのころにはすでにドイツの学界がナチスの勢力のため自由でなくなっていたと記憶している。

回顧すれば一九二〇年代はドイツ社会学の開花期であったのみならず、世界の社会学界においてそれが指導的位置に立った時であった。マックス・ヴェーバーもジンメルもすでに亡くなったが巨星テンニース、それにつぐマックス・シェーラー、ことに純粋社会学の二人の代表者フィアカント、ヴィーゼ、そのつぎの時代を作ると思われたガイガーがその時代を代表した。デュルケーム門下のフランスの『社会学年報（*L'Année sociologique*）』さえもこの時期のドイツ社会学を重視せざるをえなかった。しかもこれらの代表学者のすべてによって私見の一角がかくまでに取り上げられ、また認められたことは私のまったく意外とするところであった。三日月村の草深い村居にいて、当時の社会学の中心の先輩、同僚と同一の問題を考えるという意識は、病弱の私に測り知れぬ幸福を感じさせた。

三月の二〇日ごろ、いわば彼岸のころになると、方々に山焼きがはじまる。草山の枯草をやくのである。村々においても草原や堤防や、堀ばたの枯草をこどもたちが焼いてまわる。そのころになると、私もまた胃の病気を気にしながら、マッチ一つを手にして村はずれの堀ばたの枯草に火をつけた。火は風にあおられて広がって行く。遠く北方の山を見ると、山にも野火の煙が上る。それは老母の存命中の彼岸の煙と同じではないか。懐《ふところ》にはついたばかりの遠方からの便りもあってこれを反すうするかのごとくよみ返すのであった。私の体力はなお衰えている。時々、口中からも胃からの血の点がでる。心配にみちながら、思想の悦楽を覚えるという複雑な心境である。

ふるさとの　山はかすめり　母の背に
　　昔ながめし　野火は見えつつ
たらちねの　指しませし　そのかみの
　　野火こそ山に　今もゆるなれ

『紀要』は惜しいことに、一冊きりであとが続かなかった。続いたとしても憲法学、英文学、政治学、社会学、経済学という広範すぎる分野を包むのでは、順調な成長をとげなかったであろう。第二分冊としてだした私の一〇ページあまりの小論文はめくら蛇におじずともいうべき経済理論への爆弾である。私は近頃、若かりし日——といっても四〇をこえていたが——のこの小論文を、九州大学の栗村教授に借りたのであるが、それを分析することによって勢力説のむしかえしをしたいと考えている。ただこの紀要が京都大学経済学部の欧文紀要〔*Kyoto University Economic Review*, 1926, Department of Economics in the Imperial University of Kyoto〕の誕生に先だち、それへの刺激となったのであろうと書いたことがあるけれども、これだけは本庄栄治郎博士の論文にしたがって再考証せねばならぬと考えている。

九州大学の『経済学研究』という邦文研究雑誌の生まれたのは、私が昭和四（一九二九）年に京都大学に移ってから、遥かに後のことである。昭和七（一九三二）年の第一輯に私は「労銀の勢力説」〔創刊号〕を寄せたが、それはそのまま『経済学新講』第四巻の中に収めている。昭和九（一九三四）年には「勢力なくして利子なしと云ふ理論」〔『経済学研究』（九州帝国大学第〕第四巻第一号〕を寄せたが、この論文の英訳を京大『経済学紀要』にのせた。長編であったために、この紀要に巨額の出費をわずらわして相すまぬと思った。戦後にでたノガロ教授によって引用された「利子率の決定」[73]はそれである。

ついでに述べておきたい。それは私の京都を離れた期間約一〇年間における『経済論叢』との関係である。私は京都をたって広島に行くとき、私の高校の旧友が卒業して熊本を去るとき「鳥のごとく自由に（Vogelfrei）」といった言葉を思いだして、くりかえし発音してみた。そうはいったものの、私は『経済論叢』に執着を感じていた。また編輯委員である先輩、同僚もまた私に厚意をよせて原稿を徴《ちょう》せられた。大正九（一九二〇）年以後は病気つづきの大正一〇（一九二一）年を除いて、九大赴任にいたるまで執筆を絶っていない。ことに大正一一（一九二二）年のごとき、七号にわたって投稿し、階級概念の展開をつづけている。当時の『経済論叢』委員諸氏の厚意を思い返さざるをえない。これが昭和四（一九二九）年における復帰につづいているのであろう。

第2節　景気変動論のころ

景気循環論という新刊、旧刊の本が市場に氾濫している。私には経済学という学問の成長がこの一角においてまざまざと認められるように思う。第一に本の題名からして。私は昭和三（一九二八）年に『景気変動論』という本を書いた。これは自発的に書いたのではない。ある叢書の企画の中にあったのをすすめられて書いたのである。しかも四〇〇頁をこえる本を夏の暑い最中に二月間の急行にて。しかし結果はいい勉強になったと思う。

九大の経済原論講義案を書いたあとで、小著『経済学』〔日本評論社、一九二八年刊〕を書き、そのつぎにこの本を書いた。それは昭和三（一九二八）年夏であった。『経済学新講』は昭和四（一九二九）年からだしはじめたので、それの第五巻に「変動の理論」（昭和七（一九三二）年）を収めたのはこの本を書いた結果として、独立の一冊をまとめえたからである。それとともに、経済動学を静学に対して、ひとつの組織にまとめるということは、あまりなかったことであろう。それにシュンペーターの動学は人口増加、資本増加の結果だけからくる拡大を単なる成長として動学の外に追いだしている。それはハロッドにおいてはじめて動学の主要部分として認められるにいたっている。この総合において、私はいささか先駆的でありえたと思う。

いずれともあれ、景気変動論についてもっと述べておきたいことがある。この本を書いてから間もないころ私は九大においてこの一科目の追加を求めて正式に講義に組み入れた。恐らくこれが日本の大学において景気理論を正式にとり入れたはじめであろう。それから景気理論を一冊の学術書にまとめたのもこれがはじめであったと思っている。もうひとつ追加したいことは、この本が景気理論であったにしても、それは経済の前進ないし成長から説き起こしている意味において経済変動論であった。もうひとつは、この本においては景気変動を必ずしも循環として見ていない。循環必至論ないし成長なき循環論（ケンブリッジ学派的なる）に対する反抗を中におさめている。私の今の数学的景気理論に対して、それが循環の二字を書き改めねばならぬ時がくると思う。否すでにきているのではないか。

放言と見られるかも知れぬから、それはしばらく止めて、も少し追憶を述べたい。叢書の企画者からは私に『社会学原論』を書けといってきた。私は経済学教師としての実質的資格を身につけるために経済学に専念していたので、お断りした。それならば書けるものをなるべく早く書くようにという催促である。そこでまだ一通りの知識をもたぬ景気論について書こうと思った。そうして、いく冊かの本をむさぼるように読みはじめた。シュンペーターだけは数年来よみつづけている。カッセルの『社会経済学原論（*Theoretische Sozialökonomie*）』を読み、アフタリオン、トゥガン＝バラノフスキー、シュピートホフあたりの学説をしらべ最後にピグーの『景気変動論』〔おそらく一九二七年刊の『産業変動（*Industrial Fluctuations*）』のこと〕をよんだ。失望と自信をピグーの本によって与えられた。失望は学力浅くして理解のはなはだしく困難なることを自覚したからである。自身は景気理論についての最高の知識を不十分ながら身につけえたと思ったからである。

ピグーの景気論は心理説の名の下に前代のものとして葬《ほうむ》られている。けれども中に盛られたる知識の高さと、直感の深さとは何人《なんびと》もこれを認めざるをえまい。これは桝《ます》の下からやがて光り出すものではないか。ピグーの楽観は流行性のものである。いわゆるモッブ性であり、日本官僚のいう過当競争であり、シュンペーターのいう群をなして拡大するものである。この心理的なるものをなくしてはブームがない。しかも楽観が自己を肯定するという透察《とうさつ》の鋭さを見よ。

近年、歳をとってから冬は寒くないなと思い、夏は暑くないなと思う。これは原子核実験のために気候が変わったからといわれ、間宮海峡が埋められたからと伝えられる。それはどうか分らぬが、昨年、今年ともに暖冬、昨年は冷夏であった。という意味は私どもの若い時は暑かったということである。ことにこの本の執筆時は炎暑七、八月、それにようという悪性のおできがつぎつぎにできて、時々、高温をだしながらも書きつづけた。今から三〇年前、私も元気であったと思う。とにかく書き終わってほっとした。とにかく日本における景気理論のはしりといいえるであろう。今の景気理論が数学的精密さを加えるにしても、内容的には、だいたいこの本の中身に盛っているものばかりでないか。

あの本の中に加速度原理を述べているが、それは豊かな内容をもつと思ったが近年、成長率論の成熟を見て思い当たるところがある。それにしても郷里の家の二階の暑さの中に、患部に氷ぶくろをあてて筆をつづけたことが今も思いだされる。九大にいって外科の主任・後藤七郎博士に手当てをしてもらって、根が残りつぎのがでるようなら、小さいうちに散らしなさいといって、さくさんばんどという湿布の薬をもらってから、全治させることができた。

郷里の家

日本における学究の生活は多くは順調、単純であり、出身学校に残って助手から教授という階段を進んでゆく。それに比すると私のごとく学校を変わるのはいかにも腰が落ちつかない、また変則に見えるであろう。経済学に没頭して半生を終えるという運命の曲折において常に暖かい配慮を与えられた戸田海市博士は、私が広島に行く時にやむをえぬことだと考えられたのか何ともいわれなかったが、東京商大に行く時にはそう動いてはいかぬという意味の訓戒をいただいた。これは日本学界の常識からでた判断として、私もいちおうは自省した。ただ私はヨーロッパの学界事情を考えて日本のとおりでなければならぬとも考えなかった。転々として東西に動いたわけである。これは運命に恵まれていなかったからであろう。九州に帰ったのも、限りない母の慈愛が私を郷里に結びつけたからにもよるが、やはり運命の波浪におし流されたともいえる。病気の連続がなかったならば、私の履歴は単調でありえたであろう。けれども考え直せば不運であったからこそ仕合わせでありえた。

人生、郷里をもつことは大きな精神的な安定を意味する。何かうれしいことがあると郷里の人が喜んでくれると思い、悲しいことがあると郷里の人が同情してくれるという慰安を感じ、力およばぬときには郷里の人にすまぬと思う。郷里は神につながるというのは誇張であろうか。

早鞆の　瀬戸こえ来れば　ちくしぢや
ほのかに母の　乳の香ぞする

七〇をこえてから、早鞆《はやとも》海峡のトンネルをぬけて列車が九州にさしかかった時に日記のはしにかきつけた。追放の判定を受けてから数日、郷里にかえるとき、やはり門司駅のホームに立ちて、今ふむのは九州の土、ここには理解と同情をもって私を見てくれる無数の人があると私語して、そのとたんに熱い涙が頬を流れ下った。私にとっては三日月村の土をふみ、生家に入ることが心を清めてくれる。私が九州大学にいるうちに、いろいろの人々の来訪を受けた。

九州大学においては友情に恵まれていた。わざわざ三日月村の家まで訪ねる友人が稀であるとはいえなかった。医学部の板垣政参教授が経済の同僚・大森研造教授とつれ立ってわざわざ訪ねられたことがある。この先輩教授の来訪は私を驚かせた。用件に見当がつかなかったからである。訳をきくと両教授は文理各系統の学生監であった。当時は思想問題のようやくもり上がるころ、左翼学生の件について、意見を求めらるることであったが、その内容は忘れてしまった。眼前の問題はそう大きくなかったが、だいたいの心組みを作る参考にしたいということであったと思う。板垣氏は熱心なクリスチャンであった。大森氏は儒教的心境に立ち誠実なる学究、当時、一燈園《いっとうえん》(74)の行者として知られていた。ただ左翼張りの学生は新しき時代の思想を身につけたという自信をもち、集団的背景を力にしてもいるから、なかなか扱いにくいものがあったと思う。当時は七高、五高の出身に熱心の学生が見受けられた。また一、二の高商出身にも散見された。七高出身者には佐野学氏の系統をひくものがあり、若干の有力者が学生監を困らせていた。今日から見ると、中途で退学したものをもふくめて、それが本人にとっては却って出世の道であったように思われる。これは戦争の結果ともつながっているであろう。

大森教授とのつながりはまた春日政治博士におよんでいる。春日博士は京大時代からの知人である。

学生のころ親しき飲食の機会はなかったが、京大文学部の苜蓿《うまごやし》〔シロツメクサ〕の白い花さく校庭において知り合うということは、一種の竹馬の友の感じをいだかせる。それに万葉学の代表者であり、私の接触しうる面は広い。私は後日、『経済学新講』の扉にその慰問の序歌をのせて純情に感謝したこともある。次女の夭逝に際し、大森教授とともに博多から自動車を飛ばして弔問して下さった日をいつまでも忘れえない。

第3節　遊女から身上相談

三日月村から九大法学部までは時間にしてざっと三時間、博多駅と久保田駅の間だけでも二時間はかかる。それをわざわざ訪ねるということはよほどの厚意か大事の用件による。大正一四（一九二五）年ごろから昭和初めにかけては世間の思想問題がやかましく、学校内にもいろいろの流れがあった。大正一五（一九二六）年のはじめであったと思う。衆議院にも貴族院にも、議会に学者の思想に関する質問がくりかえされた。一議員は質問演説において十何人かの名をあげ、これらは度すべからざる後輩で、改悛の見込みなきものであるといった。その中に私の名もでている。それが二、三年のうちに、私を反動の列の中に数えることになったのであるから世俗の人々の見方はあまりにも皮相である。

九大においては医学部が最も古く、つぎに古いのが工学部である。工学部は大正の末期において、すでに五〇近くの講義を擁し、真野文二総長の下にあって、学内の最も大きな勢力であった。その中に一方からいえば精神主義、他方からいえば日本主義の伝統的な流れがあったともいうべきであろう。その立場の人々には法文学部内の新しい思想が認めがたいものと受け取られた。それが学生の取り扱いの上に強くひびいた。私は当時、思想の問題に頭をつきこんでいる一人として校友会の弁論部長という名義をもたされていたが、この部には常に今の俗語でいえば進歩的ともいうべき若者の若干があった。社会主義的思想家を招いて講演をききたいというのは当然すぎる大勢である。

ところが法学部でなく九大当局の方針は学生思想の健全のためにこれを喜ばず、やむなく許可とするならば、それに対する中庸の意見をもきかせねばならぬということであったらしい。当時の代表的思想家を招くという学生側の申し出に対して、それでは弁論部長としての高田の管見をも附録として述べさせるという条件をつけて許そうという注文である。学生側はそんな条件はきかぬというのでなく私にその条件をみたせという立場をとっている。私はその妥協に応ずるのがよいと思った。

この高宏なる思想家の講演はマルクス主義とはいいがたく、人道主義的基調の上に立ち、大学の運命を論じたものであった。私は今から考えると、その思想と私見との間にあまり扞格《かんかく》はない。けれども役にしたがって私見を述べ、さきの条件をみたそうと思った。思ったのに悪かったわけはないが、私の弁護癖が禍《わざわい》をした。私は今日にいたっても、口を開いて舌を動かせば、舌と論理とが自転して休息なしに長時間、話しつづけるということも稀ではない。この癖が私見を述べさせて二〇分ぐらいになったのではないか。これは以上の事情をぬきにして考えると、いかにも失礼な行動と見られても致し方ない。学内の聴衆の中にあった農学部・伊藤兆司助教授（のち教授、今は故人。東條大将の義弟）は立って詰問的反問をされたのを覚えている。

話が横にそれたが、こういう種類の話し合いのためにも、三日月の村居への来訪をわずらわした。方面はちがうがこの書斎を尋ねた人々の中に田澤義鋪氏を思いだす。

今の家の前にカキの老木がある。私の幼少のころから数えて七〇年の間にちっとも大きくならぬところを見ると、樹齢は一〇〇年やそこらではない。富有や次郎という新品種の生まれぬころには、一番うまいといわれたキャラガキ[75]であった。学校からかえるとまっすぐ樹に登って、もぎとらずに枝ながらかじる。しぶければそのままに残して後日をまつという方式で一息に五つも一〇も平らげた。そのころの胃腸は丈夫であった。田澤氏は同郷で、その出身地・鹿島市は家から五里しかない。雑誌『新政[76]』のために新自由主義について原稿を届けよということであった。戦時戦前、東京では下村湖人、池田秀雄、私ども二人、合計四人の懇談をすることは稀ではなかった。四人のうち、一番病弱だった私のみが残る。これは運命である。ただ二人ともお酒に強かった。飲めば豪快の風、いっそう強くなった。運命というのも酒ものめぬ卑怯者が細々生命の緒にすがっていることであるのか。田澤氏に来訪の印象がこのカキの青果の葉風と結びついている。

　私の幼少のころは村のクリーク（堀）に清い飲料水が流れていたのが、歳月とともに水位が下がり、水も濁ってきたので背戸（台所のわき）に井を掘った。一四、五才のころ。今の家を作るときに井戸をべつに掘って古いのを埋めた。カキの木は今なお、かつての井の位置を示している。このカキの老木一本から追想がかつての老いたる父母、兄姉、若死にした二人の子、人間恩愛のあらゆる絆《きずな》につながっていく。

　出版業社およびそこの社員の人々の来訪も数多かった中に、強く印象に残っているのは、今の千倉書店の創立者・千倉豊氏である。初期の出版の中に私の『価格と独占』が入れてある。氏の郷里が筑後川の対岸、山門郡であったから、何となく気安く話をした。次女の若死にの時には心からの同情を寄せ、同時にその親友にして愛児をなくした方と私とを結びつけて、交通の機会をつくって下さった。単なる業者と筆者とのつながりを越え、人間の悲哀によって結ばれたという感が深い。

　この郷里の家との結びつきは、追放六年[77]の間にようやく強化された。この間、大半をそこで暮らしたからである。戦後のしばらくは家の周囲の森に多くの鳥群《ちょうぐん》がねぐらにしようと集まってきて百鳥争鳴、なかなかのさわがしさである。私は自宅を百鳥居と、名づけ自らを百鳥居主人と称した。昭和二七、八（一九五二、三）年ごろから農薬が使われだして、田畑の虫が死んでから、また鳥自身で薬に死んだものもあり、百鳥居ではなくなった。鳥の集散さえも自然の現象ではなく、文化の一角につながっている。

昭和の初年、私が郷里の村長になったと伝えられていたが（当時の『文芸春秋』）これはうわさの誤りである。村長は郷里出身の古賀という少将。果断にして企画の多い人であったから、多くの業績を残した。酒席で私に向かって二〇戸足らずの小字《こあざ》の区長をやれという話であったが、それでは今の区長の仕事がなくなる、区長代理で相談相手になろうといったまでのことである。学校のかえり、宅の近くに列車がさしかかると、毎週牛肉の包をまち受けた家人に投げると、週刊誌にかかれたが、これも作り話である。

作り話をもうひとつ追加する。当時、高田保馬という名を冗談に自称してバーやカフェに出入りする学生または助手級の人があるという茶話をきいていた。それの結果であろうと思う。三日月村の本人あてに身の上相談の手紙がくる。これには手こずっ

鬼頭鎮雄『九大風雪記』（西日本新聞社、1948 年刊、復刻改定版、九州大学資料室、2003 年刊）の表紙。九大に関するゴシップ本で、高田が車窓から牛肉を投げる作り話も記載されている。

た、私の力のおよぶ範囲ではなく、また、まったく知らぬ人でもあるからである。一例は唐津の港町の遊郭に身を沈めている若い女から。書きだしが、どこそこの月夜に最後のお別れしてから、いく月になりますとあると、二の句がつげなくなる。他の一例は博多中洲から飯塚市のバーにうつったという女給の人からの金策の話である。当時、私は四〇いく才、三日月村という住所を知りながらそれが助手級の年齢でありえるか否かは常識でわかるはずであった。

当時の身辺雑記を書き列《つら》ねたが、学閥の回顧をしたい。私は京大に移ってからも九大に一学期ずつ講義をつづけていたので昭和四（一九二九）年、京大に移って以後のことも、九大生活に関する限りここに書き足しておくことを許されたい。九大法文学部の講義の第一学年は社会学概論であった。学校の講義と自分の研究の内容との間には開きがあった。学校の講義は『社会学概論』をはなれていない。研究の内容は『社会関係の研究』である。後者はドイツ社会学の最盛期の文献を吸収し、その代表者たちと手紙や思想の交換をしていたころの所懐を書いたものである。平行的に演習をも受けもったはずであるが、テンニースの『ゲマインシャフトとゲゼルシャフト〔*Gemeinschaft und Gesellschaft*〕』とを読んだのは、この年であったか後年であったか、はっきりした記憶がない。社会学の兼担は四、五年もつづいたであろう。

第4節　多々良浜に集う学生

井口教授の帰朝とともにやめた演習は必修科目ではなかったので、出席者は割合に少なかった。ただこの少数の演習学生には、高田に学ぶつもりで九大を選択したという人々があった。事実上、高等学校の卒業生は東京、京都に入るのもそうむつかしくはなかった。高商の卒業生は一橋に学ぶことが世間的にも学問的にも有利であると思われる。それが交通も今ほど便利でないときに、あるいは関西から北海道から多々良浜辺の福岡までくるというのは、よくよくのことであった。それを今にして思うと胸を打つものがある。これらの学生は概して優秀であり早熟であり、社会学と経済学とのいずれにも興味を抱いていた。同時に学問的な自信と批評眼とをもっていた。そうして若い教官に対しては、冷静に批判したり、反抗的な質問などをだしていたと思う。それと同時に私自身との間に自ら感情的なつながりが深くなっていった。学問の興味が二学につながっていたためか、私が経済学に深入りするとともに、当時の法文学部の組織を利用して、卒業間際に経済学に転じたり、または社会学をやった後に経済学を履修したり、または卒業後に二学の境界領域を研究する人々もあった。この間において純粋に経済学一本に打ちこんだというのは、九大の栗村雄吉教授だけであろう。学校をでてから一直線にシュンペーター、ワルラス、パレート、ヒックスという方向に進んで数学の勉強には工学部を利用するという孤独の大道を歩いて今日の実力を築くということは、誰が何というにしても九大経済学の重さを加えていると思う。他の諸君は今日の経済学、政治学、経済史などの領域を専門とするにしても、社会学の伝統的知識を踏んで立つ点において、自ら特色ある視角と着想とを示している。これは法文学部の組織が生んだ成果の一つであると思う。ただ私が九大を離れるとともに、当年の演習学生の諸君には、ずいぶん世間的の苦労をかけたことも多かったと今にして思い当たる。私のこの追憶記は随所に運命という文字をつかうが、やはり運命として見るほかはない。

昭和何年のころであったか、たぶん私が京都に転任する前後であったであろう。当時の演習室の写真一葉が残っている。九大の昭和六、七(一九三一、二)年くらいまでの卒業生をふくむ七、八名である。この一集団の雰囲気は一橋三年、京都二〇年の演習において形成しえなかったものである。

勢力説への情熱

私が過去の学問生活において、最も喜びを感じたのは昭和一、二、三（一九二六、七、八）年ごろである。社会学は仏独の学問といいえようという見方がある。私もこれには根本的反対をしない。社会学の祖国はフランスである。しかし分析科学として結実したのはドイツであろうといわれえぬであろうか。アメリカ社会学の量質における圧倒的拡大を知らぬわけではないが、ドイツのいわゆる形式社会学ほどの魅力を感じない。この形式社会学の再評価が行われつつあることを私は当然のことと思う。私自身についていえば、昭和元（一九二六）年の春、病ようやく癒《い》えて春日さす郷里の家の二階において『社会関係の研究』の筆を運んだころぐらいに精神的な喜びを感じたことはない。それにつづく両三年は経済学上における勢力説の構想に専念した時期である。ただこの構想において苦心の多かった点は自ら劣等感と戦うことであった。私は今の時代の諸君に比して古典の知識が劣っているとは思わない。年月の間、知識の集積もあるからである。

しかし当時においては、経済理論の根本に関する伝統的知識が乏しいという意識がある。それと戦いながら私見を貫こうとする。これは内面的に見て容易のことではなかった。そればかりではない。支配的学説の研究をするにしても、それを否定するために学ぼうとするのであるから、どうしても理解の態度にぬかりがある。他人が五の時間をかければわかることに一〇、二〇の時間をついやす。

しかし勢力説の装備もいちおう小著『経済学』において形だけを整えた。それとともに、ドイツ文で書いた「価格の勢力説素描（Skizze einer Machttheorie des Preises）」（のち『経済論叢』において邦文発表[78]）をも書き上げた。『価格と独占』

に収めたる論文「技術係数について」において、批判的な基礎工作をした。この三つの三部作によって、展開の第一歩をふみだしたと思っている。

それだけに到達したのが昭和二、三年、いわば一九二七、二八年である。欧州においては昭和二（一九二七）年にヴィクセルが死に、それに四三才のシュンペーターが弔文《ちょうぶん》を書いた。同年齢のケインズが『貨幣改革論（*A Tract on Monetary Reform*）』を書いて、すでに四年というころ、勢力説の創設者の一人ともいうべきトゥガン＝バラノフスキー死去を一九三〇年とすればその前三年、アメリカのコモンズは活動のころにありマルクス主義の主張を勢力によって基礎づけようとしたオッペンハイマーは独占説をひっさげて活動をつづけていた。

社会科学の広い範囲を見るとヴェーバーは少し前に亡く、オーストリア学派は初代の教祖メンガーたちの時代はすぎて次代の時期（ミーゼス、アモン、シュンペーター）に入りつつあった。それから自説の展開として自ら語りえるところは、限界効用、一般均衡を組み合わせたいわゆる近代理論を否定するのではなくしてこれを一次接近として承認する。その上における現実への二次接近として勢力という拘束条件、または変容要素をとり入れるという第二段階に進んだ。これは妥協といえばいえる。

その日付は昭和七年、すなわち一九三二年である。私の『経済学新講』第五巻公刊の年。そのころ中山伊知郎教授によって与えられた批判のうち、第二のは、何ゆえに勢力要素をとり入れるところの接近が、定冠詞を付せらるべき代表的なる二次接近たる理由はどこにあるかということであった。私は正確に答えたとはいえぬ。ただ近く筆をとって書くならば時勢の変化が示していると述べたいと考える。これで納得されるかどうかは今のところわからない。

ただ組合の圧力は空前というほどにつよくなった。ケインズ経済学の支配的勢力は素直に労働組合の作用を正面から理論の中にとり入れたことにあった。しかしそれは理論の中に天変地異のごとくに所与の条件として組み入れられたものであって、社会科学的な基礎づけをもってはいない。さらに進んでいえば、これを労働の独占によって説明しようとするアメリカ労働経済学の立場がある。けれども、それとても、独占がいかにして成立したかについてはこれを述べず、例えば一地方における特産物が買い占めによって独占されたのと同様に取り扱っている。組合の労働供給独占の成立するまでには、幾百年の権力争闘が行われた。今日といえども暴力が背景をなす場合がある。これを葡萄《ぶどう》の買占めのごとくに契約、対等の地盤の上に行われるように考えるのは、やはり天変地異説の一つである。これを社会科学的に理解するというためには、まともに勢力関係を見つめねばならぬであろう。この私見はトゥガン＝バラノフスキー、オッペンハイマーおそらくベルンシュタインの線に沿う。これは本来、社会民主主義の血脈につながっている。

近ごろ南米が急に世界の注目をひいている。そこの亡びたインカ文明や、現住民の民習[79]について語られることが多くなった。中に彼等の赤ん坊を見るとお尻の部分にあざがある。これは東洋人の血脈を受けているという証拠であるという。そういう見方をするならば、私の経済理論はいわゆる近代理論の衣装をつけてはいるが、ひとつのあざがあって血脈を示す。それはマルクスにつながるよりも、いっそうつよく盲人哲学者オイゲン・デューリングにつながる。そうして社会民主主義につながる。

第5節　思想流転

九大時代が私の思想におけるわかれ目、いわば分水嶺をなしているように見える。それは自由と平等の結びつきに関する根本の考え方の変化が、じょじょに起こりつつあったことをさす。

私の本来の考え方は平等に重点を置いていた。農村の中に生まれ、しかも明治の中期以降におけるその簡素の生活の中に成長した。貧寒の生活をあたりまえの生活、当然なるくらしと考えた。だからさらに高い生活を味わわなければ人間としての生き甲斐がないとは夢にも考えなかった。ただ問題は、同じ人間と生まれて、しかも不平等の生活を営むのには何の理由があるかと思った。私を動かしたのはただ平等一元の見方であった。

昭和三(一九二八)年三月、小浜《おばま》(長崎県)温泉の共同浴場できいた話を日記に書いている。佐世保からきた七〇の老人の話。五〇円の月給取りはやって行けるが、一五〇円取りはくらしにくい。昔は二〇石取よりも一〇〇石取の方が苦しかった。佐世保の将校は困っているが、下士官がかえって楽なくらしをしている。長崎の針つくりは三本一厘《りん》(80)の針を作るが、それでも蔵をたてている。そんなにしてひきしまる風がないと、世の中のために金を出すものがない。この話を日記に書いたのは、それが意味する理論を考えようと思ったからである。だがこの老人は言行一致の人ではなかった。同時に八二才の老人に向かって「芸者あそびをして昨夜は一九円払った」といった。八二の老人はそれは高いなと言ったら、おとなしく遊べば五円でよいといっていた。翌日の日記には、「芝居を見に行ったら昨夜の七〇老、歯のない口をあけて、さじきに芝居を見ていた」と書いている。こういう老人の話を書きつけたのも、生活の高さというものに無限の関心を抱いたからである。

貧富の懸隔《けんかく》は大学在学の第二年目に友人と論じて、国に生産力が乏しくとも、万人食を分け合って餓死してもいいではないかといった。それが私の平等一元の気持ちであった。当時の私の考え方の中では、自由、強制のことはあまり問題にならなかった。それは農村の封建遺習の中に育って、不自由を強く意識しなかったからであろう。現に明治三九(一九〇六)年、栗野事件の時、級友に対して学校の監督強制は一様であって、貴族と平民とを選ばぬ。我らの争うところは貴族の子なるがゆえに特権を与えることであるといった。

この立場を明らかにしたのは明治末期に書いた「文明の迷妄」という論文であることを前に述べた。それから社会学研究の時期、一五年が続く。この間において最も影響を受けたのはジンメルであり、スペンサーであった。それより学説によって社会の前進が自由の拡張であることを教えられた。ことにジンメルの世界主義的なる情熱に強く動かされた。スペンサーの社会学は有機体説だから古いといわれようが、その学説の中に脈々として流れるのは徹底せる無政府主義的自由主義である。この根本的なる見解が将来社会の見通しを熱心に追及させた。それが大正一五（一九二六）年春に書いた『社会関係の研究』。別してその中に記述した極小《きょくしょう》説という見方である。これは将来社会の予想であるが一方には世界国家の形成、他方には人間関係の利益社会化を予見している。人々の愛着がゆるめば争闘、憎悪という対立が消滅すると見るのである。強勢を共同社会の結果または半面と考えるから利益社会化の極致においては自由の伸張が絶頂に達すると考えられる。

話がかたくなりすぎたが私の自由主義はいつの間にか、かかる空想ないしユートピアを考えさせた。将来観と理想とは別であるが後者へのあこがれはこれを将来の必然なる傾向であると考えさせる。私の社会観はいつの間にか無政府主義に近きものとなっているのではないか。少なくともそれは平等一元の思想ではなくなっていた。それと同時に経済生活の水準について何ごとをも述べていない。これは生活の水準を重視せぬ東洋主義の烙印にほかならぬ。

経済の将来については生活水準の高きを求め、機械文明の上昇を追求するところのいわば技術主義がある。西欧文明、資本主義、マルクス主義。そうして恐らくはヴェブレンの立場、さらに転じてはコンドルセ以来の進歩の思想はみなこれであろう。そうしてキリスト教の一派の中にすらもこれが流れているであろう。これと逆の方向をもつ流れとしては仏教のあらゆる流派、儒教、老荘の思想から西欧においては芸術至上を考える中世主義、または経済上の中世主義、ルソーをはじめ原始への復帰を一面において求める思想、宗教の諸派、あるいは倫理的なる厳粛主義などがあげらるべきである。

私は現実の動きに追いまくられて、人間を生かしてゆくためには、機械文明をやむなしと見るものの、人間性が傷つけられぬ限度において認めようとする態度は、はなはだしく消極的である。上昇がない時には民族が死滅し敗退するというのならば、やむなくこれを認めようとする。私はいまだこれらの点についての反省をしなかったが、問いつめられると、さように考えるほかはない。

もうひとつ、自ら反省することとしては私の立場が経済一元主義ないし唯物史観的ではないということである。経済の組織は社会的、政治的に、いかようにも定まりうると思う。しかも政治のやり方ひとつによっては、経済組織はどうとも変わる。現実の論拠として、同一の生活方法がソ連とアメリカとのいずれの政治とも結びついていくではないか。これだけの前提のもとに自らの思想の流転を考えたい。

養家への持参金

とにかく私は米田博士について社会学という本家に育った。そうして諸先輩、諸同僚のお世話になって経済学という養家に入った。入ったのであるが、ひとつの思想上の持ち込み財産がついている。それは階級の研究である。立ち入っていえば、職業の待遇というものは、それに従事する人々の本来の地位、身分、いわば本来の階級的なるものによって定まるという思想である。そこで一定の職業に対して与えらるる報酬、待遇は、従業員の地位や勢力いかんによっては、いかようにでも変更できるという思想を手土産にして、経済学の分野にころげこんだ。社会の事情は複雑であるから、職業所得または職業待遇は種々なる事情に左右されてはいるが、本筋は地位によって定まるものであるという考えを抱いて、経済学の問題に立ち向ったのである。そこでまず出会った問題がマルクスの蓄積理論である。これに対してマルクス主義への最初の批判をつぎのごとくに書いた。

マルクス蓄積理論は労働者の貧乏の強化を述べている。しかしそれは労働者の地位の上昇、ことに団結による反抗を通して賃銀の動くことを忘れている。ことに国家がその権力をもって何をなしえるかを忘れている。労働の地位は改善されて、労働分け前《まえ》までをも向上させるであろう。マルクス死後の経済史の現実は私見の方向のように動いてきた。西欧の知識階級の常識もまたそれを承認している。

養子持参の玉手箱は資本主義の将来を予言させる。それは無産者地位の向上は、たえず大衆の中等階級化を結果としてもたらす。したがって、くるものは革命にあらずして、漸次《ぜんじ》の平等化である。しかも国際交通の進むところ国家の障壁は撤去させられるであろう、世界は単一の国家として自己を改組するであろう。そうして民族地位の平等化はかくのごとくしてのみ実現されるのであろう。これは青年高田の夢であったし、今日また老年高田の夢である。変説もせず、改論もしない。ただひとつの旗を掲げて七〇年、生命のある限りこの旗を捧げて進むのみである。

ただ大正一五（一九二六）年の分水嶺以後の若干の現実を考え合わせたい。私の世界主義は不変であるが、現実の社会は民族不平等の社会である。国内の社会主義を主張するものの多くは、国内社会主義化によって、世界の平等化が直ちに実現するがごとくに考える。しからばソ連の社会主義化によって、衛星国、例えば東ドイツの生活は高められたか。答えは否である。国際社会主義化は各民族の精進をまつ。そこに世界国家の完成は民族主義をまたずしては行われがたい。契約によって民族平等を実現しようとするならば民族の自立能力が前提とせらるるのではないか。あなたまかせの契約が世界に平等の楽園を作りうるかと考えると、協調的な、平和的な民族主義は世界主義の夢と矛盾せず、しかもそれに道をつける現実の要求ではないか。

大正一五（一九二六）年春に登りつめた極小説のいただきから、日本の現実への妥協として私は民族主義の方針を少しずつ吸収することにした。しかしてこの民族主義は主として経済と文化とにおける民族主義であったから経済の面においては、生活の上昇ではなくして生活の緊縮《ひきしめ》、文化の面においては享楽ではなくして精進を求むべしとした。これが戦前から戦後にわたって一貫した私の社会思想のただ一筋の骨組みであった。私の東亜民族論も、帝国主義論も、みなこの分水嶺から現実に向かって傾斜してゆく平行流にほかならぬ。

第6節　変貌する九大

村居とテンニース教授

私の追憶は大正末年から昭和初期におよぶ村居生活を心に描きだしている。母はすでに亡くなっていたし、長姉も世を去っていたが、中姉、末姉はともに婚家にあってたえず家に出入りしていた。長女と次女ともに元気に成長していた。長女は数え年九、一〇才、次女は四、五才、村の人々はみな暖かい心をもって取りかこんでくれた。その間に、妻の実家が経営していた小銀行〔神埼実業銀行〕が一次大戦中の貸出の焦げ付きのために経営難に陥り、地方の小銀行同士の合併の話が進むと見えて進まず、私までも柄にもなく相手の銀行の頭取を訪ねて合併の促進のために要求と懇請とを重ねたが、一書斎人の無策と卒直とは、老銀行人の掛け引きと不信とのためにたじたじになり、閉店のやむなきにいたった。

人間として至純至直、一生を通じて一たびも部下をしからなかったといわれた岳父をして全私財を提供するにいたらしめたことを考えると、わが不敏の罪を心からわび、また悔いざるをえぬ。身体小康をえたと思えば他方に世路《せろ》の困難が加わる。結局、生きることは運命の波にゆらるることであると思う外はなかった。

この間においても私に精神のよろこびを恵んだものがあった。ドイツ社会学との交流である。社会学の長き歴史に二つの絶頂があったのではないかと思う。一つは二〇世紀はじめのフランスである。そこはデュルケーム、タルドの二巨匠が相対立して二つの明星のごとくに輝いていた。二つは一次大戦後のドイツであり、そこには形式社会学の開花期があった。ジンメルは戦後早くも死去したが、テンニース、マックス・シェーラー、フィアカント、ヴィーゼなどが並び立っていた。マックス・ヴェーバーは社会科学一般にわたる巨匠であるが、その仕事は経済史、社会史、宗教社会学、社会科学方法論に広がっていて、社会科学の伝統的本流に属するとみられなかったこと、パレートと同様である。

当時、テンニースの名声はドイツにおいて支配的であり、外国にまでその影響をおよぼしていた。一八八〇年代の旧著『ゲマインシャフトとゲゼルシャフト』が四〇年をへて急に一〇版近くを重ね、戦後再興のために共同社会の復活が待望されることとなり、共同社会の観念はあらゆる社会科学にとり入れられるにいたったという。私が小論文「定型としての共同社会」の一編を送ったのに対して二通の返信がとどけられた。

〔高田宛書簡　一〕

一九二六年八月一六日

キールにて

フェルディナント・テンニース

定型としての社会に関する貴論文を読んで受領し

た。この根本問題のかかる基礎的研究は、貴見が私の答解と一致するていどの如何《いかん》であるにせよ、きわめて重要である。私は貴下の研究を立ち入って検討するに十分なる時間をえていないが、早くそれをしとげたいと思う。その上は、われらの雑誌（『ケルン社会学四季報（*Kölner Vierteljahrshefte für Soziologie*）』、『国家学雑誌（*Zeitschrift für die gesamten Staatswissenschaften*）』、『シュモラー年報（*Schmollers Jahrbuch*）』）の一つに立ち入りて報告したい。その場合には貴下の思想により、どこまで啓発されるか、それに賛同するか、または反対すべきか明らかにしよう。親切なる手紙と論文との送付に感謝する。付伸。貴論文の一つを前記の雑誌の一つに載せることを承知されたい。九州大学紀要では読者がきわめて少ないと思う。

＊　　＊　　＊　　＊　　＊　　＊

〔高田宛書簡　二〕

一九二六年一二月一七日

キールにて

フェルディナント・テンニース

余の助手ヤコビー氏は貴論文「定型としての社会[81]」を『国家学雑誌』の発行者ブロートニッツ教授の希望にしたがい、この雑誌に印刷されるのに適する形に書き収める労苦を済ました。ヤコビー氏はこの役目を正しく果たした。ドイツ語で社会学の本を読む公衆にこの論文が読まれうるようになったことを確信する。余自身も貴下の特別なる理論に関する私見を公にしたい、また貴下の究明の価値を承認し、また称揚しようと思う。余はブロートニッツ教授に出版社の支払うべき稿料を貴下とヤコビー氏に分ち提供することを申し出でたから許されたい。敬具。

第一信の付伸は虫眼鏡を用いてやっと判読できるペン書きの細字であるが、書体がくずれて読み下せない部分がある。第二信にあるヤコビー氏に稿料の全部を渡されたいことを返信した。その後、ヤコビー氏から、テンニース教授の私の問題に関する見解をかくかくに解するという長い手紙がきた。数年の後、ヤコビー氏自身、人種問題をめぐるナチスの圧迫により職を失うので、日本に勤める先はないかという来信があり、若干、学校方面に手を回したけれども、ついに同氏を喜ばせえなかった。テンニース教授との文通はつづき、ついにその八〇の賀に論文を捧げ、一九三六年四月九日の死去の報知をその近親から受け取った。私のことを松本潤一郎はじめ若干の若い学者は同教授に親しく伝えられたと思う。

〔高田宛書簡　三〕
一九二六年九月一八日
ベルリン・シュトラウスベルクにて

アルフレト・フィアカント

貴論文の送付を深く感謝する。余はまず利己的動機から読んだ。貴下の批評に対して賛同するほかはない。余は『社会学』の第二版の用意をしつつある。そのさい根本的に書きかえた。たぶんつぎのオースタン祭[82]ごろ発刊される、それを郵送したい。その場合には、旧版の見解の、いかに多くを今日もはや支持しなくなっているか認められるであろう。

＊　＊　＊

フィアカントはその『社会学』二版序文において私の批評に言及したことは前に記した。志水義暲教授に私の『社会学概論』の一節の訳出を求められたことをもきいた。マックス・シェーラー、マッキーヴァー両教授の来信については長くなるから言及しない。私はその後、経済学の畑に放浪して、フィアカントの第二版を精読するひまがない。ただこの書がフランスのデュルケーム派の『社会学年報』において著しく重要視されたことを知る。形式社会学の結実としてヴィーゼに対立する大物であった。

私は三日月村の百鳥居にあって学問の中心地と精神の交流を行いつつあることについて、限りもない精神のたのしみを味わいつづけることができた。こういう生活をつづけるうちにも、九大のわれらの教室には変化がつづいていた。

講義の進行

私の講義は経済原論第一部を大正一五（一九二六）年春の学期にすまし一学期休んで昭和二（一九二七）年春の学期に第二部をすましたと思う。つぎの年にはレキシス原論[83]を講義したのではないかと思っているが記憶に明らかでない。社会学の方は毎年教科書を用いて概論を講じ、また演習には外国語の本を読んだ。昭和二（一九二七）年の秋の学期にはリカードの『経済学および課税の原理』を用いた、というのも記憶だけのことであって、自ら記録をとってはいない。とにかく九大でリカードをひとたび読んで、それにカール・ディールの評釈[84]を参考したのが、私のリカード研究のすべてである。

社会学の演習に使ったのは、はじめマックス・ヴェーバーの社会科学方法論〔『社会科学と社会政策にかかわる認識の「客観性」』〕であった。そのつぎにテンニースの『ゲマインシャフトとゲゼルシャフト』を用いたことがある。

これは難解にして訳しがたい。これには傍島省三（阪大）、中野清一（広島大学）などの諸君の訳解の力は私をしのぐものがあった。原論の講義室は一〇番教室、人数は多く、反響は強い。映画館のごとき印象であった。社会学の講義と演習とはしんみりして、学生も学問的に熱心であったと思う。教師陣の方も漸次に増加して、統計の高橋正雄講師、社会政策の森耕二郎助教授、相次いで来任、陣容としては充実に近かった。

　ただ研究会はお座なりのもの以上にはなりえなかった。学問的立場がそれぞれにちがったからである。私の助手として連絡をもったのは、はじめ社会学の小松堅太郎氏、その関西学院転任の後任が渡辺定一氏（西南学院）であった。小松氏の在任は二年足らずであったが猛烈な勉強ぶりで、その学問の基礎は当時に築かれたものと思う。

　学生のうちに方々の高商の卒業生があり、しかも優秀たる才能を抱くものは少なくなかった、これらの学生は母校において一通りまとまった講義をきいて相当の見識もできている。それに教師陣の方は例外もあるが、たいていは洋行とともに専門が決まり、新米の勉強と講義とが最初から平行的であるというわけで、学生の中には講義を甘く見てかかる気風が見られた。元気な学生の中には酒間気焔をあげて若干の教授を月給泥棒と痛罵したり、教場では先生に失礼な質問が行われるという話さえも伝わっていた。それに左翼学生の奔放なのもあり、土地は黒田武士の町である。いかにも新設の大学という様子を免れなかった。同僚間の研究はおとなしいものであっても、丸善支店にいくと売っている講義のプリントがある。めくって行くと高田の学説というものに罵倒に近い批評が加えられている。師弟ともに元気なことというべきであろうがこういう先生の方はいささか卑怯であるとも思った。

　昭和三（一九二八）年の秋に東大のアルフレッド・アモン講師を迎えて二日の講義を聞いた。私にはもとより初対面である。前後してウィーン学派の三人の学者――アモン、シュンペーター、レーデラーにあったが、その中アモン氏は最も篤実なる学究であるという印象を受けた。三氏ともウィーン大学の二代目であり、年齢いずれも私と近い。シュンペーターは才気煥発《さいきかんぱつ》という文字が一番よくあてはまる人柄、それに教養の深さが示さずして光を放っている。学問的情熱は人を威圧する。闘志は何人にも許さずという風格、一代に傑出した学者であったろう。レーデラーとは縁なくして言葉を交わさず聴衆の一人としてその講演をきいた。いかにも政治家らしいところが見受けられる。アモンに比すると遥かに多く才人的であるが、頭脳の働きからいえば明晰においてアモンの下にあったのではないか。これは福田博士の見方でもあったと思っている。

アモンの講義の数時間を、ほとんど独占的に学問的接触を味わいえたことは忘れがたき仕合わせであった。ただ私は当時、経済学に打ち込んで、わずかに二年あまり、したがって討論に必要なる予備知識に欠けていた。しかし田舎ものらしい素朴さにおいて意気おのずから投合するものがあった。今日にいたるまで、親しみを覚えている。ただアモンの学問的影響力は強かったとはいえぬ。在日いく年、本当の弟子というものを作られなかったであろう。

これに比すればレーデラーの影響は大きい。東京大学の経済学の主流というものはレーデラーによって築かれたというのが誇張であろうか。その根本の理由は恐らく人間的魅力にあろう。すべては遠くから見たる私の推測に止まる。

アモンの学問の長所はその経済学方法論にある。第一級という形容詞を与えうるであろう。ただヴェーバーやジンメルに見るごとき天才的華麗はない。苦心にしてみがきぬいた成果としての高さであろう。年《とし》五〇に近づいて数学を勉強していたということは人柄の堅実を思わせる。森〔耕二郎〕教授の質問に答えてウィーン学派のつぎの世代を形成するものはハイエクとハーバラーであるといったのは、そのとおりであったと思いたい。ただウィーンの人たちにはケンブリッジの人たちのような現象への沈潜が乏しい。これがアモンを易解《いかい》にし、深さを要求させるのではないか。アモンはベームの講義をきいただけに私の勢力説のよき理解者であるのに、東西相へだてて消息をたつこと三〇年におよんでいる。

昭和三（一九二八）年三月ごろから学校の思想問

題に関する新聞の記事が多くなった。右翼思想の攻勢が強くなるのと、文部省の思想圧迫が並行して強くなる。当時の思想攻勢は議会における国体中心主義の議員の活動から出発したように見えたが今日の記憶ではその辺の事情を明らかに語りがたい。いずれにせよ、四月中旬には文部省の側から当時の帝国大学当局に対して一定人員の処分を要求したと伝えられた。新聞では東京、京都各一、九州大学のみが五という人数が伝えられた。大学自治の伝統にもとづいて一人の処分さえ総長の進退につながっていたのに、九州大学は内紛事件のために六人の処分が決行されたので、文部省が命《めい》を下しやすいと見たのか、あたかもまた思想的色彩の鮮明なる教員を格別に多いと認めたのか、あるいはその両方であったか、まったく知る由《よし》もない。いずれにせよ、人数の過大を不当と見る空気は強く、それは大工原〔銀太郎〕総長を動かしたであろう。

結局、三名の退職が発表せられた。日記を見ると四月二一日朝一〇時より教授会が開かれ総長の処分として三氏の罷免が発表されたが、それをめぐる協議は午後七時半までにおよんでいる。時の学部長は春日政治氏。その辛労のほど一通りではなかったと思う。内紛のために六名、思想のために三名、合計九名、外に他の事情のために自発的退職が一名、合計一〇名の減少は四〇あまりの講座をもつ学部にとっては極度の出血であり、容易に回復しうるべきことではない。しかも経済学科にとってはそればかりではない。長からずして竹内、小島の二氏東京に去り、高田が京都に去り、後日になって大森、三田村二教授を失ったのであるから当初の陣容、ほとんど潰滅に近くなったともいえる。ただ若き有力なる次代の急速なる成長によって、態勢を整えたこと、大きくいえば奇跡に近いものがあった。

第7節　南九州の記

昭和三（一九二八）年については記すべきことが多い。二月はじめに三女ちづ子生まる。六月には宮崎に講演に行く。京都大学転任の交渉はじまる。八月には改造社の講演のため鹿児島に行く。

これらのうち、宮崎と鹿児島との旅行の追憶が格別にあざやかである。南九州の旅として最初に思いだされるのは、明治三八（一九〇五）年の一二月初め、瀧正雄氏にともなわれて鹿児島に転地して翌年四月までそこに滞留した。これが第一回のさつま訪問。大正一一（一九二二）年、鹿児島県教育会の招きに応じて霧島温泉を訪《おとの》う。つぎは昭和二（一九二七）年ごろ、第七高等学校文化講演。四回目の訪問が改造社主催の講演会のために鹿児島と川内に遊ぶ。

宮崎にはじめていったのはこのときの講演の時。昭和一〇（一九三五）年ごろにいったかと思うが、精査しないとわからぬ。そのつぎは二次戦後、昭和二三（一九四八）年ごろであったと思う。六年をへだてて、県庁主催の巡回講演のために県下五、六ヵ所をとびまわった。これらのうち、昭和三（一九二八）年の分だけをとり上げて、つぎつぎ絵巻のごとくに展開する当年の光景を物語ることにしよう。

書斎にしばらくこもると、過度の緊張のために健康の異状を覚える。それを解きほぐすために二、三日の旅にでる。行き先はたいてい長崎県島原半島。しかしそれも漸次になれては少しあきる。そこで時には日田に行き湯平《ゆのひら》にもいったがやはり南九州を訪れたいと思った。もとこれ農村育ちの野《や》人《じん》烟《えん》霞《か》の癖、その上、日記に歌を記しかけて喜びたいというはかない願望もある。時ありて書斎を飛び出すのも鶏が鳥屋をでるたぐいにすぎなかった。

宮崎高等農林学校〔現在の宮崎大学農学部〕の校長・松岡忠一氏の印象は忘れがたい。日本の将来のために真剣に夢を抱いた先憂《せんゆう》の士[85]であると思った。私は当時、貧乏の底に沈んだ農村の中に生活して、農村の将来に思い悩んだ。松岡氏は私をしてこの心境を語らしめようとして壇上に招かれたとき、身は門外の素人であることを忘れて敢えてこれを辞しなかった。松岡氏は日本における畜産の発達が欧州の様式によることの不可能を信じ、狭い面積の地に牧草飼料の集約的耕作を行うことにより、農家の飼蓄《しちく》をいく倍にしようとする経験を集積しつつあった。門外の私といえども魂おどらざるをえなかった。

　六月一日にたって六月四日にかえった。旅程は小倉から大分に進み佐伯、延岡をすぎ、宮崎に入る。戦災までの宮崎行きには常に神田橋旅館に案内された。そこは「新しき村」の縁故の文化人の定宿[86]であるときかされていた。

　もはや三〇年の昔である。当時の私は経済学への精進も、はや三年、やっと講義をするぐらいの自信はできたし、それに郷里の家には三人の子が無事に成長しつつあった。私にしては比較的に幸運に恵まれていると思った。

　思ほへば　妻子もわれも　すこやかなり
　　大淀川の月まろらなり
　櫓《ろ》の音の　夜更の暗に　なるさへも
　　遠き日向の国としぞ思ふ

ゆるゆると大淀川は流れる、初夏のまんまろい月が浮かんでかきみだす浪もない。やがて夜更けて月も傾いてゆく。川の面も暗くなるところを櫓《ろ》の音も高く小舟が通るけれども、位置もわからない。ひとり眼がさめていると、家族は遠い郷里にいる、遠い日向の国にきているなと思う。やがて夜がいよいよふけて行くと、町のともし火も消えたのに、神田橋の上にならんでいる灯のむれだけが残っている。消えずにいるのがかえって淋しい感じである。そこを暁に近づいてくるとまず最初に幌馬車が通っていった。

大淀の　はしのともし火　夜もすがら
　　消えぬがさびし旅人われは
灯が残る大川ばしはほろ馬車の
　　一つわたりて明けにけるかな

子供が三人そろっていたのに次女は一年たつやたたずに一夜の急病にあわただしくも世を去った。私の幸福は永《とこし》えに失われた。仕合わせであるべきことが起こってもそれが心を慰めてくれない。大淀川の月まろらなる日は一生ふたたびかえる日はなくなった。

第七章　九大から京大へ

第1節　思い出深い九州の旅

南国の風物

昭和二三（一九四八）年の五月、私は二〇年をへだてて戦災後の宮崎を訪《おとの》うた。神田橋旅館をはじめ、一面、見わたす限り焼野原、いずこが何の跡であるか知る由もない。焼け残るは大淀川にかかった橋ばかり。それを渡って対岸につき、右に折れて堤防を少し上って橋の橋脚を見た。それを眺めているうちに、二〇年前の幸福などがありし日を思い、亡き子の名よびながら、狂おしい胸を沈めようと、また堤防を上に上にと上った。

それから、はやまた一〇年の月日は立った。亡き子の面影はうすらがぬ。思うたびに子よ許せといって悔いるばかりである。弱き人間よといってののしるものもあろうが、私は弱きもののみが人間であると抗弁したい。一昨日、延岡の旅からかえった。妻とともに宮崎にいってあの大淀川の橋の上から思う存分に涙を注ぎたいと思ったが、用事のためにその時間を作りえなかった。

昭和三（一九二八）年六月のはじめには、宮崎からさらに進みて青島と鵜戸《うど》神宮にいった。誰に案内されていったかも、三〇年の忘却の霞のかなたにかくれては思いだすすべもない。かすかな記憶をたどると、広島高師の専攻科の卒業生・今井秀一君でなかったか。いずれにせよ、このあまりにも南国的な風物ははじめて来訪の私を驚かした。

青島の　青石たたみ　とびとびに
　　行けど忘れず　ふる里人は
青島の　びらうのかげに（87）　きく潮の
　　遠音に交る　いそ波の音
びらう樹の　森のしげみを　分けにけり
　　きけばまぢかき　磯なみの音

案内されて小さな青島をめぐる少しの時間に手帳のはしに書きつけるのである。相手をまたせて苦吟するわけにも行かぬし、数は少ない。ただ干潮の時には海岸線に三〇度ぐらいの斜角をなして平行する長さ、どれだけとも知れぬ石たたみが浪の中まで連なっている。青き斜岩ともいいたい。この石の青さが青島という名の由来でもあるのか。熱帯樹の森を分けて行くと、遠方の潮なりの音がきこえるとともに、岸うつ波の音が細い音して近くにきこえる。奥深くはいっていったと思ううちにすぐ島を横ぎって岸近くまできている。

鵜戸神宮に参詣したが怪奇とともに崇高という言葉があてはまると思った。神社といえば仰いで高きに登りゆくのが普通であるのに上った坂から海岸の方に急角をえがいて降って行く。道つきるところに岩窟があり、そこに神霊が祭られている。太平洋からおしよする風は浪をたたきつけて空洞を洗い、八重の汐路の汐ざいの音は朝夕にこの岩壁につたわる。手を合わせて拝《おろが》めば、うがやふきあえずの伝説[88]の神秘の中に魂が吸いよせられて行く。案内するものも、されるものも黙して拝《はい》し、黙して去る。

わが生命　まさきくありて　はろばろに
　来にけるものか　うとのみやしろ

大正一二（一九二三）年の重患からはや六年、ここまで治って生命がつづいたからこそ南国のこのはてまで訪ねたと思った。帰りにかしや椎の木の多かった雑木の坂を登ってゆくと両側に飴をうる店がならぶ。おちちあめと名をつけている。あの岩屋で生まれた幼児を養った自然の乳をかたどったというのであろう。私は三人の子、別して四才の幼女のために、いくつかを買ってかえった。

夏にして　山うぐひすの　鳴きしきる
　坂を下れば　うとのみやしろ

おちちあめ　並木の坂に　われもまた
　　　遠きわが子の　為に買ひぬる

宮崎まで引きかえして、一泊、翌日のかえりは霧島のふもとをまわる鹿児島経由にしたので青井峠の長いトンネルを通った。その前後の山路には栗の花が到るところにさいていた。

栗の花　ゆらぐあしたを　越えて行く
　　　妻子が知らぬ　霧島の山

家にかえったのは六月四日。四才の女の子がおちちあめを喜んだのを忘れえない。ただの田舎あめに過ぎないものを、後までもおちちあめといっては思いだしていた。翌年この子が急死してからは、家人はこのあめのことをいっては涙を流していた。ちょうど三〇年になる。この二月の末に延岡まで行くから妻と一緒に鵜戸に行ってこのおちちあめを買おうと話し合っていたが、別の用件のために急いでかえる必要があり、後日に延期してしまった。亡き子にすまぬ感じである。愚かなる親よといって笑われるとも、やはり愚かな父でありたい。

研究の推移

昭和三（一九二八）年は今から考えると私の学問的仕事が経済理論の方に推移した年である。健康には絶えず注意を払っていたが、大正一三（一九二四）年以後、最も回復した年といいえるであろう。一時はビンに煮もちをこしたのを入れて弁当にした、いわば重湯《おもゆ》のひるめしである。パンに牛乳を食べる人々がうらやましかった。ようやく自信ができて、パンもとり、うどんもとれるようになった。そこで博多の駅前の食堂に立ちよって、うどんをとりうる身になったということで、心に大きな幸福感を味わった。

このみみず　未《いま》だ死なざり　切られても
　　土を食ひて　なほ成長す

求めることの少なかった幸福は大きいと思った。健康は立ち直ったが、その上、年は厄年を過ぎて間もないとき博多から家にかえるのは一〇時、ひと眠りしてから二階の書斎に上がって筆をとるという生活をつづけることができた。ただ私の勉強の方法は最善のものではなかったと思いかえすことがある。

京都大学の先輩についていうならば、戸田海市、狩野直喜両先生を例に引きたい。狩野博士は支那学の巨人、沈潜七〇年典籍を一心に蔵して著されることが少なく、その門弟またこの学風を紹《つ》ぐという姿であろう。戸田博士は後輩を戒めて知識を整備するためには絶えず筆をとれ、筆をとれば真剣になる。この学風はその門下例外なくこれを守ったといってもよい。河上〔肇〕、河田〔嗣郎〕両教授から本庄〔栄治郎〕、小島〔昌太郎〕、汐見〔三郎〕諸教授にいたるまで。私はこの戸田教訓というものを友人瀧氏にきいて自己の方針をそうしたいと思った。これは決して誤った道であったと思わぬが、私は誤用した点もあったと思う。それは基礎の教養のための努力をおろそかにすることである。一年営々としてつぎの問題を追っかけては沈潜して深く蔵するという用意を欠く。時には数年鳴かず説かざる時がなくてはならぬ。ヴィクセルの著作は代表的なるものわずかに三部、それで二〇世紀を代表する創造者、総合者としての役割を営んだ。私自身は今にして悔ゆるともおよばず、やはり過去の仕事の整理に没頭したいと思う。

ところで昭和二（一九二七）年までの仕事は、主力を経済原論講義のために注いだというものの、社会学の論文を書いては、永井亨氏の『社会科学研究』に寄せ、『社会学雑誌』[89]にも書いた。昭和三（一九二八）年から経済学の論文だけになっているが、やはり学習と執筆を平行させた。学べば書いておくという習慣である。小著『経済学』を整理して一冊の本にまとめ、『景気変動論』を書き終わった。

日記　一〇月一九日の項。

佐賀にゆく。第五回目の送稿すむ。三五五枚にて終る。本にして五〇〇ページぐらいか。途中熱と腫《はれ》物《もの》の痛みに苦しめられた。いま双肩の軽さを覚える。

日記　一一月一六日の項。

『景気変動論』つく。さまでうれしくない。内容には、書いたが忘れたものも多い。その上、全巻を通じて個性が乏しい。

この本の性格を物語っている。急に五〇〇ページの本を書くために本をよみ、かつ書くから、忘れたところも多い。自家の意見を練る時間も精根もなく、個性がない。自らはうれしくなかった。ただそれだけ平凡な参考書にはなったと思う。これの引き受けは監修者としての土方成美教授のすすめにしたがったのである。この一年にやや力を注いだのは「生産係数について」の一文である。これは土方博士の『経済研究』〔第五巻第二号、のち『価格と独占』千倉書房、一九二九年刊に所収〕によせたものであり、のち京大の欧文紀要にのせた。今その内容を記憶しない。しかし企図は勢力説の基礎づけを徹底的にしたいと思ったのである。これを近く、もう一度取り上げて再考したいと思う。生産係数一定ということが一次接近として考えるべきであるならば、勢力説の基礎は大きく築かれうると思う。『経済学新講』第五巻以後の私はそれよりも後退している。今の考え方からすれば、もしも産業連関論におけるレオンチェフ的なる生産係数一定の前提を許すときには、それが私の勢力説の初期形態であるものと、いかなる関係に立つかを省察したいと思っている。

ただこの『景気変動論』に取るべきものがあるならば、それは前進変動の概説の企図である。それとともにシュンペーター発展論に対して、前進の規定を拡張したところにあるであろう。シュンペーターは、いっさいの変動、ことに景気循環を技術変化ないし革新に還元しようとしている。私は技術変化のない、単なる量的増加としての、人口増加、資本増加、総所得増加を等しく前進として見るとともに、それさえも景気波動の一つの動因たりうべしと見たのである。これはハロッド動学への一歩の接近であるが、資本係数の観念ないし統計的資料の欠乏が私の立場の古さを示すといわねばならぬ。ただこの著書から『経済学新講』「第五巻　変動の理論」までの五年の歳月は流れてもほとんど見るべき訂正を加えなかった。ただ巻頭における勢力説の改造以外においては私は当初の予定において、経済学講義案ができたら社会学の畑にかえりたいと思った。それも曲りなりにすました、『景気変動論』もいちおうまとめた。一〇月一九日の日記には社会学の方にとりかかるつもりであると書いている。しかし何たる薄《はく》志弱行《しじゃっこう》ぞといいたくなる。それも昭和四（一九二九）年に京都大学に転じてからは、講義案の改造を考えて『経済学新講』の執筆にとりかかった。これがそもそも私を今日の姿に追いこんだのである。

人間意志の動きえる範囲の狭く、運命の力の大きいことを思うのも、自分の弱さの表白であろうか。ただ病弱の私が余命なおつながれているのも運命への随順の結果であるのか。下村湖人の語録は思わしめることが多い。

綿貫哲雄博士は、いくたびか私に直言していわれた。「君の社会学は未完成である、なにゆえにそれに力を入れてもっと仕上げて行かないか、それは国民としての義務である」。私はきくたびに、読むごとに、その友情に感謝しつつも今日の老境に入ってしまった。回想すると心苦しい。年少志を立てて弱者のために戦おうと考えた。それへの準備として社会学を学ぼうといって盟友・瀧とともに京都大学に入った。自分の衣食にあくせくとしてついに戦うことを忘れ、学問の初志を達せずして、途中の道草に三〇年をついやした。道草をくうのならば三年数学に沈潜すべきであった。年長じて悔いよいよ多い。

愚鈍を表白して綿貫博士に謝する外はない。ただ告白する。志なお存す。わが手なおペンを握りうべく、わが考なおさびず。

島田から川内へ

昭和三（一九二八）年の夏休みは健康もよかったので二ヶ所の講演にいった。一つは静岡県島田町、二つは鹿児島県川内町。前のは知人のないところであったが、鹿子木員信博士の紹介（と記憶している）をもって同町の人がわざわざ三日月の宅まで来訪されて引き受けてしまった、というのはその実後悔したのである。八月二、三、四の三日。内容も何を話したのか忘れてしまった。島田町は大井川鉄橋の東側。昔は大井川越の宿場であったが当時もなお小さな田舎町である。三日間八時間の講演であったが、いって見ると、学校の教師の講習会でもなく市民有志の団体である金蘭会とかの主催である。町には知識人的の空気がいかにも希薄である。とても組織的な話ができそうもなかったので、三日も講演を続けるのに苦痛を感じた。日記を見ると、ついた晩には大井神社の夏祭りを見て床に入ったが三時半にさめ、五時にさめ、六時にさめて眠りがたしと記している。祭りの灯ぐらいは覚えているが、会った人を一人も記憶せず、朝顔日記にある朝顔別れの松[90]をえらびだした内輪話などを覚えているばかり、張り合いのない数日であった。この気持ちのゆえか一首の歌も記さず、色紙と短冊を五、六〇枚も差し出されたので、渋々と筆をとった記憶が残っている。小さな町に五〇枚も書いたがその行方が思いやられる。『景気変動論』の仕事の最中にこんなひまつぶしをして気がせいたことであった。

中旬には川内《せんだい》町にいったが、これは改造社長・山本実彦の主催であった。八月一四日夜、岩崎卯一教授（今の関西大学学長）と一緒に宅をでてから駅にて別れ、単身、鳥栖《とす》に向いそこで夜行にのって川内にゆく。ついたのは朝六時。たかせ屋というのにとまる。同行は京都から野上俊夫博士、東京から大仏次郎氏と吉田弦二郎氏夫妻。山本氏を加えて一座六人、はじめ川内に打って鹿児島に向う予定である。

山本実彦氏の『改造』に原稿を届けたのは大正一〇（一九二一）年はじめだったと思う。その夏、満鮮旅行のうた七〇首ばかりを『改造』にのせてもらったのもその因縁のつづきである。もっとも山本氏は自分もかつて歌を作り、また歌を味解《みかい》した人であり、それが『新万葉集』刊行を実行させたと思う。与謝野夫妻に対して歌壇の圧が加わるときも、新詩社に対する評価も見識も、おのずから異なっていた。それが何か私を同氏に近くしていた。この講演会は同氏の郷土愛の発露であったろうが、結果から見ると次期の代議士立候補と無関係ではなかったであろう。到着の日は川内川の舟遊びで、一夕をくらし、宿にかえってからの宴会であったけれども、私は酒ものめず、うまいものも味わえず、片すみに小さくなって話をきいていた。吉田弦二郎氏は私の同郷であるのみならず、私が中学に通うころは工業学校の生徒で同じ道路を往復していたはずである。書かれたものの純情は胸に沁みるものを覚えたが、さて会って郷里の話をしても、さまで打ちとけることもなかった。二人の抱く世界があまりに離れていたのであろう。夫人はなかなかのしっかりもので、吉田さんもその意見に動かされたというのが世話方の話であった。

大仏次郎氏は酒席にあっても座をくずさず、やはりかつての外交官の威儀がつづいているかと思ったが、短い時間の観察で物をいうべきではなかろう。とにかく思いもかけぬ因縁であった。

講演会では何を話したか記憶もない。川内をすましてから鹿児島の第二会場に出かけた。ここでも話した内容を忘れてしまった。山本氏の戦後の『改造』に一、二回寄稿もした。またその抱負もきいた。〔京都府京都市左京区〕浄土寺石橋町の定宿で本庄博士と一緒に晩食によばれたとき、胃潰瘍《いかいよう》の新薬ですっかり直ったが、つぎの選挙にでたい、その用意のためには手術をして根治しておきたいということであったが、あとできくとその手術の後がよくなかったらしい。借しい人をなくしたと思っている。

川内の町については遠き思い出があった。肥後薩摩国境・三太郎の嶮《けん》が鉄道の開通をさまたげたのも久しかった。その間、熊本、鹿児島の海岸沿いの旅行は馬車による外はなかった。私が前にも後にもただ一度、馬車で通過したのは、明治三八（一九〇五）年の一一月の暮れ。私は肺尖《はいせん》を病んで鹿児島に転地することになったが[91]、ぜひ一緒についていこうという友情のあつさに甘えて同行したのが五高の学友・瀧正雄氏。熊本から鉄道肥後南部にでて、そこから馬車にのって鹿児島領に入ったが、一気に鹿児島には行けぬ。日がくれて馬車と馬車の客もろとも一泊したのがこの川内の町であった。宿屋はいくつもないがどこであったかはっきりした記憶もない。

考えて見ると暖かいからというのであろう、親戚も知友もない鹿児島に転地せよという医者も考えが足りないと思うが、私もまた兄にも母にも相談をせず二日がかりでなくては行けぬ、未知の地に旅立ち、その上に友人の温情に甘え切ってしまった。今から考えると不孝不悌《ふこうふてい》誠につまらぬことをしたと思う。とにかく治か不治かわかりもせぬ病を抱いて旅の馬車宿にとまるときの心情は、今から考えても自分ながらに不憫《ふびん》に思う。まして学校を休んで看護してやろうという友情に対しては何といって謝すべきであるか。とにかく昭和三（一九二八）年、川内の町についた時にありありと思いだされるのは当年の不運と友情のありがたさであった。今から考えると二日の間、馬車でゆられるだけでも一通りの辛抱ではない。鹿児島では病院に入る前にまず下宿むきの旅館に入ったことを思いだす。当年こそは私の一生における最初の、また最も深い谷間であった。

島田の町では一首の歌もできず、川内の旅でも歌をつくる気分になれなかった。沢山の人々に接するとそれだけで気疲れがする、心が散る。読むことで気疲れがする、心が散る。読むことも書くこともできぬ。私は旅を好むが一人旅を好む。一人旅でもなるべく、静かに机により、眸《ひとみ》を行雲流水に放ちその間から何ものかの啓示を受けとって、それを走りがきのメモにすることを好む。川内にてわずかに一首、

並《な》み宿の　ともしは波に　ゆられ居り
　　夜更けの橋は　行く人もなく

第2節　京大復帰のこと

昭和三（一九二八）年、初夏のある日に京都大学・本庄栄治郎教授から一通の書信がついた。それは京都大学の経済原論の講義をもつことについての考慮を求めるという意味であった。方法としては転任困難ならば数年間兼任で講義をつづけ、しかるべき講義担当者を育てた後に九大に復帰するということでもよろしいということであった。もちろんそれは正式の交渉ではない、ただ教授の間の打ち合わせがあってのことであることは推測された。私にしてはあまりに意外のことであった。大正一三（一九二四）年、東京から帰るときに三日月村永住をきめ、一四年には祖先の家をといて家を構えた。構えるにしても東京の地震にこりこりして、地下に狂気じみた地堅めをして丸太を打ちこみ、砂利とセメントを流しこんだ。郷里の墓を守り郷里の土になる心構えであった。大正八（一九一九）年に京都を去って一〇年、その間に大病をすればいつも九大にいったのも、この心構えの結果である。いつか家の墓にいったとき、家から墓まで一町ばかりの距離、いずれ家からでて墓の土にかえる。この一町の道を先から先

へ迂回するのが自分の今後の一生である。この迂回いつまでかつづき、いつまでか許されると思いかえした。今日といえどもこの迂回の延長にすぎぬ。

ただ私としては京都大学文学部にかえることは、まったく断念した。これは恩師への義理であると思った。経済学部の方は自らそこで学問の仕上げをしたいと思ったが留まり難い心境になって広島に去った。講義を受け持てということならばこの思いがけない厚意をお受けして病躯《びょうく》の許す限りの奉仕をすべきであると考えざるをえなかった。ただ一身の生活設計はまったくそれとちがっている。急には決心がつかぬ。そこで、とりあえず兼任でゆく考え、あとのことは熟考を重ねたいと思った。熟考するというのは広島にたったあとの京大の事情をよく知り、どこまで快適に生活しえるかを考えること生活の設計をかえる心構えのことであった。いちおうの返信をする前にも九大の友人にまず相談してその同意を求めねばならぬと思った。大森、春日の両教授をはじめ、別して経済科教授には早々話し合ったが、だいたいの了解をえた。それのみならず、これが将来は転任に移る中間の段階であろうということを推知されていた。方法としては当分、半年京都にゆき、半年九大にかえるということを相談し合った。それは毎週の受け持ち時間を倍にすることであった。

その後、京大・小島昌太郎教授からも来信があり、その結果として、ついでの折りに同教授を訪ねようと考えた、本庄博士には何度目かの手紙をだしたが、いちおうの心組みでは、兼任教授として参りますということの了解を求めたので、これの日付がいつごろであったか、まったく記憶がない。たぶん秋に入ってからでなかったか。

ここで小島精一助教授のことを述べねばならぬ。私は経済理論の文字どおりの新参である。なにぶん大学学生時代には、アッシリア建築の柱のことなどを美術史で習ったが、同時にインド哲学の講義もきいた、しかし経済の単位は一つもとっていない、それだけ基礎知識に欠けている。

講義案を書いてゆくと、知識不足の部分がよくわかる。まず生産論を書いてゆくうちに最も困ったのは企業の結合のことであった。日本の学界では戸田海市博士が早くカルテル・トラストのモノグラフ〔『合同―かーてる及とらすと』京都法学会、一九一〇年刊〕を書かれたが、その後のことは不案内であった。ただ小島精一氏の存在は知っていた。創立当初において九大経済の同僚のうち、学界にその業績の知られたのは同氏であった。鉄鋼業と企業結合や独占財閥に関する造詣において。私は会って質問をせず、ただその著作をよみ、多くの知識を学んでいた。近来これらの方面のこと、まったく不案内であるが、同氏の学問的地位は変わるまいと推測している。当時雑談の中に、東京大学の一部に、あなたに原論をもたせようとする動きがあるのを知っている。東京にでるついでの折、ぜひ、お会いになりませぬかということがあった。これも夏のこと、京都の話以上に意外であった。ただ東京には在住三年、散々に病気に苦しんだので、進んで会うこともなかった。東京と病気とは私にとってイコールであったのである。しかしマルクス主義盛行《せいこう》をはじめた当時において、原論学者の数少なかったことは事実であった。この大勢が私の研究の主力を少なくも当分のところ、原論の方向にむけさせた。

本庄博士の書信が形式的のものとなったのは冬に入ってからである。本庄部長の時期になった。昭和三（一九二八）年の暮れであったろう。本庄教授自身わざわざの来訪となった。話は書信の内容の口頭確認である。礼をつくして下さるための二〇〇里の西下にはただ恐縮して厚意を謝するばかりであった。

話のついでに三日月の村居来訪の追憶を記したい。原稿や出版の関係で来訪を受けた人々の中に、まず思いだされるのは浜本浩氏である。改造社長の川内講演の前後いくつかの用件で、いくたびか訪ねられたと思う。岩波書店の人も見え、日本評論社の人々も見えた。昭和四（一九二九）年ごろには鈴木利貞氏も来訪された。刀江書院のことで田辺寿利氏が来訪された時は意外であった。そのとき『分業論』再刊のことを話し合った。

九大の諸教授の来訪については、すでに述べたわけであるが、フランス文学の成瀬正一氏が見えたことを思いだす。何の用件であったか、今、心当たりがない。佐々弘雄氏の来訪も記憶に残っているひとつである。経済の同僚某、同志社をやめるから九大入りの相談であった。

昭和四（一九二九）年の夏八月のころであった。佐賀に講演にきてついでに唐津まで途中であるという土方成美教授が来訪された。その時はまったく思いも寄らぬことであった。つぎに近い話として、二、三年前に大槻正男博士が私の留守中、佐賀行のついでに訪ねて下さったときいた。もちろん私は京都にいた。たぶん県庁の人が案内されたであろう。そこには甥夫婦と勤めにでているその三男とがいる。庭木は伸びしだい、四周《ししゅう》は草ぼうぼうと伸びているところを家のめぐりを、草かき分けて訪ねて下さったそうである。

本庄教授の来訪のしばらく後と思う。時の荒木寅三郎総長よりの来信があった。文句の記憶はないが教授としての赴任を喜び待つという意味であったと思う。一教授の去就に総長が立ち入ることはないのが常であるが先任者・河上〔肇〕博士の進退は荒木氏の動静に深くつながるといわれた事情と関係があったのであろう。私としても京都の経済原論の講義は初代・田島錦治博士の時代が二五年もつづいたと思う。つぎの河上博士の時代が約一〇年、私がその後を受けるのであるから、軽からぬ責任であると思った。九大の講義案を作るときには、これをまとめたら、社会学の仕事に帰ろうという心構えをしていたが、京都にいったらもう一度、腰をすえて原論の勉強をしなければならぬと思うようになった。それにはだいたい、一度は終末までプリントにすらせた講義案を改作する外になくなった。これが後三〇年間の私の仕事の骨組みを定めたといいえるであろう。

九大の社会学

九大の社会学と私との関係をあらまし述べておかねばならぬ。私が九大に入ったとき社会学講座があいていているならばもちろんその講座を受け持ちたかった。しかし東大法学部出身の井口孝親氏が教授予定者としてすでに留学中であった。原論講座は向坂逸郎氏が内定していた。私には経済学第七講座という統計学の講座しか残されていなかった。もちろん統計学の講座は学問の接近から、また慣行的に原論専門家がこれを担当すること決して稀でない。私も大正三（一九一四）年ごろにかなりの労力をそれにかけ他の大学においてその講義をもったこともある。その意味において講座の担任にはなったが、美濃部博士との話し合いにしたがって原論講義をもつということになれば、それが精一杯のことで、統計学の講義にはついにふれなかった。

同時に文科の社会学の講義をも兼担することになった。文科の協議会の方から社会学の助教授を一人置きたいから推薦せよという申し出があった。この申し出があるまえのこと助手・小松堅太郎氏は新明正道氏の後任として関西学院に赴任した。私は同氏を推薦する提案をしたころに、井口氏は帰学、社会学担任教授となった（これは何年のことであったか手許に資料がない[92]）。そのため文学部には助教授の必要もなくなったゆえか、沙汰やみになってしまった。あるいは井口氏の健康状態から必要があっても、これは井口氏の賛同が得られなかったのであろう。井口氏はその後、健康十分に回復せず、そのあとの教授として長く蔵内教授がその学殖をもって九大の社会学講座にあった。京大赴任のころ、実質上は九大の講義をもとと一様に受けもっていたので、九大との関係は急変するところなく演習ももち、社会学講義も続けていた。

九大の社会学講義と結びついて、わすれがたき記憶がある。講義を開始したのは大正一四（一九二五）年の四月、第一教室である。空は明るかったがみはらしはない。玄関のわきであるから、たえず訪ねてはかえる人々が見える。法文経の学生で教室はほぼ一杯であった。最初の時間から目についたのは当時の福岡女子専門学校の教授、今は日本学術会議の事務総長・本田弘人氏である。本来が熊本の済々《せいせい》黌《こう》中学の秀才。五高から東大法学部を卒《お》え、しかもつぎに京大・米田博士の下に社会学を学んだ篤学誠実の人。そのころ女専の校長は東大社会学出身の小林照朗氏であった。この小林氏も米田博士の社会学演習に机をならべて、居眠りの名人である私とともに、グロッパリの社会学（イタリア語）を学習していた。小林氏とは縁なくして福岡において会うこと稀であったが、本田さんは五高と米田社会学との二重の同窓であり、私はこの講義を通して親しくなった。そうして、その社会科学に対する理解の、いかに深く、また豊かであるかを知った。

そのころの福岡の女専は九州における女子の公立専門学校の唯一のものであった。入学の競争ははげしく、九州七県から来《きた》り学んでいた。昭和三（一九二八）年の秋であったと思う。本田教授のすすめにしたがって講演にいった。もちろん題も忘れているが文明批評的なことであったと思う。どれくらいの理解と感動を与えたかは自分にはまったくわからぬ。さて本田氏はまもなく静岡高校にうつり勤務二、三年のうち、海外留学の話あり同時に京都大学からと、東京大学からと、学生課長に懇望せられたが行かず、つぎに文部省の科学課長に栄転、それから今日の学問行政の中心をきずき上げらるることになった。昭和の初年以来、三〇年の久しき間その友情をありがたく思っている。戦後の追放期間における友情にいたってはことに。恩師、米田博士、本田氏の京大への赴任を求めてわざわざ静岡に行かれたときいたが、これは同博士として前後にない、ただ一回の所用旅行であったという。

京都転住

大正八（一九一九）年六月、広島に去ってから、昭和四（一九二九）年四月再び京都に住みつくまで、その間、約一〇年、京都にかえるという表現が合うまでに、京都とのつながりは宿命的のものがあるらしい。手を携えて明治四〇（一九〇七）年に京都にきた瀧正雄氏は政治に去って東京に移った。京都に残って私は病気と戦い、社会的なる環境の圧迫になやみ、ついに広島に去った。したがって京都を住みよいところとも、なつかしいところとも思わなかった。洛北のどこを歩いてもかつては憂の涙を落したところ、ため息のはきすてどころならぬはない。太陽は京都にのみ照らずといい去った一人の放浪の学究は運命のあやつるがままに旧都にもどったのである。

一〇年の間に京都をいいと思ったいわば瞬間がただ二度あった。一つは大正一一（一九二二）年の新緑のこと、何かの用で京都駅に下車して駅前を東にあるきながら東山の新緑を見た。滴《したた》るばかりの青葉という形容詞よりも、やはり輝きわたるという新緑というのがしっくりする。もえ上がるような若葉を仰ぎ見た瞬間に京都はいいなと私語した。つぎの一度もその前後のことである。米田博士の岡崎邸に前にも後にもなくただ一度、たっていわれるままに一夜の宿をいただいた。朝、眼をさまして床にいると、思えば彼岸のころであったのか遠近の寺々の鐘がそれぞれの音色をだしてコーラスをかなでる。その時も旧都なればこそと思った。それらもただ瞬間的のこと、実は泣きぬれてのみ一〇年すごせし京と書くべきであった。

たぶんは手紙で連絡をしておいたのか、または在洛の友人に交渉をしておいたのか、記憶がはっきりしない。落ちつく先を東三本木の信楽《しがらき》ときめた。京都生活は半年、といっても休みを除けば数ヵ月のこと、先輩の学者たちの長期の宿であったときいていたのである。もうひとつ私の記憶に残っていたのは、大正のはじめ与謝野寛氏の代議士立候補のころの定宿であったときいていた。

京都につくときはもちろん単身のことであり、風のごとくにだまって着いたと思う。信楽という宿は近代文化の歴史の中にたびたび書き入れられるであろう。昭和四（一九二九）年の春、私が案内されて落ちついたのは川添いの離れの一室、母屋とは廊下つづきである。後にはこの室がつまっていたので二階の一室にいたこともある。今の言葉でいえば文化人の定宿、質素であるが品格があった。主婦はすでにいくらか腰がまがり気味であった。府立第一女学校の第一回卒業生ときいた谷出愛子さん、たぶん令息は阪大工学部の教授であった。私の記憶では、新詩社のゆかりの人々や、白樺派の若干、別して京都大学文学部、法学部の人々が長くまたは短くいつかれたようである。枕の下を鴨川の水流るるところ、かつては対岸に紅燈《こうとう》ならび、弦歌《げんか》のしらべ水をわたったという。頼山陽は二軒おいての南隣りの山紫《さんし》水明処《すいめいしょ》にいて『日本政記』をかきさしては、そこに通《かよ》ったであろう。秋になって東山を上った明月が水に映るごとに山陽、酔眼《すいがん》をひらいて見た月かと思った。今は妓楼《ぎろう》の跡に教育会館の棟が立ちならび、夜になると黒々として重々しい。

糺の森回想

宿に落ちついてから方々の先輩と友人とにあいさつをすました。米田博士はさきの岡崎入江から烏丸車庫裏、植物園対岸の新築の家に移っておられた。一〇年だけ年をとったけれども私の態度はもともと変わることもなく、先生の態度もまた一〇年前と変わることもなかった。これは当然のことではあるが先生の学生に対する態度は学問のひらきが作らせる姿であったともいいえるであろう。そういう意味はやはり以前のごとく率直にして忌憚なき批判を惜まれなかった。いつか一緒に訪ねた岩崎卯一博士は私に向かって、米田先生に対するとあなたも頭がまったく上がりませんねといわれたことを思いだす。

ただ一〇年をへだてて感じたことは、米田博士の学殖のますます深く広くなることであった。京大法学部、経済学部講師として両方に社会学を講じておられたが、年から年にヴェーバー、トレルチ、パレート、シェーラー、フロイトなどをつぎつぎに読破し、それらの学説の知識をもって講義内容を豊富にしてゆかれた。それとともに訪ねると底知れぬ知識が急流のごとく舌端《ぜったん》からほとばしる。ただ私が主力を経済に注いだためにそれを吸収する上において能率が上がらなかったことを遺憾に思う。

前期の京都生活の大半、別して講師のころは糺の森を中心として住居を変えていた。それで悲しい時もうれしい時も、心配があっても希望があっても糺の森に出かけて木々の間をさまようた。それは下鴨神社の境内というべき森であり、東西一町、南北三、四町もあろう。昭和九（一九三四）年の台風まではは巨木が茂り合って散歩するのに絶好の場所であった。私は悲喜哀歓の涙と微笑とをこの森の木々に、流れに注ぎかけた。多元的国家観の思想を育て上げたのもこの森の散歩であった。

老母を思いつづけてこの森を歩いた。瀧とは多くこの森をへだてて住んだので、森を通って相往来した、時には行路の人々を驚かせるほどの声を立てて議論もした。秋になると椋やけやきの老木の落葉が散りかかった。病気と世路《せろ》のけわしさとになやむ自分を慰めるがごとくに。

森の木よ　十年の前の　われ知るやと
　行きかくゆき　涙流せし
運命の　くしき力を　かしこみて

またも住むなり　京の都に
たらちねの　今はおはさぬ　ふるさとを
此森にして　またも思はむ

信楽の宿にはいく人かの孫さんがあった。朝夕の泣き声は年の近い郷里の子を思わせた。長女九つ、次女四つ。

幼な子の　なくこゑきこゆ　忘れては
何にわが子の　泣くかとぞ思ふ
ふるさとを　はなれていく日　あし芽吹く
池の月夜に　鳰《にほ》鳴き居らむ
田の蛙　池の蛙の　声ききて
わが子の眠る　夜頃とぞ思ふ

一〇年の距離

一〇年たってかえって見ると、法経の研究室である赤煉瓦の建物は完成して東側と南側とが補われておった。それとともに法経図書室も完備していた。ただ経済学部の教授陣もふるき先生の引退や河田博士の商大転任により、年上の教授は神戸博士はじめ山本〔美越乃〕、財部〔静治〕の二教授、若いところが本庄、小島、汐見の三教授であった。助教授講師に知らない人が多い。それにもまして変化は研究会にあった。かつての経済学読書会はなくなって、その代りに経済学例会が大人数で、楽友会館の二階で行われていた。しかし従来の読書会の精彩はまっ

大阪商科大学と河田嗣郎のイラスト
（絵葉書）

たくなかった。河上博士の足許であるだけにマルクス主義を基調にもつ若い諸君は多いが、時代の変化につれて、卒直に意見をいいにくいのであろう。

近代理論ともいうべき色彩は薄いが経済史と経済政策学についてはは門外で、何ものをいいえぬが、その他の面についていえば、マルクス主義の立場から雨風をよけるのに便利なのは旧古典学派に退却するのは多かった。依然として労働価値説の上に立って、常識論めいたことだけをいうが、技術的な特殊問題の取り扱いにかくれることになり勝であった。そうなると、学問への情熱は失われる。それとともに真剣な意見の交換も行われぬ。そうして、公開ならぬ席上においては放言的な批評、というよりもゴシップが交される。これが政府と軍部の圧迫が生むところの風潮ではなかったか。

学生の一角だけはそうでなかった。私は講義にひとくさり熱中すると、疲れる。疲れる時の手段は質問を求めて学生に物をいわせて息ぬきをすることである。ところが昭和四（一九二九）年には熱烈なる質問をする学生の一団が階段教室のどこかに陣取っている。反動教授よしきた、袋だたきにしてやれという意気込みで立ち上るのである。応答の道に二つある。一つは極端に冷静にかまえて、答えだけをいって、あとはこれこれの本をよめということである。二つは正面から相手になって討論し折伏《しゃくぶく》することである。

前者の道をゆくほど私は老巧でもなくずるくもない。結局は正面から応答した。マルクス学生の論法は好んでマルクス主義の術語を用いて、相手を劣等感に陥らせること、マルクス主義文献の中からの文句を公理的に引用することである。私はいささか研究するところもあり、一年、二年の耳学問で何がわかるという自信をもっていたので、答えが高飛車になる、そうとすると一団の中から他の人が発言する、またその隣が発言する。こちらもそれに応じた論法で結論をたたみこむ。毎時間そうであるわけではないが、こういう応酬も決して稀ではなかった。もちろんこういう教師征伐の空気はそう長くつづいたのではない。講義は進むにつれて生易しいものではなくなる。理解するのに困難を感ずるのにつれ、もっと読みかつ考えねばならぬという空気は強くなったと、少なくも私は見ていた。

一〇年前との距離の第一は経済学読書会の消滅であったが、第二は欧文紀要の創始であるとみたい。これを軽視する見方もあるが、また私も一時は軽視したが、今はそう考えない。九州大学における紀要の早産のことはすでにこれを述べた。私はそれが刺激となって京大の欧文紀要が生まれたと考えていたが、それは本庄教授の〔大阪〕府立大学『経済研究』に書かれたところによれば以前からの企画にもとづいたよし。[93] そうすると私の考え違いである。だいたい、日本の学術雑誌は外国人によまれることが稀である。

理科系ことに数学式を多くふくむものはそうでもあるまいが社会科学のものは文章をもって説明し、思想的のものをふくむほど文体が物をいう。そこで翻訳をうまくしてもらっても訳者が核心をつかみえぬ以上、語勢、語調、論理の転結がうまくいかぬので、相手は巻をなげてしまう。現在の日本の経済学欧文紀要すら各大学に送られても積読《つんどく》になってしまうときいている。それは事実であるとしても、出版以外に学問交流の道がないならば、これを敢えてする外にはない。との意味において一年間の距離としてこれは顕著なる一つであった。

大学の建物の拡大や学生の増加も私を驚かしたが、それら外形のことは、いかんともよい。学生の思想内容、ないし思想の空気は著しく変わったのを感じた。後年になって、京都大学をめぐる選挙区が進歩的政党の有力なる地盤になっていることをきいた。

第3節　京大での最初の講義

京都大学に入ったのが明治四〇（一九〇七）年、フランス語経済の講読を受けもったのが大正三年から八年（一九一四年から一九一九年）まで。内容の講義をするにおよばずして広島に去った。その間に順次に講義をしたのは、社会学、経済学、統計学、社会思想等にわたって、花園の臨済宗大学、少し遅れて関西大学、同志社大学、立命館大学（当時は〔京都〕法政大学）などであった。

これらのうち、同志社大学は学問的つながりの深さを感じていた。大正六、七、八（一九一七、八、九）年とつづいて社会学の講義をしたが、その講義にはノートを作っていた。これはさかのぼって考えると、米田庄太郎先生がかつて長く受け持ち、京大の時間が多くなるにつれて辞められた社会学講義の相続である。もっともその間に財部静治博士の受け持ち数年が介在している。広島にたつときにこの講義の打ち切りには責任を覚え愛情を感じた。そのころは講義のつづきを集中講義で補うことなど今のように行われていなかったのである。『社会学原理』を書き上げる前後のことであったから知識は乏しかったが、話には油がのっていた。社会学畑では亡くなった永田〔伸也〕氏、少し遅れて難波紋吉博士（神戸女学院長）、竹中勝男博士（参議院議員）、統計学の宗藤圭三博士、社会政策の松井七郎博士（ともに現在、同志社大学教授）などが当時の学生であったことはいろいろの回想にふけらせ、この回想は私を仕合わせにする。昭和一一（一九三六）年からミス〔・メリー・フローレンス〕・デントンの旧邸近く、朝夕に同志社の鐘の音をきいて生活するのも、当時の宿縁のつながりであろう。

さて一〇年ぶりに京都にかえったときは法文系の初代の教授なお健在であった。法学部は因縁最も深かった織田萬博士が国際司法裁判所判事として教授在職中であり、西田幾多郎博士は退官直後、和服にクツの姿で、時々、校門を出入りされていた。かつての月曜会（哲学科の同窓）の友人たちも多く京都に生活をつづけていた。ただ大正八（一九一九）年に文学部助教授であり助手であった千葉〔胤成〕、植田〔寿蔵〕の二氏はそれぞれ東北大学、九州大学にあり、山内得立教授は一橋にあった。四月に入洛《じゅらく》してはじめて講義をはじめたのは、法経二番教室、時計台の真下の階段教室である。当時の教室の感想は前にも述べた。ただ記憶の鮮明なのは二つの講演である。

一つは京大経済学会の大会の講演であるが聴衆は、たいてい学生である。題は「価格の勢力理論」ともいうべきもの、私の思いつきを最も素朴な形のままに、いわば試論をした。これは私の勢力説の最初の形態である。価格や価値というのは一定の財（単位を提供して他財の一定量）をやれという勢力関係であることをのべたが、この三〇年前の自説を近く、もう一度検討したい。

その前後に金曜講演（全学的の定例講演）として「マルクス学説の批判」を論じた。これはマルクスの労働価値説、利潤論、資本主義没落論を順次論じたものである。これを後に『マルクス経済学批判』の第一章として収録している。これははじめ講演の速記に手を入れて小冊子にしたものに、もう一度、加筆したものであるが、当時にしては理路をきちんとしたつもりである。(94) 会場は細長い木造の教室であったが、ただ驚くほどの人数であったこと、私は熱をいれてだいぶんに汗をふいたことを覚えている。三回の終りまで多くの人であったが、今から思うと、野次もなければ拍手もなく、反問もなく、結局、難解らしいが知りたいという真面目な空気であった。これは私にとって決していやな追憶でもない。

ただこれだけのことをいいえる。日本の経済理論はどうせ輸入学問であったことについては、他の学問と変わることはない。けれども理科系統のものは物の裏づけがあるだけ早く吸収された。同時に維新につながる民族主義が作用しやすい、(95)微検によって真偽勝敗が早くわかるからである。ところが社会科学においては理論と政策、理論と規範とがごっちゃにされやすい。しかも人間の世間的興味が政策にひきつけられるから、理論を理論として理解しようとする努力が弱くなる。別して理解、表現の上の語学的困難がこの傾向を助長する。経済学だけについていうと、限界革命は一八八〇年に完成しているが、日本における理解者は少ない。一九三〇年まで国民の、というよりも、学界の常識となるにいたっていない。限界生産力説の紹介、論評はあってもその骨組みがどこまでつかまれたか。一九二五、六年に私は講義ノートを作ったが、このころまで日本語による学習の不可能に近いことをすら思わざるをえなかった。この大勢は京都にきてもなおそうである。そうして時代の民主的、人道主義的潮流に人々はひきよせられる。そこに適切なる役目をするのがマルクス学説である。その革命の夢は若い心をひきつける。理論は古いが、筋道は立っている。精密でないから早分りに便利である。そこで難解な限界理論よりも、マルクス主義にひきよせられて行く。革命は革命である。理論は理論である。二者の混同は少なくも理論を純粋にしない。理論のためのいばらの道を少なくもこの祖国において切りひらかねばならぬ。傷つき倒れることはもとより期するところである。これが私の心境であった。

経済学内部の状況がそうであったら、この学問の立場からいえば圏外のいわば世人の考えが、マルクス経済学こそ、とらわれぬ真理であるとする空気にみちていた。有力なる哲学者や作家の中に、その基礎理論としては労働価値こそ真であると信じ、進みてはそれを評論するという場面さえも見られた。否、これが時代の思想の大勢ですらもあった。この風潮に抗して理論の孤城を守るという、西欧諸国の社会理論家には思いもよらぬ体験がこの身に課せられた。これもまた運命である。運命にはあくまで忍従する外はない、忍従即克服である。

写真の憂色

四月のはじめ郷里をたつ前、家族そろって町にでたときに写真をとらせた。それが信楽に落ちついて間もないころに送ってきた。二女（五才）の面に何か悲しそうな影がある。私はそのことを日記にかいたと思う。いったいこの子はたいへんに人に親しみやすい、快活の性格であるのに、どうしたことかと感じながらも、深く心にとめることもなかった。それが三月《みつき》後の悲しい運命をしらせる予兆であったと思うのは、親の愚かさであろうか。

郷里の家では北向きの書斎にこもって読み書きをするのが私の常である。食事時になると二女は階下からごはんとしらせてくれた。京都にいってからも、この声が耳につきまとっていた。「銀座の柳」[96]という流行歌がはやって、女中がこれを歌ったのをいつの間にか覚えて、上手にくりかえしていたが、この歌声もたえず旅の間に思いだされていた。読み書きの時はそうでもないが、ひとり食膳に向かって酒も茶もない食事をすると、いつも思いは郷里の家に飛ぶ。三月足らずの講義も終わって昭和四（一九二九）年の七月はじめに、最初の帰郷をした。

水郷ともいうべき郷里の初夏はいつも私を喜ばせる。クリークともいうべき用水の掘割りは、いく筋となく南北に流れる。そこにはヒシやオモダカなどの水草が浮かびでて、コモは日々に伸びてゆく、鳰《にお》がいくつも鳴いてはもぐる。もはや田植えの終わった水田の中の村道をあるいは近所の川まで散歩したり、駅まで往復する。この風物の中に包まれて私は幸福な十数日を過ごした。

そのころは農村の疲弊、きわみに達していた。どこも借金の重荷に苦しんでいた。私は家族のものと自戒して、かりそめにも、見えをはるくらしをしまい。近所の人の心を苦しめるようなくらしをするまいと思った。二人の女の子には都会の普通の娘のきるのよりも、うんと低いものを着せるようにした。これが当時の心づかいであった。農村の田植えの日雇いは食事つきで六〇銭、私の収入はその数百倍であった。米価一俵五円、反収八俵、小作は四俵、少し前につくった機械灌漑の年掛け金（金利、水道敷地小作料、動力代）だけでも反七円で足らぬ。肥料代をも差し引くと手取り反二俵以下、一町作って二〇俵足らず、代金一〇〇円以下。これで五人一年の生活を守るのである。蓄音機にレコード一つならすのでも気兼ねをする。暑い七月に夕方雨戸をたててきくという始末であった。私の『貧者必勝』はこういう環境の中にできた生活慣習の結果であり、農家の友人への慰安の辞ととられても反対をいうまい。

　はじめて帰郷した七月の一七、八日であると思う。二人の子をつれて夫妻合わせて四人、博多見物に出かけた。二女ははじめて見る都市の風物に眼をまるくして喜んだ。人形を飾りつけた山車は、はや無かったが[97]、百貨店屋上の遊園の乗物にのり、かえりには安寿姫の人形を抱いていた。「安寿かあいや」という歌謡にその名をきき知ったのである。越えて数日、わずかに一日の急病で亡くなった。亡くなったのではない、親が亡くなしたのである。二二日の朝発病、翌二三日の暁には幼い眼を永遠につぶった。

　今から三〇年前のことではあるが、書いてゆくうちに私の胸はかきむしられる。病名は疫痢《えきり》[98]。今ならいくらでも尽《つく》す方法があるであろう。当時であっても、も少し医者の手が届いたらなくなることもなかった。親の不注意が病気にかからせ、親の配慮の不足が治りかかった容体をぶりかえさせた。当時の手記を残しているが、今日なお読むのがつらい。

　父はその日の朝、心配しながらも五里ばかりのところまで、約を守って講習会の講演にいった。こんな愚かなことがありえるか。父は終生自責のむちを心にあてざるをえぬ。子にわびるばかりである。七四才の生命をつづけてきたが、子の生命を自ら縮めたではないか。
その夜明けの月はただれるように赤かった。ひでりが続いたせいか、周囲の田の中にも池の中にもかえるが空にひびけとまでなき競うていた。つめたくなって行く幼児の身を抱きつづけた。あの朝の赤い月とかえるの声とは思いかえすごとにただすまなかったという悔恨の涙にくれさせる。世の幼児を失える親のみが知る悲哀である。それ以来、私の一生を通じてまことの幸福というものは味わえなくなった。ここまで書いてきて、『経済学新講』第五巻の扉にある春日政治博士の弔歌をよみかえす。

たらちねは　きくにたへめや　宣《の》り上ぐる
　　そのしぬび詞　はやも終りぬ

二四日の朝、春日博士は大森博士とともに、はるばる弔問して下さった。その後の心境を同じ扉の中より。

なげくとも　かへり来らむ　吾子《あこ》ならね
　　落つる涙の　わり知らずして

この父の　誠足らはで　きえてゆく
　　生命と知らず　子の逝きしはや

昭和四（一九二九）年の夏から秋がけての風物の移り変わりは、私にまったく新しいことを体験させた。吾子《わがこ》の病重い日に、電話で急いでかえった時、

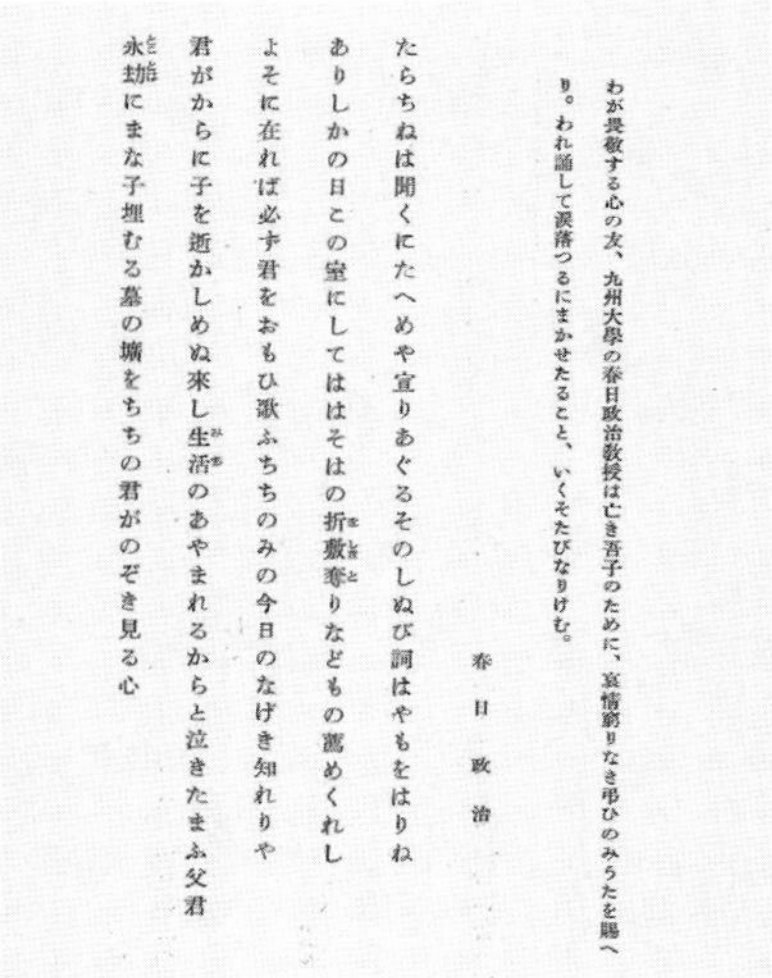
わが畏敬する心の友、九州大學の春日政治教授は亡き吾子のために、哀情窮りなき弔ひのみうたを賜へり。われ誦して涙落つるにまかせたること、いくそたびなりけむ。

春日政治

たらちねは聞くにたへめや宣りあぐるそのしぬび詞はやもをはりね
ありしかの日この室にしてははそはの折敷などもの薦めくれし
よそに在れば必ず君をおもひ歌ふちちのみの今日のなげき知れりや
君がからに子を逝かしめぬ来し生活のあやまれるからと泣きたまふ父君
永劫にまな子埋むる墓の壙をちちの君がのぞき見る心

『経済学新講』第５巻の巻頭を飾る春日政治による娘を亡くした父を慰撫する哀悼歌

門前には紅い芙蓉《ふよう》の花が咲き村の人々が集まっていた。まだ意識があった幼児は私の帰りを喜んだらしく、よくなったら博多に行きたいといっていた。その望みも空しく永遠の旅に立った。遠いところに淋しく去る魂をと思う無限の煩悩は朝夕この心を傷ましめる。八月の暮れになると空の色も変わる、田のかえるの声もへる。盆北《ぼんきた》という北の風が爽涼《そうりょう》を感じさせる。日はたつにつれ自然は移りゆくが、吾子は帰らない。

この間にも私は涙を拭うて『経済学新講』第二巻の執筆をつづけた。吾子にわびる道はない、少しでも仕事に精進してさやかなる寄与をするより外に道はないと、最後の逃げ道を思い定めたのである。

けれどもこの第二巻「価格の理論」はいいできではない。栗村教授はこれだけは書き直しなさいとすすめられた、近いがゆえの直言である。中山教授は、『経済学新講』があとの巻になるほどよくなったといわれたが、これも実際は同じ内容の忠告であると思う。価格理論は初めから経済学をやる人には最も精通してあるべき分野である。横道からすべった私には分配を論ずるための手段または通路としか考えられなかった。春秋乏しき今日においてもこの義務は必ず果さるべきものである。こう考えてくると年老いてついに寧日《ねいじつ》なしという外はない。

九月のはじめに京都に立つ。かえるときにあれほどに喜んださ江子もたつときにはいない。墓にいって花を供え水をやっても何のいらえもない。(99) 私に世界の姿がまったく変わってしまっている。大淀川の月まろき日はいつになっても私の家にかえってはこない。

編者註

第一章

(1) 理科乙類のこと。乙はドイツ語選択を意味する。ちなみに英語は甲、フランス語は丙。

(2) 一八八一（明治一四）年に福岡を拠点に結成された政治団体。アジア主義を信条とする。右翼団体の源流ともされる。

(3) 『次郎物語』第三部にある言葉。白い蘆原《あしはら》の中の白鳥のように、隠れていても善く、美しいものの本質はかわらないこと、本質を見ることの大切さを説いた。『碧巌録』の「白馬入芦花」の語に由来する。

(4) 特定は難しいが、千葉が十五諸侯生の筆名で書いた「吾志す所」『文庫』（明治三二年四月号）がこれに近い。泉里枝（美里町近代文学館）氏のご教示による。

(5) 一八七四（明治七）年に設立された官立長崎師範学校のこと。現在の長崎大学教育学部の源流となる。

(6) 岡山藩医学所を母体に作られた医学校で、一八八〇（明治一三）年に岡山県医学校に改称される。西日本最大の医育機関となる。岡山大学医学部の源流の一つ。

(7) 一八八三（明治一六）年から一八八四（明治一七）年にかけて東洋館書店から刊行された、第一巻「社会進化論」、第二巻「宗教進化論」、第三巻「族制進化論」からなる全三巻の大著。

(8) 旧藩校の伝統ある学校。緒方が通ったのは旧制福岡県立中学校修猷館。

(9) 高田の基礎概念の一つで、彼の分業論、階級論、国家論、勢力経済学の根幹にある考え方。

第二章

(10) 「社会学論」『日本社会学院年報』第一巻第一・二号、一九一三（大正二）年一二月一三日。

(11) 四冊とは、*The Theory of Sociology*（1894）、*The Principles of Sociology*（1896）、*The Theory of Socialization*（1897）、*Elements of Sociology*（1898）のことを指す。

(12) ブーグレの平等論としては、*Théories sur la division du travail* (1925) などがある（『平等思想の社会学的考察』本田喜代治、木村健助訳、叢文閣、一九二七年刊）。

(13) 短歌革新運動を進める与謝野寛は「東京新詩社」を結成し、一九〇〇（明治三三）年から機関誌『明星』を創刊した。しかし北原白秋、吉井勇らが脱退したことにより一九〇八（明治四一）年に廃刊となる。これが第一期『明星』。その後は、同社の月報『トキハギ（常盤樹）』が出される。本誌は、一九〇九（明治四二）年から一九一〇（明治四三）年にかけて、全七号を発行して終刊となる。

(14) 一八九五（明治二八）年から一九二〇（明治三三）年にかけて発行された、東京帝国大学文科大学関係者を中心とする文学団体「帝国文学会」の機関誌。

(15) 一九一五年に創刊され現代にいたる京都大学経済学部の雑誌。

(16) 一九〇六年から一九一八年にかけて出版された、京都大学法学部の機関誌。経済や社会思想に関する論文も掲載された。後継誌は『法学論叢』。

(17) カーネギー国際平和財団「経済と歴史部門」(Division of Economics and History) の依頼を受けて日本で組織された日本調査会 (Japanese Committee of Research) のこと。五十嵐卓、一九九五、「カーネギー国際平和基金と阪谷芳郎の日本調査会――ジェームズ・ショットウェルの観点を中心にして」、近代日本研究会編『年報・近代日本研究一七　政府と民間――対外政策の創出』山川出版社を参照。

第三章

(18) 『経済論叢』第五八巻第一・二号、一九四四年。

(19) 一九一六（大正五）年より現在まで続く、京都哲学会から刊行されている雑誌。

(20) 旧制度の地方教育行政官で、学事の視察および教育指導を行った。

(21) かつて上京区東竪町にあった北野駅から妙心寺までの京福電気鉄道北野線を利用したと思われる。

(22) 即位の礼は一一月一〇日に京都御所で行われた。

(23)東京の蒲田撮影所が関東大震災の被害をうけて、一九二三（大正一二）年に京都に移転した松竹下加茂撮影所のこと。一九七四（昭和四九）年に太秦に移転するまで、左京区下鴨宮崎町にあった。

(24)芝居や相撲などの興行を団体で見物しにいくこと。

(25)田舎出身者のこと。

(26)ある漢字一文字を決め、それにちなんだ短歌、俳句を作ること。漢字の意味と読みの多様性が自由な連想をもたらす。「字結び」ともいう。

(27)「小糠三合あるならば入り婿《むこ》すな」。財産がわずかでもあれば、婿入りは避けた方がいいという意味。

(28)はだれ雪、ともいう。はらはらと降る雪、あるいはそれがまだらに積もったもの。歌では季語ともなる。

第四章

(29)一九〇八（明治四一年）年に発足した広島高等師範学校の同窓会。現在も一般社団法人尚志会として広島大学の卒業生を中心に活動を続けている。

(30)宇品陸軍糧《りょう》秣《まつ》支《し》廠《しょう》のこと。日清戦争後、一八九七（明治三〇）年に整備された。軍で使用する人の食料（糧《りょう》）と軍馬の餌（秣《まつ》）を作っていた。あわせて精米や牛肉の研究開発も行っていた。

(31)胃アトニーのこと。胃下垂よりもさらに深刻化したもので胃の筋力の衰えにより胃の機能が低下する病気。

(32)一九三二（昭和七）年に神奈川県横浜市に設立された、人文科学及び社会科学に関する調査を行う研究所。創設者は佐賀県神埼市出身の大倉邦彦で、高田とは佐賀中学校の同期生であった。

(33)一九二〇（大正九）年に就任。ただし副院長の誤記。

(34)本論文は、広島高等師範学校付属国民学校・学校教育研究会が出していた雑誌『学校教育』、一九二〇（大正九）年、八五号に掲載されている。

(35)セルは梳毛（ウール）を使って、平織りで織られた織物。筒袖は袂のない袖で作業に適する。

(36)河上肇によるフェターの著作の翻訳としては、『物財の価値』（有斐閣、一九一一年刊）がある。

(37)河上肇、一九一八、「剰余価格ノ成立―不労所得トシテノ資本ノ利子ノ発生原因ニ関する一考察」『経済論叢』第七巻第一号、一〜二六頁。

(38)Karl Marx, 1907, *The Process of Circulation of Capital*, Ernest Untermann ed. Charles H. Kerr Publishing Company.

(39)一九一四（大正三）年に結成された美術家団体。二科展を開催している。

(40)一九一九年六月から一九二三年九月まで大鐙閣《たいとうかく》より刊行されていた雑誌。一時は『中央公論』や『改造』とならぶ勢いをみせたが、大鐙閣が関東大震災による火災で全焼したため廃刊となる。

(41)一九一九（大正八）年一月から一九三〇（昭和五）年一〇月にかけて、弘文堂書房、岩波書店など、いくつかの版元を変えながら出版された河上肇の個人雑誌。全一〇六冊を数える。

(42)東京大学法学部の学生自治会のこと。

(43)びらん性胃炎のこと。「びらん」とはただれのこと。

(44)仏様の幼児語。

第五章

(45)浄土宗の僧侶で、社会事業家でもあった長谷川良信の編集により、一九二六（大正一五）年から一九二七（昭和二年）年にかけて大東出版社から出版された全一〇巻の叢書。

(46)おそらく渡辺多恵子のこと。東京女子大出身でその後共産主義運動に加わり治安維持法違反容疑で検挙され、戦時中は大蔵省国家資力研究室・財団法人国家資力研究所の嘱託。戦後は共産党の志賀義雄の妻となる。なお国家資力研究所で高田は研究報告をしたことがある。

(47)筥崎宮は福岡県福岡市東区箱崎にある神社。元寇の戦勝を祈願した「敵国降伏」の偏額が門に掲げてある。アジア・太平洋戦争中は、戦意高揚の目的で利用された。

(48)便秘のこと。

(49)『社会学雑誌』第五号に掲載された「社会の本質に関して―銅直学士に答ふ」。のちに『社会関係の研究』に所収されている。

(50)第二期『明星』は一九二一（大正一〇）年から一

九二七（昭和二）年まで。一九三〇（昭和五）年からは『冬柏』に受け継がれるが、これも五号を出したにとどまる。
(51)北原白秋が主宰した短歌雑誌。一九二四（大正一三）年から一九二七（昭和二）年まで刊行された。同人に前田夕暮、土岐善麿、釈迢空らがいる。
(52)一九二二（大正一一）年に創刊。ひのくに社より、現在まで断続的に刊行が続けられている。
(53)一九三七（昭和一二）年一二月から翌年九月にかけて改造社から出された、本巻、別巻、補遺からなる全一一巻の歌集。高田が親交のあった与謝野晶子や、のちに歌の教えを乞うた窪田空穂など一〇人が選歌にあたった。現代版『万葉集』を目指し、有名無名の歌人の歌を採録した。
(54)「剰余価格第三論―河上博士の再論について」『改造』第六巻第一二号、のち『価格と独占』に所収。
(55)改造社から発行された雑誌。一九二五（大正一四）年から一九三〇（昭和五年）まで続く。
(56)一九二七（昭和二）年から翌二八（昭和三）年にかけて日本評論社から出された比較的短命の同人雑誌。全四号で廃刊となる。
(57)「「結合の上位」の批評に答ふ」（第一八号）、「社会科学について」（第二〇号）の二編。
(58)岩波書店より一九二四（大正一三）年から一九二八（昭和三）年にかけて出された雑誌。のちに高田は、ここで発表した論文の多くを『価格と独占』（千倉書房、一九二九年刊）としてまとめた。
(59)初版は岩波書店より一九二二（大正一一）年に刊行された。約八〇年後の二〇〇三（平成一五）年にもミネルヴァ書房より刊行され現在も読み継がれている古典的名著である。
(60)前出「「結合の上位」の批評に答ふ」第一八号。
(61)Takata Yasuma, 1926, "Über die Gemeinschaft als Typus" *Journal of the Faculty of Law and Letters* (Kyushu Imperial University), No.1, April 15.
(62)当時、文科には年長の教授が多く、法科には若い教授が多かったことから、しばしば意見の食い違いが起きた。詳細は次節で述べられる。
(63)財を所有することは、単に効用があること以外の価値もある。それは入手困難なものを、すでに手にしていることで得られる価値である。入手の困難さを免れていることから、高田はこれを「免償価値」と呼んだ。

(64)早川三代治が訳した本としては『レオン・ワルラアス純粋経済学入門』（日本評論社、一九三一年刊）や、パレートの『数学的経済均衡理論』（丸善、一九三一年刊）などがある。

(65)東京商科大学から一橋大学商学部へと受け継がれた雑誌。二〇〇六（平成一八）年まで続き、その後は『一橋商学論叢』と名称を変えた。中山は本雑誌に「限界利用説の二形態—オーストリア学派とローザンヌ学派」（第六巻第一号）などを発表している。

(66)体中から汗が噴き出ること。

(67)計量器の目盛り（mètre）を上げるということで、ここでは精を出すというほどの意味。

(68)高田にとって戦後の大きなテーマの一つが、経済成長論であった。当該論文のタイトルは「自然成長率の再考察」。高田保馬編『経済成長の研究第二巻』（研究叢書第六冊、有斐閣、一九五七年刊）に所収。

(69)第三高等学校文科丙類のこと。

第六章

(70)高田は佐賀中学校の校友会誌『栄城』に、いくつかの詩歌や論文を掲載している。

(71)京都大学の『経済論叢』に掲載された論文「効用、価値及び価格」（第二三巻第一号）、「生産の概念」（第二三巻第二号）、「価格の一理論」第二三巻第五号）がこれにあたる。以後、高田は本格的に経済学の研究に取り組んだ。

(72)Gerhard Albrecht et al. 1936, *Reine und angewandte Soziologie: eine Festgabe fur Ferdinand Tonnies zu seinem achtzigsten Geburtstage am 26. Juli 1935*, H. Buske.

(73)Takata Yasuma, 1937, "Determination of the Rate of Interest" *Kyoto University Economic Review*, Vol. XII, No.1, July.

(74)西田天香により明治末期に設立された、京都市山科区に本部をおく懺悔奉仕団体。西田天香は河上肇、倉田百三らも一時関係を持ったことで知られている。

(75)伽羅柿《きゃらがき》。佐賀特産のカキの品種。

(76)田澤義鋪が設立した新政社より一九二四年から一九二七年にかけて刊行された雑誌。高田は第四巻第一号(一九二七年一月)に「新自由主義の意味」を寄せている。

(77)追放の委細をのべると、まず一九四六(昭和二一)年一二月に京都大学経済学部の教員適格審査委員会によって、教員不適格の判定を受ける。翌年六月に中央教職員適格審査委員会より教職不適格者指定が確定する。これから一九五一年(昭和二六)年六月に教職不適格の判定が原審破棄で取り消されるまでの、足掛け六年の期間、高田は郷里で雌伏の時期を過ごしたことになる。

(78)一九二九(昭和四)年に『経済論叢』第二八巻第五号に発表された「価格の勢力説」。のちに『経済学新講』第二巻「価格の理論」(岩波書店、一九三〇年刊)の「付録二　価格の勢力説」に所収された。

(79)「現住民の民習」を現在の一般的な表現・表記法でいうと「原住民の習俗(フォークウェイズ)」となろう。

(80)一厘は一〇〇〇分の一円。

(81)Takata Yasuma, 1927, "Die Gemeinschaft als Typus" *Zeitschrift fur die gesamten Staatswissenschaften*, Bd. LXXXIII.

(82)復活祭(Ostern)のこと。イエス・キリストの復活を記念する行事。三月末から四月下旬ごろ。

(83)おそらくレキシス『経済原論』(田邊忠男訳、岩波書店、一九二四刊)のこと。原著は*Allgemeine Volkswirtschaftslehre*。

(84)Karl Diehl, 1921-1922, *Sozialwissenschaftliche Erläuterungen zu David Ricardos Grundgesetzen der Volkswirtschaft und Besteuerung*, F. Meiner. 邦訳は全二巻『リカルド経済学』(鷲野隼太郎訳、而立社、一九二五〜一九二六年刊)。

(85)自分のことよりも先に、国のことを考え、憂う人のこと。

(86)武者小路実篤は一九一八(大正七)年に宮崎県児湯郡木城村に「新しき村」を建設した。六年間にわたり武者小路は農作業のかたわら文筆活動を続けた。白樺派の仲間であった志賀直哉も神田橋旅館を利用した。

第七章

(87) 枇榔《びろう》は宮崎に自生する南国のヤシ科の植物。

(88) 『日本書紀』に出てくる鸕鷀草葺不合《うがやふきあえず》のこと。宮崎県日南市にある鵜戸神宮の本堂の裏手には、お乳岩がある。これは母親である豊玉姫《とよたまひめ》が彼を育てるために置いたもの。この伝承により、鵜戸神宮は安産と育児にご利益があるとされる。このお乳岩より滴り落ちる水で作った飴が、おちちあめ。

(89) 一九二四（大正一三）年から一九三〇（昭和五）年にかけて日本社会学会が出していた学会誌。第七七号で廃刊後は『季刊社会学』、『年報社会学』、『社会学研究』と続き、現在の『社会学評論』にいたる。高田は大正末年までに主として社会関係、結合に関する研究を発表。昭和期に入ってからは書いていない。

(90) 浄瑠璃「生写朝顔話《しょううつしあさがおばなし》」の通称「朝顔日記」は、恋に破れ盲目となって放浪する女の話。島田で男と再開するが、盲目のため気づかず、後にそれとわかり男の後を追うが、増水した大井川で足止めとなり悲嘆にくれる。そこに立っていた松のこと。現在は、朝顔の松公園がある。

(91) 当時のことは、本書第一章第四節に詳しく書かれている。

(92) 一九二九（昭和四）年一月に帰国し、翌一九三〇（昭和五）年四月より、社会学講座を担当している（井口孝親『自殺の社会学的研究』清和書店、一九三四年、三六二頁）。

(93) 一九二六（大正一五）年に『経済論叢』第二二巻第四号に掲載された、本庄栄治郎「京都帝国大学経済学部紀要の刊行について」の誤りか。ここで本庄は*Kyoto University Economic Review*創刊について、「新聞紙の伝ふる所によれば九州帝国大学法文学部に於ても欧文雑誌刊行の計画がある由であるが、経済学に関する限りに於ては、わが紀要は恐らくは本邦における最初の計画であらう」（七〇八頁）と書いている。

(94) 思想問題研究会編の講演録『マルクス主義批判』（社会教育会、一九三一年刊）の第一章「マルクス経済学批判」。その後の加筆の出版は『マルクス経済学論評』（改造社、一九三四 年刊）を指している。

(95)「同時に」以下の一文は前後の文意が通らない。

(96)一九三二（昭和七）年に発表された、作詞・西條八十、作曲・中山晋平よる歌。四家文子によって歌われた。

(97)博多山笠祭りは、毎年、七月初旬に行われている。

(98)赤痢菌を主な原因とする小児の伝染性下痢症。

(99)返事、反応がかえってこないこと。

付論

付論一　高田保馬の農業論[1]

牧野邦昭

一．はじめに

高田保馬は戦前の代表的な社会学者、経済学者である。筆者はこれまで高田が経済学において主張した「勢力説」、「貧困論」そして「人口論」について研究を進めてきた[2]。

その一方で高田は大正時代後期から農村の問題を繰り返し論じ、そして日本人の常食をイモ（サツマイモ、ジャガイモ）にすることを主張してきた。理論社会学者・経済学者である高田はなぜ農村と食糧の問題を繰り返し論じたのだろうか。本稿はこれまでの拙稿と一部重複する部分もあるが、高田の農業論の内容の紹介とその評価を行いたい。特に注釈の無い記述はこれまでの拙稿に基づくものである。

二．農村維持の必要性

（一）高田の原風景

高田の故郷である佐賀県小城郡三日月村（現・小城市）は典型的な佐賀平野の米作農村地帯である。

高田の実家は自作農だったが二人の作男がおり、豊かというほどではなかったが「別にぜいたくなどは夢にも出来なかつた代りに、不自由な目にあふといふこともなかつた。明治後半の平凡な田舎の生活

(1) 初出は『摂南経済研究』（摂南大学経済学部）第九巻　第一・二号、二〇一九年、九三～一〇六ページ。なお誤記などを一部修正した。

(2) 「高田保馬の価格論と勢力説」『経済論叢』第一七六巻第四号、二〇〇五年、「高田保馬の貧困論―貧乏・人口・民族」小峯敦編著『経済思想のなかの貧困・福祉―近現代の日英における「経世済民」論』ミネルヴァ書房、二〇一一年所収、「高田保馬の人口論―人口理論、農村政策、国土計画」『マルサス学会年報』第二一号、二〇一二年。

を心配なくつづけることが出来た」(3)。

高田の少年期には村では自作農が一般的であったが、その後大半が小作農になっていったことを高田は記している。

> 私共の幼時は、此小村の家数も少し多かつた。三四十年の間、親の次には子、子の次には孫、代々正直に朝から晩まではたらいた。而も今は、大抵は小作農として立つことになつてゐる。相場をしたわけでもない、放蕩をしたわけでもない、錦紗の着物一枚きるでもなし、芝居を見るでもなし、汽車にのると云へば、親戚の病気見舞にゆく位のもの、東京日光はおろか、京大阪の見物もせず、五六時間でゆける別府の温泉一つしらず、次ぎ次ぎに其一生を終つてゆく。全国農家の負債が一戸平均七八百円と云はれる以上は、それぞれ多くの借金もあるであらう。正直にはたらいて、働きぬいて得た結果は何か、世間並にも及ばぬくらしと、土地の喪失と、借金と。そして此間に、村を出ていつた人々のことを考へてみる(4)。

実際に三日月村を含む佐賀県の水田小作地率は明治～大正期にかけて表一のように上昇している。高田にとって、自分の原風景となる「自作農が勤倹に励む農村」が衰退（小作農の割合の増加、村の人口の減少など）していくことは当然好ましくないことであった。しかし農村の衰退が好ましくないことは、高田自身の社会学・経済学理論からも導かれることになる。

---

(3)高田保馬『思郷記』文藝春秋、一九四一年、一四～一五ページ。
(4)高田保馬「農村の人として」一九三一年、『回想記』改造社、一九四一年所収、五〇ページ。

表１　佐賀県水田小作地率（％）

	佐賀県	小城郡	三日月村
明治６年	26.8		
明治17-19年	41.5		
明治20-29年	41.4	38.3	
明治30-34年	42.2	44.0	
明治35-39年	43.4	49.1	
明治40-44年	45.7	50.0	45.7
大正元-４年	45.6	48.3	45.7
大正５-８年	46.2	50.1	
大正11-14年	49.9	49.8	65.7
昭和４年	47.9	52.3	
昭和15年			66.8

出所　高田保馬顕彰会著・刊行『社会学・経済学の巨星・世の先覚者　高田保馬』二〇〇四年、二九ページ。

（二）人口供給源としての農村

高田の社会学理論においては、人口は社会を変化させていくために不可欠な要素である。社会は分業と階級の発達によって分化していく。分業が発生するためにも発達するためにも人口が増加することが条件である。そして階級の形成は分業によって助長される。高田は分業（そして分業によって成立する職業集団）と階級を同様のものと考えている。前述のように分業の条件となるのが人口の増加であり、また階級を形成するためには一定の人口が必要であり、階級形成は分業によって促進されるため、結局人口増加が階級を発達させる。さらに高田は人口増加による階級＝分業の発達が産業だけでなく文化を発達させるとしている。つまり人口の増加は分業を引き起こし文化的・経済的発展を引き起こす。人口増加によって形成される階級はやはり人口によって「周流」する。上層階級は自分の生活を豊かにし、子どもにも豊かな生活を送らせようとするため子どもの数を制限しようとする。人口の増加は文化的・経済的発展をもたらすが、これは逆にいえば人口減少はその逆に衰退をもたらすということになる。したがって人口が減少し衰退する上層階級と人口が増加し発展する下層階級との間ではやがて階級の逆転が起き、「階級の周流」が実現することになる。

後に高田は恐らく第一次大戦後のパリ講和会議における人種的差別撤廃提案の否決に衝撃を受けて、上層階級をヨーロッパ諸国に、下層階級を日本に見立て、日本の人口を増加させていくことで人口の減少するヨーロッパ諸国にとって代わるべきであるとする「民族周流論」を主張するようになる。

こうした高田社会学における人口の重要性と農村はどのように関係するのだろうか。高田は社会学者のテンニースの影響を強く受けており、高田は社会は必然的に共同社会（Gemeinschaft）から利益社会（Gesellschaft）へと移行していくと主張する。共同社会を色濃く残すのが農村であり、利益社会化が進んだのが都市であるが、利益社会では人々は自分の生活を豊かにし子供にも豊かな生活を送らせようとするため子供の数を制限しようとする。したがって都市では出生は少なく、農村で多いため、国全体の人口の供給源は農村になる。

さらに高田は京都帝国大学の大学院生時代、カーネギー国際平和基金の依頼による、徴兵制度が日本に与えた影響についての報告書*Conscription System in Japan*（1921）を当時京都帝国大学法科大学教授だった小川郷太郎の指導下でまとめている。同書では日本の徴兵制度が人口に与えた影響が第二章で扱われており、特に都市部と農村部との人口の違いが注目されている。農村部の方が早婚であり兵役義務年齢で結婚している割合が高く、かつ実際に徴兵されている割合が高いため、徴兵により出生率が大きく減少するのは農村部である。徴兵制度を離れて一般化すれば、こうした事実は農村からの若年層の人口流出により日本全体の出生率が減少することを意味する。

つまり高田にとって、農村部から都市部への若年層人口の流出が日本全体の人口減少を引き起こすことは理論的にも実証的にも確実であり、それゆえに問題なのであった。にもかかわらず農村部は第一次大戦を契機とする工業化による人口の流出、そして大戦後の不況により疲弊しつつあった。

> 私の村の家数が減りましたと同様に、日本全国を通じて見ましても此農村の人口は――私の村程ではありませんが、いくらか減りつゝあるのであります。大体から申しますれば、日本の人口は近頃毎年九十万内外づゝ殖えて居ります。世界各国に於て比類の少い程、かうまで人口が殖えるといふ事は、日本国民全体の生活難を惹き起すものであると云ふ議論を屢々聞かされて居る次第であります。ところが此年々百万近くの人口増加は大体都会に於ける人口の増加であります。勿論子供が沢山に生まれるのは都会に限りませぬ、田舎でも殖えるのでありますが、田舎で殖えましただけの人間は都会へ吸収されるのであります。田舎に於て多くの子供が生れても次男三男はドンドン都会へ出て行くのであります。甚だしきは私の村の如く家数すら減りつゝあるのであります。全人口に対する相対的割合に付て見れば、日本に於ける農村の人口は段々減りつゝあるのみならず、何十万何百万といふ絶対数についてみても、農村の人口は、少しづゝではありますが、減りつゝあります。私共はこれだけの事実からでも、日本の農村が疲弊しつつあると云ふ事を断定する事ができるのであります。(5)

---

(5) 高田保馬『社会雑記』日本評論社、一九二九年、一一〇～一一一ページ。

このように疲弊する農村はどのようにすれば維持できるのかというのが高田の問題意識であった。

三．農村維持のための諸政策とその評価

（一）農村疲弊の原因

まず、高田は農村の疲弊の原因を何に求めていたのか。高田はそれは農村における自給性の喪失であると指摘している。

以前に於ては大体自給主義であつて、自分のうちで需める物は自分で造る、即ち酒も造り煙草も作り、衣服にしても材料から出来上りまで皆自分で造る、甚しきは下駄迄も自分で造つたものであります、其当時金を出して買ふといふものは極僅かなもので、魚を買ふとか豆腐を買ふとか、其外家財道具を買ふといふ位でありました。ところが其家財道具も金を出して買ふといふものは極めて少い、大体道具も極度までしまつされて居たのである。万事が自給主義であつたのであります。ところが今は何うかと云ふと、従前は大抵自分のうちで出来て居つた物が農家自身では最早出来得なくなりまして、農家自身で作るものは僅かに米と桑であります。それでは他の物は何うしてつくられるかと云ふと、之を作る仕事は大抵独立の仕事となつて、農村以外へ出て行つて了つて居る、言ひ換ふれば糸を造る仕事は紡績会社の仕事となり、機を織る仕事は機織会社の仕事となり、甚だしきは着物を縫ふ仕事すらも仕立屋と云ふ独立の仕事となつて居ります、［中略］要するに以前は自分のうちで造つて、自分のうちで使つて居つたものが、今日では農村以外の都会に於て専門的に造るやうになつたのであります。(6)

---

(6)『社会雑記』一二〇〜一二一ページ。

こうした事実（農村部への商品経済の浸透）は現在でも発展途上国においてよく見られるが、高田のユニークな点は農村における自給性の喪失の根本原因を「見栄」に求めていることである。「なるだけさつぱりした都らしいものを用ひようとすることが、自家で出来るものをも作らぬやうにさせるもとである」(7)。

もともと高田の社会学において「模倣」は重要な位置を占める。ヴェブレンの『有閑階級の理論』やタルドの『模倣の法則』の影響を受けていた高田の社会学では、他者から他者への影響により人々は結合し社会を形成する。さらに人々は「力の欲望」を持つため、優れているものを他人よりもいち早く模倣して見せびらかそうとする「見栄」によって動かされる。それゆえ、農村の人々は都会の習俗をまね、自給していたものを現金で購入するようになって困窮して行き、借金を重ねて小作人になって行くとするのが高田による農村疲弊の根本的原因であった。

こうした根本原因のほかに農村を疲弊させる原因を高田はいくつか挙げているが、特に米の値段が上がりにくいことについての国際的条件に注目していることが興味深い。

> 米は日本だけで出来る品物でありませぬ。詰まり日本米に対して敵対的地位に在るものが外にいくらもある。それは云ふ迄もなく外米であります。［中略］日本人も大分長い間の習慣に依つて外米の味を段々覚えて来ましたからして、外米も今では日本米の値段を十分に牽制するといふ事になつたのであります。［中略―台湾米あるいは朝

(7)『社会雑記』九〇ページ。

鮮米の圧迫があるがそれだけで農村が立ちいかないというほどではない」けれどもなほ別に、外米と同じく食糧として役立つて居る処の麦の圧迫を忘れてはなりませぬ。此麦は世界全体共通の食糧であります。南米或は北米のやうな非常な人口の希薄なる土地に於て容易く出来る性質のものでありますから、比較的値段が安いのである。従つて米の値が上らうとすると、麦といふ代用品の国内に於て使はれる可能性のある限り、これによりて騰貴の勢が抑圧されるのであります。［中略］此点から考へますと、農村の収入の第一の源である米の値段はそんなに高くなり得ない。寧ろ世界共通の穀物の値段に牽制されて常に引下げられんとする傾を持ちます。農村唯一の収入である米の値段が斯ういふ風でありましては、一方農村の自給性が喪失して居る場合、到底農村の懐具合が楽になる筈はありませぬ。(8)

つまり日本内地の農村の主要な収入源である米の価格は競争相手である「外米」（仏領インドシナ産のサイゴン米や英領ビルマ産のラングーン米）そして国際的な作物で値段の低廉な麦の価格に制約されることで低くなっており、それゆえ農民の収入は増えない。一方、農民の「見栄」と農村への商品経済の浸透により農村の自給性は失われていくため農民の支出は増える一方であり、その結果農民は困窮し農村は衰退していくとするのが高田の分析であった。

（二）農村疲弊の救済策

収入の低迷と自給性の喪失による支出増とを原因として起きていると考えられた農村の窮乏を解決する方策として、高田は「都会をも少し苛めて、農村

(8)『社会雑記』一二三〜一二五ページ。

をも少し可愛がること」、具体的には「国家の手を以て、一部の余裕ある、ありあまる階級から徴収したる税を資力の薄弱なる地方の教育の為め、或は土木の為に、思ひ切つて補つて行くと云ふ事」が必要であるとする。[9] 同時に農民の生活の合理化を進めていくこと、具体的には「出来るだけ都会の品物を買はぬやうにすること」「自家用でない品物でも、できるだけつくること」「農民に算盤を弾くことを教へること」[10] を訴える。さらに高田は農村の自給性を回復するために「都会の物は成るべく買はない工夫をする。自給の出来ぬ品物をどうしても買はねばならぬ時は、まづ田舎の町のものを買ふ」[11]「農村に於て小さな工業を起して、従来都会に取られて居りました仕事を取返す。其為には各種の団体が一つの機関となつて、農村の為に販路開拓のための努力をしなければならぬ」[12] といった、現在でいう「地産地消」を進めていくことを主張した。

政府は一九三〇年代に、農村における恐慌対策として「自力更生」をスローガンに農村の経済更生計画を進めていくが、そこで目指されたのは「自力更生精神の培養と農村の組織化を基礎に、あらゆる部面での「計画化」、「合理化」を図ること」、「農家経営の改善によって利益増進を図ろうとする」ことであり、その際の主要な内容の一つとして農村自給力の回復策、具体的には肥料、飼料等の生産手段の自給拡充、味噌、醤油などの生活資料の自給生産の復活が盛んに進められる。これは農業の過度の商品経済化が恐慌による農民の困窮を招いたという政策担

(9)『社会雑記』一五九ページ。
(10)『社会雑記』一〇一～一〇五ページ。
(11)『社会雑記』一六二ページ。
(12)『社会雑記』一七〇ページ。

当者の認識に基づくものであったが、単なる自給経済への回帰ではなく農業経営の計画化の一環として組み込まれていたものであった(13)。

高田の農民生活の合理化に関する主張はまさに当時の政府が行っていた農村政策を支持するものであった。しかし高田は政府の方針を評価しつつも、「自力更生」だけでは不十分であり「徹底せる社会政策的方針によらずしては、農村の救はるゝ道理はない(14)」として都市と農村との格差を縮小する社会政策の重要性を訴え続け、さらに究極的な目標は「土地の国有」または「全自作」のどちらかであるとする当時としてはかなり大胆な主張もしている。

教育の普及はさけがたき大勢である。都会的文化の農村浸潤もさけがたき運命である。これらの傾向は一方に於て国民全般に亙つて、個人独立の気運を生むとゝもに階級的なる懸隔の緩和を求める。此大勢は指導すべく利用すべきではあるが圧迫すべきではない。圧迫は反発を促し反発は危険にして急激なる運動を生む。民族的統一、民族的団結又は内部の秩序の維持のためにも、なほまた対外自衛のためにも、此大勢には順応せざるを得ず、これに基く要求はみたされざるを得ないはずであらう。さうするとこれが二の結論をうむはずである。（一）農村と都市との比較に於て。農村の所得、農村の生活と都市のそれらとの間の懸隔をなるべく小くすることを要する。負担の均等ばかりが問題ではない、よし現実に於て之を十分に実現することは困難であるにしても、目ざすところは所得の平等、生活の均等でなくてはならぬ。

(13) 平賀明彦『戦前日本農業政策史の研究――一九二〇～一九四五』日本経済評論社、二〇〇三年。
(14) 高田保馬「農村観の二途」一九三五年、同『民族と経済』有斐閣、一九四〇年所収、一一ページ。

（二）農村内部の比較に於て。地主と小作、農業資本と農業労働、この間の所得と生活との関係について十分なる考慮が加へらるゝことを必要としよう。此場合にあつても目標はやはり土地の国有又は全自作の何れかにあるはずである。現実の情勢がそれを困難にするといふならば、此情勢が許すところの範囲に於て、社会政策的方針は強行せらるゝことを要する。これは民族の生命といふことを眼目とすることから生るゝ必然の結論であると思ふ。[15]

（三）日中戦争以後の農村政策論

一九三七年に日中戦争が勃発すると軍需産業の拡大が先行する形で重化学工業化が進展し、第二次産業に従事する人口の割合は急増する一方で第一次産業人口は大幅に減少する。当時の人口行政では、工業化とそれに伴う人口の都市集中は，これまで人口増殖を支えてきた農村人口の縮小を通じて人口増殖力の減退を招くことになると受け止められ、さらに人口問題を民族問題としてとらえ，人口減少を民族の危機を招くものと考えられていた。そして工業化とそれに伴う人口の都市集中が加速化する中で、人口を増加させていくために重視されたのが、高い人口増殖率を持つ農村における人口の維持と、人口の適切な配置を進めていくための国土計画であった。[16] 大正後期から「日本は過剰人口を抱えている」という認識が日本社会では一般的であったが、日中戦争後の重化学工業化の進展は一転して人口減少こそが日本の問題であるとする認識を社会に広めていく。大正期から一貫して人口の減少を問題

(15) 高田保馬「農業政策の前提」一九三七年、『民族と経済』所収、二四ページ。
(16) 高岡裕之『総力戦体制と「福祉国家」——戦時期日本の「社会改革」構想』岩波書店、二〇一一年。

とし、都市と農村との格差を問題にし続けてきた高田に、いわば時代の方が追いつく形になったのである。

実際、高田は当時の日本における生産力拡充政策により農村人口の比率の低下が起き、それが総人口の減少につながることに強い懸念を示し、強力な国家権力により農村人口を維持していくことを訴えていた。

今日、都市の出生率別して大都市のそれは格別に少い。従つて全人口の構成に於て占むる都市人口の割合が増加するほど、全国の平均出生率の減少を見るはずである。それは自ら、人口総量の問題の上にも、此都市と農村とに於ける人口の分布が重要なる関係をもつてゐる。その他の点につ い てはこゝに詳論しまい。とにかくこれらの事情からして、農村の人口をなるべく一定の比率に於て維持する必要があるであらうし、それが困難であるにしても、なるべく農村人口の数を高位に維持する必要があるはずである。而もこのことは、可なりに強き国家権力の作用をまつてのみ実現せらるゝはずである。何となれば、今までの政策の方針は無意識的ではあるが、人口の大都市集中を極度に助長してゐるし、これに方向を転換させるには、余ほどの力を要する。[17]

その一方、高田は一九四一年一月に閣議決定された人口政策確立要綱（昭和三五（一九六〇）年の内地人口を一億人に増加させることを目標）を高く評価しながらも、当時の農村政策における「農業経営適正規模」（生活の安定した「黒字農家」を創出できる一戸当たり農地の規模）に関する議論との矛盾

⒄高田保馬「人口政策について」一九三八年、『民族と経済』四五～四六ページ。

を批判した。当時の農業経営適正規模に関する議論は農民を日本内地から移民として送り出して農家一戸当たりの適正規模を実現しようとするものが主流であり、満洲国への農業移民を前提または正当化するものであった。高田は満洲国等への移民は正面から否定はしないものの、農村人口の維持という観点から消極的な立場であった。

人口政策要綱によると、昭和三十五年に於ける人口一億、内四割を内外地を通じて農業人口として保育することとなつてゐる。これは勿論国防主義を目標としての結論である。ところが此一億の四割として四千万、内一千万は満洲国移民の大部分を農民であると見て、それから差引かるるから、内地農家人口約三千万。一戸五人と見て六百万戸、今の農家から適正規、模政策により四割を減ずるものと見て、約三百万戸余りを差引き、いはば要求せらるる農家六百万戸の半分近くは耕すべき土地をもたぬ。これだけの幽霊農家の構想が日本農業政策に於ける矛盾乃至不統一の産物ではなからうか。而してこれは今の適正規模政策が必ずしも、そのまま一国政策の根幹であり得ないことを物語る。若し人口政策要綱が正しい方向に向つてゐるならば、今の適正規模論は一国の将来を安固ならしめざるものであり、後者が正しいものならば前者は修訂を要する。

個は全を生かし全は個を生かすといふ如き、空しき言辞の上に相矛盾し対立する主義の両立と統一とを考へ、之を調和しようとする議論が屡々行はれてゐる。けれども此の如きは机上の空想、現実に於て支配する法則の峻厳を思はざるものである。対立するものの何れかが選ばれねばならぬ。[18]

(18)高田保馬「農業と人口」一九四一年、同『民族と経済　第二集』有斐閣、一九四三年、一九四〜一九五ページ。

高田はこうした立場から、移民ではなく日本国内で国土計画を進めていくことにより人口と農村を維持していくことを主張していく。高田が理事長を務めていた財団法人国土計画研究所は一九四三年一二月に、工業の地方分散によって生じた農工調整問題について、中央農業会、日満農政研究会などと共に農商務省から委託された研究の報告書において、「工場設置に伴ふ多数労務者の吸収に基づき零細小作農はもちろん、中等規模農家に至るまで青壮年農業労力の不足を告げ、農家経営は分解過程にある」と現状を報告し、「新設工場の規模を地方経済力と均衡させることが先づ第一の要件で、農村の生産力、労働力を十分勘案の上、工場規模を決定すること」「適正規模農家の経営後継者は農業に専念させることとし他方面への転出は禁止すること」などの農工調和方策を提案している。[19]

四．食糧問題から見た高田の「農業論」——「芋喰い論」をめぐって

ところで、高田は一貫して人口を増加させていくことを主張したが、増加した人口を養う食糧を確保する方策についてはどのように考えていたのだろうか。実は高田は大正期から一貫して米ではなくイモ類（ジャガイモとサツマイモ、特にサツマイモ）を主食にすることで人口は十分養えると主張してお

(19)「農耕に専念させよ　六団体調査　農工調整問題」『朝日新聞』一九四三年一二月一一日朝刊。

り、高田の「芋喰い論」は世間でも有名であった。(20)

私は信ずる。たゞ産めよ殖えよ。姑息なる救済策などに頼らなくても事はすむ。窮すれば即ち通ぜむ。殖えさへすれば、而して之に応じてすべての文化的活動ことに経済的活動が盛んになれば、国内はなほ〳〵多数の人口を養ひ得る余地がある。商工業立国の基礎の確立し得ないのは生活費の不相応に高きが故である、国民の努力乏しきが故である、而してこれは人口の増加の足らざるが故である。食糧の如き必ず自給を必要としまい、必要とするにしても米を以て自給する必要いづこにありとするか。一朝有事の日のためには馬鈴薯と甘薯とは優に今日よりも数倍の人口を養ふに足るものがあらう。

有色人種の白人に対抗しうる武器はたゞ、その大なる人口増加率にあり。これを失ふ時は、有色人民族自滅の時であるのを覚悟しなければならぬ。(21)

一方、経済学史の観点から見ると、「ジャガイモを

(20) ただし高田本人がイモの食べ方にどれほど詳しかったのかは疑問が残る。高田門下の森嶋通夫は次のように書いている。「その頃〔昭和一八～一九年頃〕「芋を日本人の主食とせよ」という〔高田〕先生の芋喰い論は有名であったが、母は先生に芋の料理法を講義したらしい。私と同様、母もまた先生の「ほっ、へっ。さようなものでございますかな。ほっ」を、先生が感心している信号と受けとっていたらしく、悦にいって夢中で先生に「おいしい芋の食べ方」を講義したのである。彼女が「やっぱり大学の先生は理論だけね」と言っていたのを思い出す。」森嶋通夫「誠実の証としての学問」高田保馬博士追想録刊行会編『高田保馬博士の生涯と学説』創文社、一九八一年所収、一七三～一七四ページ。

(21) 高田保馬「産めよ殖えよ」一九二六年、『人口と貧乏』日本評論社、一九二七年所収、九四～九五ページ。

主食とするべきである」とする経済学者の主張は古くからあり珍しいものではない[22]。高田は最初の著作『分業論』(一九一三)でアダム・スミスの『国富論』を参考にするなど早い時期からイギリスの古典派経済学を読んでおり、これらも参考にしてイモを主食とすべきだと主張したと思われる。

また、米騒動に代表される食糧問題と第一次大戦後の貿易赤字の深刻化、国勢調査による過剰人口問題の浮上により、日本でも「貿易赤字を抑え、増大する人口を賄うための「節米」の必要性」は広く認

(22)「馬鈴薯畑で生産される食物は、水田で生産される食物よりも量において劣らないし、小麦畑で生産されるそれよりもはるかに勝っている。[中略]大いに斟酌してこの根菜の重量の半分が水分だとしても、なおこうした一エイカーの馬鈴薯畑はおよそ六千封度の実質栄養分を生産するわけである。これは、一エイカーの小麦畑の生産量の三倍にあたる。一エイカーの馬鈴薯畑は、一エイカーの小麦畑よりも少ない費用で耕作できる。というのは、一般に小麦の播種前に土地を休ませておくために必要な入費は、馬鈴薯作りにおいて必要な除草その他の特別の耕作費を上回るからである。それゆえ、もしこの馬鈴薯がヨーロッパのいずれかの地域において、米産国における米のようにそこの人々に愛好される食物となり、そのために小麦その他の穀物が現在占めているのと同じ面積の耕地で作れるようにでもなれば、耕地の面積は同じでも、馬鈴薯のほうがはるかに多数の人々を扶養することになるであろうし、また労働者は一般に馬鈴薯で養われるようになるから、その耕作に投下されるいっさいの資本を回収し、いっさいの労働を維持した後に、もっと大きい余剰が残ることになるだろう。そのうえ、この余剰の中から地主に帰する部分も大きくなるだろう。人口も増加するだろうし、地代も現在にくらべてはるかに上昇するであろう。[中略]ロンドンの轎かごかき、荷運び人夫や石炭仲仕、それに売春で生計をたてている不運な婦人たちは、おそらく大ブリテンの領土でも最も強壮な男子であり、また最も美しい婦人であるだろうが、かれらの大部分は、一般にこの馬鈴薯を食用としているアイルランドの最下層階級の出であるといわれている。他のどんな作物も、馬鈴薯ほどに栄養に富み人体の健康によく適することを証明できるものはない。」アダム・スミス『国富論』第一篇第一一章、大河内一男監訳『国富論I』中公文庫、一九七八年、二六七~二六八ページ。

識されていた。(23) さらに日中戦争以後の急速な重工業化とそのための輸入急増による貿易収支逼迫、農業人口の減少により一層節米が求められるようになり、一九四〇年五月一〇日からは節米デーが開始される。

さらに太平洋戦争開戦後は食糧を国内で自給することが必須となる。一九四二年の日本学術振興会社会政策小委員会への報告書で高田は食物に関しては下級財（マーガリン、おから、鰯、にしん、甘藷、大根の葉、魚類の臓腑骨など）を重視して「伝統乃至風習といふものをすて去り、全然実質本位に立て直すのみならず、国家統制によつてこれらの食物の生産に若干の生産力をむけかふるならば、食物に関する限り最低生計費は今日の下級の費用よりも貨幣的に見て低下し得るとさへ考へられる」として食物内容の更なる切り下げは比較的容易であるとしている。(24) 一九四五年一月には「藷類増産対策要綱」が閣議決定され、サツマイモ、ジャガイモの増産政策が

(23)「国民食糧の供給を潤沢にし、国民生活の安定を得ることは、国家経済の発展を図る上に、又国民の福利を増進する上に、極めて大切なる事であります。然るに最近我国内に於ける主要食糧品の供給は、国民の需要を充すには足らずして、年々海外より多額の輸移入を待たなければならない状態であるのみならず、其輸移入は、人口の増加や生活の向上、又は商工業の発達につれて、市街地人口の膨張に伴ひ、益々増加すべき傾向を示して居るのであります。就中、米の如き、統計の示す所によれば、最近の生産額は五千八百九十余万石にして、内地の消費額は約六千四百七十万石に当り、従て五百八十万石は之を輸移入に仰がねばならない状態にあるのであります。されば益々耕地の拡張及改良、品種の改善や肥料の増加等により、米の国内生産の増殖を図らねばならないのは勿論でありますが、この際消費者として、米と類似の成分を有し、又米の不作を予想して植ゑ附け得られ、又米に不適の痩地にても、相当の収穫を得らるべき馬鈴薯、甘藷、其他雑穀の混食を企て、一には米の消費を減じ、我国民食糧の自給を図ることは、食糧問題解決上最も焦眉の急であります。」日本女子大学校家政館編・発行『目下の食糧問題を考慮せる節約料理』一九二四年、「はしがき」一ページ。

(24)『民族と経済　第二集』三一二ページ。

米に換算して四五千万石の増収が得られる。これだけの増収があると、食糧について援助を受けなくて済む。貿易収支の均衡を実現するのに、最も有力の手がかりであらう。[27]」と主張し続けた。

「米余り」による減反政策などを知っている現在の我々から見れば、高田の特に戦後における「芋喰い論」は奇異に映るが、一九五四年の黄変米事件（日本国内に東南アジアなどから輸入された米にカビ毒で黄色く変色した黄変米が混入しており、それが配給に回されようとして問題になった事件）の原因が乏しい外貨で本来国際商品ではない米を輸入するために低品質な米を購入したり、品質保全上問題のある安価な輸送船を利用せざるを得なかったことであったように、独立回復後においても「外貨節約のための食糧自給」は重要な問題であり続け、それが大正時代から主張していた「芋喰い論」に、ここでもやはり時代の方が追い付いたのである。

そして高田は終戦直後の食糧難の解決策においても「甘藷の加工、別して乾燥粉化に関する研究を大規模に而も即刻に行ふと共に、それに関する既存の知識乃至方法を急に普及せしむべく、必要なる諸設備を直に計画すべきである。いはば水漬き藷でも直に集めて粉末になし得る仕方を講ずべきである。」「米作付面積の約三分の一を甘藷に転換する方針を立て、出来るだけ早く之を実現せしむべきである。[25]」とイモ類（特にサツマイモ）の有効活用を主張し、「日本民族は甘藷への主食転換を宿命的に迫られてゐる[26]」と断言した。その後も高田は「水田の三分の一約百万町を藷にかへると、カロリイの上から進められる。

(25) 高田保馬『終戦三論』有恒社、一九四六年、八九～九〇ページ。
(26) 同上、九八ページ。
(27) 高田保馬『耐乏夜話』実業之日本社、一九五〇年、一八八ページ。

が高田の「芋食い論」に戦後の一時期まで一定の説得力を与えていたのである。

> 人口の半分までが農業に従事し而も必要なる食糧を自給し得ずという文明国がいずこにあるであろうか。而も土地は多雨高熱の貿易風帯にあり、人口扶養力の最高なる米作地帯にありというに至っては益々理解しがたい。戦時甘藷を以て餓死を免れたる体験を忘れて、徒に米食の夢を追うている。而も政府の政策亦国民の食欲に追随して財政の負担と対外債務の加重とを怠らぬらしい。外米のカロリィ当り価格は外麦の何割かの高価、多分は二倍近き価格ではないか。米価に補給して麦食を減ずるのではないか。別して甘藷の作付によって主食を豊富にし、進みて畜産を高め、諸工業の原料を供給するという最大の遺利を忘れているのではないか。[28]

五．おわりに

高田の農村に関する考えは、基本的には日本の人口維持のために人口増殖力の大きい農村の生活を安定化させなければならないとするものであった。しかし人口増殖力が都市部よりも大きくなるのは農村が共同社会であり、都市と比べて利益社会化が進んでいないことが前提とされていた。現実には農村の生活を維持しようとすればするほど農民生活の合理化・計画化や社会政策などの近代的な政策が求められ、それらは共同社会を崩壊させ利益社会化を促進する方向に進まなければならなかった。その意味で農村の人口増殖力の維持の前提となる共同社会を維持しつつ、農村の生活を向上させようとした高田の主張は二兎を追うものであり両立不可能だったと思

(28) 高田保馬『貧しき日本経済』日本評論新社、一九五五年、二七四～二七五ページ。

われる。

ただ、高田の農村論は驚くほど当時の社会状況を反映したものである。単に学界や論壇だけでなく日本学術振興会などで政策提言にも関わる機会の多かった高田の主張と当時の実際の政策とを照らし合わせることで、農業問題に当時の知識人がどのように関わったのかを明らかにすることができるとともに、総人口が減少する一方で地方創生が叫ばれる現代の日本における人口政策・地域政策の参考にしていくこともできると考えられる。

さらに近年の新興国における食糧需要の急激な増大、穀物価格の急騰を考えると、高度成長により克服されたようにも見える高田の「芋喰い論」が見直される日が来る可能性もある。[29] 米以外を主食にすべきであるとした高田の主張を、米作とは異なるもう一つの日本の農業の姿を描く材料として検討することができるのかもしれない。

---

(29) 二〇一一年に農林水産省が作成した「不測時の食料安全保障マニュアル」(http://www.maff.go.jp/j/zyukyu/anpo/pdf/1sanko2.pdf) では、「輸入の減少等により食料の供給が減少し、国民が最低限度必要とする熱量の供給が困難となるおそれのある極めて深刻な場合」であるレベル二の事態においては小麦、大豆などの増産を行なうとともに、「これらによっても必要な熱量が供給できない場合には、畑の表作でいも類の増産を行う」(二五ページ)とされている。また大幅に石油の供給が減少する場合には「必要な供給熱量を確保する上で重要な穀物、いも類への生産資材の重点的な配分(割当て・配給等の実施)と、資材の確保量に応じた農法への転換を基本として対応する」(二七ページ)と明記されている。イモ類は現在においても緊急時の食糧として重視されているのである。

付論二　高田保馬の家郷肥前三日月
―草花の匂う社会学の誕生

吉野浩司

一．はじめに

〈郷土が生んだ偉人〉という言葉の中には、その土地で生まれたり、住んでいたりした著名人を、ふるさとの誇りにしたいという地元の人たちの思いが込められている。生家や旧宅などを保存することもあれば、そこに、ゆかりの品を展示したりすることもある。とはいえ多くの場合は、せいぜい青年期ぐらいまでを過ごしたか、生涯のある一時期に寓居した、という程度であることが多い。特に立身出世のための社会移動の激しくなった、近現代の人物となると、なおさらその傾向は強い。より高い教育や文化を受け取り、発信するためには、地方の寒村で蟄居しているわけにはいかないからである。長い経歴の主たる部分を、地元に根差して、暮らしを営み、骨をうずめたという事例は、ほんとうは稀なのではないだろうか。

その稀有な例として高田保馬を挙げることができる。彼の場合、生まれ故郷の佐賀県小城市三日月町とは、切っても切れない関係にあった。人生ばかりではない。彼の独創的な思想も学説も、このふるさとの気風ぬきには考えられない。その意味で高田の学問は、そこはかとなく草花の匂いのする社会学と呼称してもいいような成り立ちをしている。平等社会という理想の着想を得るきっかけとなったのは、通学路で仰ぎ見る天山（標高一、〇四六メートル）であったし、発表された著作の多くを手掛けたのは自宅の書斎であった。またこよなく愛し、心を砕いた地元の人たちの生きる農村であった。そして先祖代々の墓所のある土地であった。そうした郷土愛あふれる高田の気持ちに応えるかのように、現在に至るまで、彼の名は地元の人々の間で親しまれている。

一例をあげよう。一九九四（平成六）年一二月、小城市の有志が中心となり、高田保馬博士顕彰会（以下、高田顕彰会ないし顕彰会と略記）が発足した。著名な文学者や政治家の顕彰会であれば、全国的にも、そう珍しくはない。そうではなく、一介の学者に対しての顕彰会ができたこと、さらにその会が二五年以上も継続していることは、実に驚くべきことではないだろうか。その秘密を探ってみるのが、本付論の課題である。つまるところ、高田にとって家郷とは何であったのか。そのことを高田の学問と思想の側面、そして地元の人々の顕彰活動の側面から考えてみたい。

二．自伝にあらわれた三日月の村

高田は、たいへんな健筆家であった。専門である社会学や経済学は言うにおよばず、趣味である和歌についても、実作もすれば、一家言を持ってもいた。くわえて後学の徒にとってありがたいことに、実に多くの自伝的随想を残してくれてさえいる。主だったものだけでも、『回想記』（一九三八）[1]、『思郷記』（一九四二）、『洛北雑記』（一九四七ａ）などが思い浮かぶ。書籍にはまとめられなかったが、週刊誌『エコノミスト』に連載された本書「私の追憶」（一九五七〜一九五八）や、同工異曲だが、これに先立って一部、より踏み込んだ記述もある雑誌『経済』に掲載された「学問の旅―一学究の自叙伝」（一九四九）などは、京都帝国大学に赴任するにいたるまでの、最も詳しく書かれた自伝であるといってもよい。これらに公職追放以降の『学問遍路』（一九五七）を付け加えると、高田の研究経歴は、ほぼ全てたどり直すことができるだろう。これらの著作を読み解くことは、そのまま日本の黎明期の社会学や経済学の歴史の秘話をひもといていくことに等しい。

(1) 以下、高田保馬の文献については発表年のみを記す。

彼がたしなんだ和歌とても、同じことが言えることを付言しておきたい。高田が詠んだ歌の数々は『ふるさと』(一九三二)、『洛北集』(一九四三)、『望郷吟』(一九六一)、に収められており、その時々の彼の行動や心境を、かいま見ることができる。下村湖人、明星派、アララギ派、あるいは中島哀浪、窪田空穂に近づき、教えを乞うことで高田は、自らの作歌能力をみがいていった。ここで注目しておきたいのは、自選自註という形で、自作の歌の歴史的背景を解説した『社会歌雑記』(一九四七b)である。

本付論で取り上げたいのは、これら一連の高田の伝記的著作にあらわれた家郷への思慕である。高田が家郷について語るその内容は、彼の社会学説・経済学説の根幹にある〈社会観〉とも、密接に絡み合っている。これらは、いきおい抽象的理論に傾きがちな、高田の独創的学説を理解する上で、多くの手掛かりを与えてくれる。家族や親族たちとのふれあい、わけても母との思い出。生まれ育ったふるさと佐賀県の山河。通いなれた旧制小学校、中学校の通学路などなど。高田がこれらを愛情豊かに描き出しているのは、とても印象的である。

もちろん最初に断っておきたいのは、自伝を高田学説の理解のよすがにするとはいえ、ここでは何も、高田が熱く論じた農村人口の窮乏や、米作を芋作に変えようとする農業政策、ましてやアジアの遅れた民族の進むべき道、といった彼にとっての切実な話題に対し、高田の郷土に対する考え方を安直に結び付けよう、というわけではない。日本の農村と農民を愛し、賛美することは、容易に自民族中心主義(エスノセントリズム)、ナショナリズムに変質しやすいのは事実である。その嫌疑のため、あろうことが高田は戦前から戦後を通じて、絶えずきびしい批判にさらされてきた(河村、一九九二、北島、二〇〇二)。それは最終的に公職追放という形で顕在化した。このとき彼は、京都から三日月に下野し、約五年という決して短くない期間、雌伏の時を過ごさなければならなかった。しかし、ここでいえることは、高田のその時々の情勢論、時論は、時代におもねる扇動的な随想などではない、ということである。いかに激しい論調の主張であったとしても、それは彼の学問的な知見に裏打ちされたものであった。

三．郷里で過ごした期間

三日月町といえば、高田が旧制高校に進む一八歳までの歳月を過ごし、また人生の節目節目で帰省した場所でもある。それはただの帰省の時もあれば、病の療養、さらには公職追放の憂き目を見た時期もあった。九州帝国大学に職を得たさいには、ここを終の棲家とすべく、家屋を新造したりもした。在職期間には、遠距離通勤の労を厭わず、自宅から通った。

このように三日月町は、文字通り高田の心と体を癒し養うのに、不可欠の場所であった。あえて極端な例として、高田が公職追放に見舞われ、故郷に下野したさいの、素直な思いに、耳を傾けてみたい。

私〔高田〕の気分からいふと、身体は幾十年の放浪をつづけたが、漸く父祖の、また夭折した子どもらの墳墓の地にかへつてきた。それに、魂もまた初一念である社会学の分野から経済学の分野にさまよひあるいて三十年の春秋を過ごしたが、も一度学問のふるさとに帰りたいと思つた。（一九五七、四八）

故郷に帰ることと、学問の初心に立ち返ることとが、並行して語られていることが興味深い。高田といえば、京都帝国大学（一九二九年～一九四四年在職）で長らく教え、退官後、大阪大学（一九五一年～一九五五年在職）、大阪府立大学（一九五五年～一九六三年在職）、龍谷大学（一九六三年～一九六五年在職）と移ったさいも、ひきつづき京都塔之段の居を移らなかったことから、京都を連想する人が多いかもしれない。しかし意外なことに彼は、人生の半分を過ごした京都については、むしろ、あまり好ましく思っていなかったようである。学生時代の終わりに、容易に母校の社会学の職に就けなかったのもその一因であろう。京都に対する複雑な思いは、大学院に進んだころを回想する彼の文章の中に盛られている。

試験も済み、引きつづき大学院生となったが、特選給費生の中にはいらない。私〔高田〕はまず期待をかけている兄にすまぬと思った。次に佐賀中学という母校にすまぬと思った。〔・・・〕天下の秀才が殺到しているというのでもない大学に来てどうしたことかと思った。自分の能力や努力を卑下してはいなかった。この頃から私は京都と京都大学とに愛着をあまり感じなくなった。（本書、四四～四五頁）

郷里の母校と兄に対する申し訳ないという気持ちが何より先にこみあげてきているところに、高田の家郷への思いが表れている。ここで思い当たるのは、「結合定量の法則」という高田の主要概念である。結合したいという欲望（愛着）の総量は一定だとする考え方である。それによると、ある対象への愛着が強まるにしたがい、それ以外のものへの愛着が弱まっていく、ということになる。高田の場合でいうと、三日月町へのつきせぬ郷土愛が、結果として、他の地域への愛着を弱めている、ということにでもなろうか。はれて京都帝国大学への赴任が決まった時でも、かつて味わった哀しみは癒えていなかったようである。

洛北のどこを歩いてもかつては憂の涙を落したところ、ため息のはきすてどころならぬはない。太陽は京都にのみ照らずといい去った一人の放浪の学究は運命のあやつるがままに旧都にもどったのである。（本書、二二二頁）

ほんの一時期過ごしたことのある広島や東京についていうと、持病の胃痛をこじらせ、帰郷を余儀なくされた、苦い記憶となってわだかまっている。病を癒し、神経の疲れをほぐしてくれるのは、やはり郷里をおいてほかになかったのだろう。その三日月町で、高田はどれだけの年月を過ごしたのかを示したのが、表一である。実は八八年の生涯のうち、少なく見積もっても、三十有余年を郷里で過ごしていることが、伝記の記述からうかがえる。そのことについて、これまで顧みられることがなかったのは、むしろ不思議なぐらいである。

表１．高田保馬が郷里三日月で過ごした期間

年	年譜	年齢	期間
1883（明治16）年～ 1901（明治34）年	生まれてから旧制中学の卒業まで	18歳迄	約18年
1903（明治36）年	熊本五高時代の療養期	22歳	約半年
1925（大正14）年～ 1928（昭和３）年	九州帝国大学の教員時代	45歳迄	約4年半
1929（昭和４）年～ 1933（昭和８）年	京都帝国大学時代の毎年の帰省 （九州帝国大学兼任の期間）	50歳迄	約2年
1947（昭和22）年～ 1950（昭和25）年	教職追放の時期	67歳迄	約5年半

四．農村で発見した「群居の欲望」

郷里と彼の学説の関係を考える上で、最晩年に書かれた彼の論文の中に、ふとさしはさまれた、見逃すことのできない、京都帝国大学の在学当時をふりかえった回想がある。

> 冬休みに帰郷した折には、ひまあるごとに麦田に餌をあさるからすの大群を見ては群居本能に思いをめぐらしてゐたことを思ひ出す。当時から「人間結合は利益の故にはじまらず、結合自体を求めてはじまり（内的結合）、その上に利益のための結合が加わる」と考へ、内的結合と外的結合とを対立させた。（一九六四、一頁）

高田といえば、社会の成り立ちを、人間のもつ「群居の欲望」と「力の欲望」という、二つの欲望をもって説き起こしていることで知られている。そのうち、社会学と経済学の集大成として完成させた『勢力論』（一九四〇）という主著は、もっぱら「力の欲望」の方に力点を置いて書かれている。これは最初期の関心であった分業論や階級論を発展させたものであるといえよう。そのようなことから、これまでの先行研究では、「力の欲望」の方への論及が多い。それにひきかえ、純粋な「結合のための結合」をもたらしてくれる「群居の欲望」の方は、これまでの研究を見ていても、やや関心が薄いように思われる。『社会学原理』（一九一九）や『社会学概論』(2)（一九七一）の最初の方で、簡単に取り扱われている、社会が成立するための出発点としての意義しかないかのようである。はたしてそれは、正しい高田

---

(2)高田の「結合」概念の重要性を指摘した上で、その欠点を指摘した社会学者としては臼井二尚がいる（臼井、一九七三－一九七四）。

社会学の解釈だといえるのだろうか。

　筆者の理解では、「群居の欲望」こそが、高田の社会観を根底から支えている土台である。これなくしては、彼の社会学は正しく理解し得ない。さらにいうなら、「群居の欲望」を抜きにすれば、「力の欲望」を発揮する土台は掘り崩されてしまう。そのことを確かめるには、「結合の上位」という、これも見過ごされがちな論文に着目してみる必要がある（一九二六）。社会関係には結合（融和）もあれば分離（対立）もある。しかし根本において「群居の欲望」による結合が土台になければ、社会は存立できないということを高田が明言した最初の論考である。分離（対立）のさなかにあっても、結合の契機が見出せると高田はいう。そのことから、高田は「結合の上位」説を唱えるようになった。

　一般に社会学の対象である社会は、つまるところ人と人の結合であると考えられている。その結合とは、どのようにして成立しているのか。また、どのように変化していくのか。その考え方が、社会学者の学説を大きく規定することになる。そこで、高田にとって社会とは、どのようなものであったのかについて、まずは学説の面からとらえてみたい。

　社会は人々の結合によってできている、高田はそう規定しながら、その結合の仕方を二種類に分けている。一つは、利益や利害など、ある目的を持った結合（外的結合）で、これが利益社会をもたらす。いわゆるゲゼルシャフト、すなわち近代社会、企業組織、政治団体、契約関係といったものが、利益社会に属する。もう一つは、目的のない、いわば結合のための結合である。こちらの方は、共同社会を形成する。ゲマインシャフト、すなわち前近代社会、村落共同体などがそれである。そして後者の共同社会を生むために必要な、結合のための結合の根拠となるものを、高田は「群居の欲望」に求めたのである。

　人間をふくめ多くの動物は、群れを成して生きている。それは一つには獲物を取ったり、外敵から身を守ったりという共通の目的、利益、利害のためであろう。しかし、結合はそれだけであろうか。集まって住むということは、一見、非合理的で無目的な側面も確かに存在している。群れているがために、かえって目立ってしまい、外敵に狙われてしまうこともあろう。そうした事態を説明するには、目的や利害や利益といったものとは別に、どうしても「群居の欲望」というものを想定しなければならなくなってくる。これが基礎にあるからこそ、自己を犠牲にしてでも子を育て、仲間を守り、集団としての生き延びを考えるというような行為がなされるのである。自分の家族や郷里、生まれ落ちた国や民族を愛するのは、他でもなく、この結合のための結合によるものである。村落共同体に咲き誇る草花の匂いが漂ってくるような社会学のはじまりが、ここに垣間見られる。高田の中期の思想において「民族」への思いが募ったのも、やはり郷里においてであった。

> 大正八〔一九一九〕年のはじめ、冬休みの終りであったろう。私は郷里にかへってゐた。親戚の家を自宅から五里ほど離れた小さい町神崎にたづねた。終りの下りにのつて家にかへろうと思ひ十町ばかりの川添ひの道を停車場へと急いだ。正月ではあるが寒い夜のことではあるし、田舎道の人通りも殆どない。左手には下の方で微かな川の音が聞える。歩いてゆく中にふと西の空をみ上げた。黒ずむまでに深い蒼い空の色である。その奥から上弦の寒月が冷たい光をなげかけてゐた。この光が私にふと民族と云ふことを思はせた。（一九三四、一七頁）

だが、ここで重要なことは、血のつながりや地縁といったものが、この結合のための結合を基礎づけているわけではない、という高田の留保である。地縁や血縁それ自体に価値を見出そうというのではない。それらがもたらす共同意識が、結合を生んでいるのである。「血縁の事実即ち血の続き合いと云う生理的事実は人人を愛着せしむる神秘力を有するものではない、この種の血縁の親和と云うものは血縁の意識から生ずる親和の念でなければならぬ」（一九七一、五一頁）。このような高田の議論は、自民族中心主義や、ナショナリズムとは、一線を画している。「親和の念」という、いわば「想像の共同体（Imagined Communities）」が、社会の根幹を形作っているのである（アンダーソン、一九九七）。地縁や血縁が結合の基礎のように誤解される理由は、土地や血のつながりの強い人々は、自分と相似た間柄であり、付き合いも長きにわたるから、というだけのことにすぎない。この考え方があるために、高田の民族論は狭く閉ざされることなく、地縁や血縁を超えて、遠く人類の共同体への道にまで開かれているのである（吉野、二〇〇四）。

五．父母兄弟の住むふるさと

ふたたびここで、自伝に立ち返ろう。高田が少年であったころの三日月村は、二〇戸程度の小さな集落であった。近くに小さな社と上下の権現があり、祭礼と神事が執り行われていた。晩成小学校（現三日月小学校）での八年間は、自宅から学校までの片道四キロを歩いて通った。旧制佐賀中学校（現佐賀西高校）での五年間は、片道八キロの道のりを、やはり徒歩で通学しとおす。道すがら見えてくる嘉瀬川ではハヤを採ったり、泳いだりもした。いつも天山を遠望していた。長じてからさえ、帰省の折にこの風景を見るにおよんでは、ようやくふるさとについたという安堵の心持ちになった。母を亡くしてからは、母に再会しえたような気分を味わうようになった（一九四一、二二一～二二五頁）。

私〔高田〕は中学時代に郷里から佐賀の中学まで、約二里半の道を徒歩で通学してゐた。同村の友だち（今の朝鮮信託の谷社長）[3]が三年生までは通学しても四年、五年になると皆下宿したが、それでも私は通学をつゞけた。学資がないわけではなかつたが、村を離れたくもない、一人の母を家に残したくもない、と云ふ気持がさうさせたと思つてゐる。二里半の道はことに夏の日に長かつた。かへりには、途中の川岸の松林に休み、またその川に泳ぐ事も多かつた。今から考へると、川岸の町から佐賀に通学されたと云ふ吉田絃二郎[4]あたりとも一しよに泳いでゐたのかも知れない。（一九三四、八～九頁）

このようにして学校に通っていた一九〇二（明治三五）年二月末のある日こと、旧制中学卒業まぎわの高田の胸に、社会に目を向けさせるような、ひとつの想念がめばえた。長時間、もくもくと歩くという行為は、時として人に理想や空想をもたらしてくれる。思考の整理を促してもくれる。しばし歩みを止め、天山の夕陽を見上げた高田に浮かんだのは、不平等や不正が生まれてくる社会を、どうすればもっと良いものに変えていけるのか、という問題であった。

貧富の懸隔を何とかしなければならぬと思ひこんだ。此気持にみたされて、その日の夕陽をながめたのである。私〔高田〕はこれからどんな方針をとつて進むにしても、悔ゆることなく死なう、悔ゆることなく死ぬ道は弱いものの爲にすること

(3)谷多喜磨。朝鮮総督府の官僚を務め、のちに朝鮮半島のいくつかの企業の社長に就任した。
(4)吉田絃二郎。早稲田大学文学部英文科教授で、退職後、多くの文学作品を残す。代表作としては小説『島の秋』、ベストセラーとなった随筆集『小鳥の来る日』などがある。

である、と思つた。此夕日の印象は強く私に社会への興味を植ゑつけた。（一九三四、九頁）

六．高田家の人々

このふるさとで、高田家はどのような暮らしをしていたのかを次に述べておきたい（家系図、高田保馬博士顕彰会、二〇〇四、三六頁）。高田は、父清人の五〇歳の時の子である。四人兄弟の末子であった。二五歳年上の兄、その下に三人の姉妹があった。代々、天台宗の修験を行う家系に生まれた父は、三五歳の時に明治維新にあっている。廃仏毀釈で神官となり、その傍らで作男二名を雇って農業を営んでいた。父方の祖父・清長は豪放磊落、酒豪でもあった。「乞食を見ると何でも與へる気になり、いつかふんどしまではづしてやつてしまつた」という逸話が残っている。そのような性格であったから高田家の財産はたちまち底をついてしまった。祖父の墓石には、ひょうたんと杯が彫られている。それを見て育った父・清人は、生活の切り詰めを心がけるも、生活はいっこうに好転せず、兄・清俊の学費を工面するにも、借金をしなければならなかった（一九四一、一四～一五頁）。

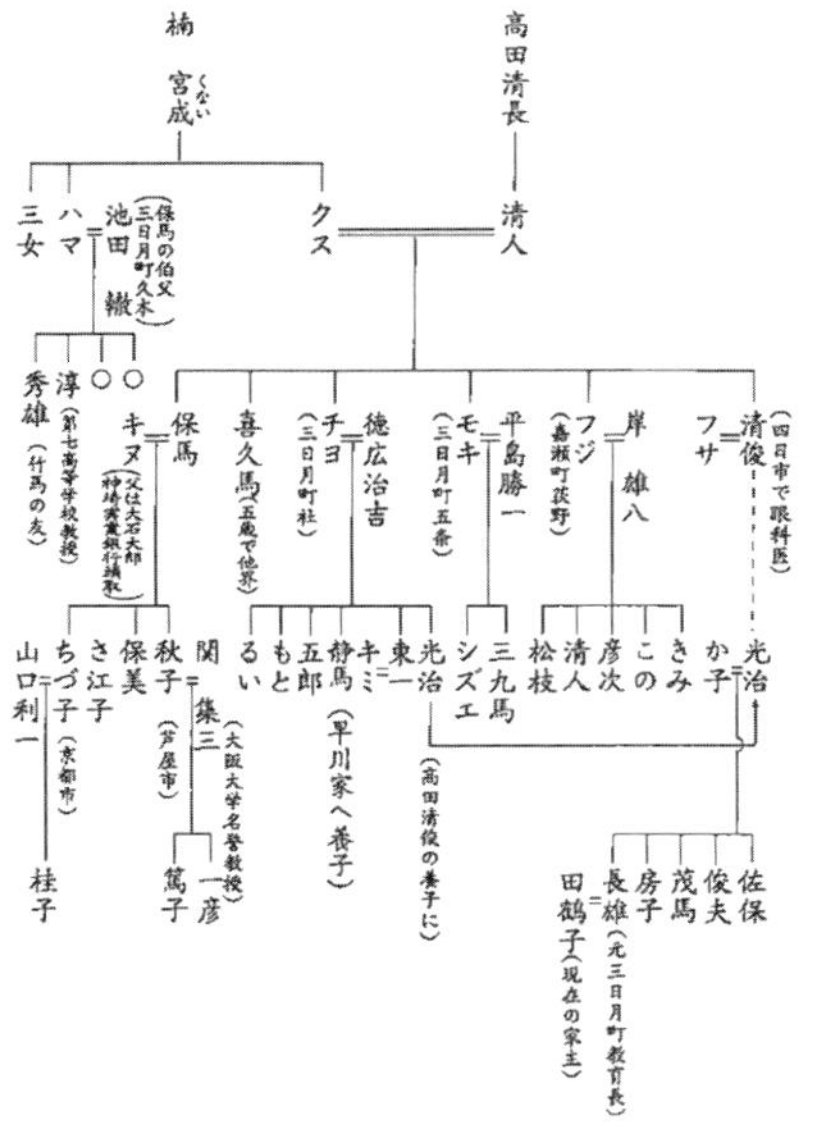

父は病を治す祈祷もできた。そこで父は医業を好み、漢方薬処方の心得もあった。また若い頃は和算をよくしたという。「理知的の性格であった」、と高田は父を評する（一九四一、一二～一三頁）。その

父は五九歳の時に脳溢血を引き起こし、六一歳で再発してからは半身不随の不自由な生活を余儀なくされた。そしてついに肺炎のために亡くなるのが一八九八（明治三一）年六月、享年六五歳であった。高田はまだ一六歳の若さであった。

父の死後は兄が父親代わりを務めた。母からは、高田は、「兄の足元にもよれぬ人間」だといつも母から言い聞かされて育った。「才気煥発でもあり、又裁決流るるが如しとでもいひたい事務の才能ももつてゐた」。一八九一（明治二四）年前後から、四日市市で眼科医を営んでいた。なぜ四日市市に移り住んだのかは不明だが、おそらく結婚問題などのため、郷里に留まることができずに移住したのだろうと高田は推測している。

のちに熊本の第五高等学校の三部に高田は進んだ。三部といえば医科である。むろん兄の勧めであった。その兄は、父が中風にかかったときにも、肺炎になったときにも、とんで帰ってきた。「愈々絶望といふときに奥の間に入つて身体を横たへ、もだへてゐた姿がなほ少年の私〔高田〕のこころにも深く刻みこまれた」。「感情に強い」はずの厳格な兄が、高田の作った父への挽歌に対し、「苦しいからこんな歌は送つてくれるな」といったのも、高田をいたく驚かせた（一九四一、二〇頁）。

父親代わりとなった兄は、旧制中学五年の高田に、『中学世界』や『文庫』といった少年雑誌を送ってよこした。なかでも高田に忘れがたい印象を残したのは、『文庫』に掲載された千葉亀雄の軽業師についての論文である。それにより彼は、貧困問題に開眼する。天山の夕陽に誓った、あの弱者への思いは、そうした読書体験からきているのかもしれない、と高田は推し測っている（一九三四、九頁）。旧制佐賀中学の論集『栄城』に、三、四年生ごろより高田は囚人の詩、救貧についての論文、その他短歌などを書いている。

父や兄にもまして、人生においていっそう決定的な影響を高田に与えたのは、母クスである。母方の祖父は楠宮成。(5) 三人姉妹の長女に生まれた母は、高田家に嫁いで、上述のように二男三女をもうけた。そして一九二二（大正一一）年八二歳で永眠した。

中学五年、往復五里の道を通学しつづけたのも、私〔高田〕一人に全身の慈愛を注いでくれた老母に別れたくないからであった。九月のはじめに幸に入学して熊本に向かうという日には、朝早くまず家を出てから濠に沿うて道を回った。門先に老母と送別の為に泊っていた三人の姉はしきりに身振を示している。その傍には百日紅の老木が咲き盛っているのが見える。僅か四時間で往復できるのに、涙とどまらぬという感傷も血縁の深さの故である。秋風に吹かれて野を行く青年はいくたびかふりかえった。母子四人はいつまでも家に入らぬ。五十幾歳追憶はなおあでやかである。（本書、一〇頁）

大学教員となったある日のこと、高田は武雄市川古の中学校の落成式に、村長高田敏雄の招きで呼ばれる。ここは母のふるさとである。川古の大楠という樹齢三〇〇〇年にもなる大樹が近くにある。講演では、「私〔高田〕も半ば若木村の皆さんと血を分け合って居ります、私の母は皆さんの若いときになさったやうに、川古の宿の東のあの川で泳いで居りました」と語りだしたとたんに、涙があふれ出てきたという（一九五七、五九頁）。高田はこの地の若木中学校に校歌を送った。

この母方の従兄も、高田に多大な影響を与えた。高田より年長の池田秀雄である。三日月町久本の池田家に嫁した母の妹ハルの息子にあたる。高田に先

---

(5) 高田は楠宮内と誤記している。

んじて五高に進み、東京帝国大学を卒業して衆議院議員となった。

最後に、一番下の姉チヨについても述べておこう。年齢が九つ違いであることから、三人の姉の中では最も親しかったという。姉は高田の帰りを、いつも待ちわびていた。その姉を、ついに一九四六（昭和二一）年八月二四日に失う。高田のはらからは一人もいなくなった（一九五七、二三～二六頁）。

本来どこかに気を負うて立ちたがる傾向をもつ私〔高田〕が本質的に感傷的であり、ゲマインシャフト的（共同社会的）であるのも、あふれるばかりの母と姉との恩愛にひたりつづけたからであろうと思う。（本書、一〇頁）

七．高田の思想を育んだ家郷

高田が自らの学問を練り上げるために多くの時間を費やしたのも、やはり三日月の自室であった。高田は三か所に書斎を持っていた。京都の塔之段にある住まいの書斎、京都大学の研究室、そして三日月町の自宅である。その中で、「心から書斎といふ感じをもつて坐りこむのは、郷里の家の二階の一室」であった（一九四一、二七頁）。高田の九州帝国大学への赴任が決まり、研究の拠点とすべく、一九二五（大正一四）年に建て替えられた家である。特に九州帝国大学に在職した一九二五（大正一四）年から一九二九（昭和四）年までは一年中、その後、京都帝国大学との兼任の期間にあたる一九三四（昭和九）年ごろまでの一年の半分を、この書斎で過ごした。高田も述懐するように、「この期間こそは私〔高田〕の健康の最も衰へたる期間であつたが、同時にまた精神的には最も学問上の仕合せを享受した期間でもあつた」（一九四一、三二～三三頁）。四〇代の、まさに脂の乗り切った時期を、この三日月町の書斎で過ごしたといえよう。

この二階の北向きの書斎（写真、二〇二〇年一一

月筆者撮影）で書かれた著作は少なくない。一九二〇年代半ばの高田の研究の興味は、二方面に分かれていた。マルキシズム論争をきっかけにのめりこんだ経済学と、以前より進めていた社会学である。そのうち、宿痾ともいうべき胃病に悩まされながら準備したのが、九州帝国大学での「経済原論」講義である。後に、この講義ノートをもとにできあがったのが『経済原論』（一九三二）である。それから一九二八（昭和三）年に出された『景気変動論』（一九二八）あたりまでが、この書斎で書かれたものであろう。社会学の方でも、『社会学原理』（一九一九）以来の議論の深まりが感じられる。当時、ドイツの社会学会には次々と逸材が現れていた。そういう人々の学説理解を深めたいという思いが高田にはあった。それは『社会関係の研究』（一九二六）となって結実している（一九四一、二七〜二八頁）。先述の「結合の上位」説の論文が収録されたのも、この著作である。

　この日本の鄙びた田舎町の書斎から、テンニース、シェラー、シュムペーター、フィアカント、アモン、ヴィーゼ、ガイガーといった、当時の名だたるドイツの学者たちとの手紙のやり取りがなされた。高田の論文はドイツの学会でも取り上げられた。さしもの高田にあっても、望外の幸せを感じていたであろうことが、自伝の筆致からもうかがえる。

　〔・・・〕これらの代表学者のすべてによって私見の一角がかくまでに取り上げられ、また認められたことは私〔高田〕の全く意外とするところであった。三日月村の草深い村居にいて、当時の

社会学の中心の先輩、同僚と同一の問題を考えるという意識は、病弱の私に測り知れぬ幸福を感じさせた。(本書、一七四頁)

高田はこれらの学者たちに、直接ドイツで会うことは叶わなかった。「私はとうとう外国にゆかなかつた。今後とも行く希望はない。それはいく機会がなかつたわけではない、たゞ、今になつて郷里の家を引き払ひ得ない気持が、とうとう外国に行かせなかつたと思っている」(一九三五、一五頁)。年老いた母親を一人残し、あるいは家郷から遠く離れて海外に行くことは、高田にはできなかったのである。

この一九二〇年代半ばから三〇年代にかけての時期の他に、高田が家郷に住む機会を得たのは、戦後のことであった。それは、きわめて不本意な滞在であったといわなければならない。いわゆる「公職追放」の処遇である。

一九四六(昭和二一)年一一月末、京都大学の適格審査委員会は、高田を教員不適格と判定した。それは一二月八日に公表された。ほどなく審査そのものを不当とする運動が起き高田を慰撫するが、ようやく審査自体の取り消しが確定するのが一九五一(昭和二六)年六月。それまでの約五年の欝々とした日々を、郷里で過ごすこととなった。

「追放のあらしに吹かれて木の葉の如くに九州に去った」(一九五七、四六頁)、という言葉が、当時の高田の心境を吐露している。京都から三日月町への移動は、京都駅を夕刻六時に発ち、翌朝九時に博多に着く準急があった。まんじりともできぬ夜の旅であったろう。博多から長崎線に乗り換え、最寄り駅の久保田駅で下車する。駅からは一キロ半ほど歩き昼に到着する。一九二二(大正一一)年まで母が住んでいた町であり、当時は、二人の姉も健在であった。「木の葉の如く」戻った日、その古巣を義理の姉が守ってくれていた。

追放の判定を受けてから数日郷里にかえるとき、やはり門司駅のホームに立ちて、今ふむのは九州の土、ここは理解と同情をもって私〔高田〕を見てくれる無数の人があると私語して、そのとたんに、熱い涙が頬を流れ下った。私にとっては三日月村の土をふみ、生家に入ることが心を清めてくれる。（本書、一八〇頁）

屈従という言葉がふさわしい生活を強いられたが、他のどの時期にもまして、高田は健筆を振るった。やり場のない気持ちを、すべて執筆活動に打ち込んだかのようである。それはちょうど大学院の終わりに、心のわだかまりの全てを『社会学原理』（一九一九）という浩瀚な書物に注ぎ込んだことと似ていなくもない。不適格を決めた京都大学および京都とは、はやり高田にとっては風当たりの厳しい場所の記憶となった。

この家郷での暮らしは、半ば昼夜逆転していたとはいえ、規則正しいものであった。人の寝静まった夜半から午前中までの時間を研究にあてた。そのあと昼食をとり、夕方まで畑仕事をして、早めの床に就く。畑が八畝（約八〇〇平方）ほどで、家で食べるだけの野菜を育てていた（一九五七、二七〜二九頁）。「午前学究、午後農夫、夕方は父、夜は親せきや村人の相手をする隣人」（一九五七、五二頁）と高田は己を顧みている。審査そのものの取り消しが決まるのが、一九五一（昭和二六）年、高田は大阪大学法経学部への職を得る。それから一五年近くを京都で過ごし、日本の経済学の発展に寄与したのは周知のとおりである（早坂、一九七三）。

八．高田社会学の遺産

一九七二（昭和四七）年二月二日、午後七時一五分、しばらく療養をつづけていた高田は、老衰のため京都で永眠する。享年八八歳であった。遺骨は京都から生家近くの墓所に移され、今も先祖代々の墓

で眠っている。(6)

大正十三〔一九二四〕年東京から帰るときに三日月村永住をきめ、十四〔一九二五〕年は祖先の家をといて家を構えた。構えるにしても東京の地震にこりこりして、地下に狂気じみた地堅めをして丸太を打ち込み、砂利とセメントを流しこんだ。郷里の墓を守り郷里の土になる心構えであった。大正八〔一九一九〕年に京都を去って十年、その間に大病をすればいつも九大にいったのも、この心構えの結果である。いつか家の墓にいったとき、家から墓まで一町ばかりの距離、いずれ家から出て墓の土にかえる。この一町の道を先から先へ迂回するのが自分の今後の一生である。(本書、二一五～二一六頁)

迂回の道は、ようやく終着点にたどり着いた。今にして思うと、高田の家郷三日月町での生活は、地元の人々にとっても、裨益することが大きかったのではないだろうかと思われてならない。本付論の冒頭で述べたように、小城市には高田保馬博士顕彰会があり、毎年二月初旬、市内の多くの学校の生徒が集い、文化発表会の行事を行っている。ここまで郷土に愛され続けている学者は、そう多くないのではないか。「夜は親せきや村人の相手をする隣人」、この言葉に偽りはないだろう。教職員不適格処分の取り消し後も、郷里のために奔走している。県内にあるたくさんの学校の校歌の作詞を数多く手がけ、講演をしてまわり、死後には高田文庫を三日月小学校に設け、小城市民図書館三日月館には多くの著作が陳列されている。小城市立歴史資料館には、遺族の方から寄贈された一二六点の遺品がある。その多く

(6)生前の願い通り、高田は夭逝した長男保美、次女さ江子とともに墓に入っている。

は自著と私信であるが、書画の他、父や兄の写真各一枚ずつ、それに高田家のアルバム数冊も含まれている。

老朽化した生家も、かろうじて保存されている。石碑や歌碑や胸像も、県内のいくつかの場所に点在している。(7)

なぜこれほどまでに高田は、郷土の人々に愛され続けているのであろうか。その理由の一つは、これまで見てきたような高田の家郷への愛着であったというほかない。

> 人生、郷里をもつことは大きな精神的な安定を意味する。何かうれしい事があると郷里の人が喜んでくれると思い悲しい事があると郷里の人が同情してくれるという慰安を感じ、力及ばぬときには郷里の人にすまぬと思う。郷里は神につながるというのは誇張であろうか。(本書、一七九頁)

この愛情とも信仰ともとれる感情が、彼の結合の社会学を生み出したことは、すでに確認したとおりである。しかしそれだけではなかった。ふるさとに対する愛情は、様々な形で地元の人たちにも向けられている。

> 私〔高田〕がはじめて郷里をはなれたのは、高等学校入学のとき、明治三五〔一九〇二〕年九月である。それから五十五年あまりになる。その後も老母の生存中、すなわち大正一一〔一九二二〕年までは毎年三度位はかえっていた。広島にいった理由の一つは母に近くなること、かえりやすく

---

(7) 一例をあげると、佐賀西高校、小城駅、三日月小学校、川古大楠公園、小城市生涯学習センター、生家などに、高田の歌碑・記念碑が存在している。

なることであった。数週前に広島時代の同僚、勝部謙造博士にあったとき、広島のときには毎日曜のようにかえっていましたなという昔話をしていられた。それゆえに郷里の親しみも加わり、また郷里の人々も私を身内のものとして扱われるようになったと思う。今までに校歌をつくった小中学校の数も県内に七、八校もあるであろう。（本書、一五九頁）

顕彰会の発足当時のメンバーである秋丸喜代晴事務局長（元小城市副市長）は、三日月小学校講堂で開かれた高田の講演を見ている（写真、左は上野会長、中央は筆者、右は秋丸事務局長、二〇二〇年一一月撮影）。身近に高田に触れ、あるいは講演を聞きに行き、あるいは高田の作った校歌を歌い育った郷土の人々が、今もなお高田を大切に守っているのである。

高田顕彰会の会員がまとめた仕事のうち、生誕の

表２．高田が作成した佐賀県内の学校の校歌

佐賀県立有田工業高等学校	1925（大正14）年
佐賀県立佐賀農業高等学校	1925（大正14）年
富士町立北山小学校	1932（昭和７）年
三日月町立三日月小学校	1947（昭和22）年
佐賀県立佐賀西高等学校	1949（昭和24）年
武雄市立武雄小学校	1953（昭和28）年
小城町立小城中学校	1953（昭和28）年
三日月町立三日月中学校	1955（昭和30）年
小城町立三里小学校	1958（昭和33）年
佐賀県立佐賀北高等学校	1966（昭和41）年
若木中学校	不明

地を示す石碑、二冊の書籍、高田が作詞した校歌を収録したＤＶＤなどがある。狭い学問の世界では、学統を受け継ぐということがあろう。(8) しかし、高田顕彰会のような形での、草の根レベルの継承のありようは、よりいっそうの温かみが感じられる。さな

がらこれは、郷土と郷土の人々を愛する者同士の励ましあいのようである。この高田と家郷、そしてそこで暮らす人々の三者の関係は、地域社会に住む人々の絆がさけばれている今日において範とすべき何ものかをふくんでいる。

九．むすび

高田にとって人と人の関係、すなわち社会関係の基盤にあるのは、利益や機能や目的のための結合（力の欲望）ではない。結合のための結合（群居の欲望）を基礎に置く、「ゲマインシャフト的」な関係であった。そうした高田の人間観、社会観は、生まれ育った農村がもたらしたものであった。農村を都市に変えることができるように、人間関係も洗練された「都市的」なもの、利益や機能を重視するものに変えることはできる。しかし農村が提供する人的、物的資源の支えがなければ、都市の生活は成り立たないように、人間関係も、その基礎となる部分に、互いに寄り添いあい、支えあって生きる「農村的」な部分を必要とする。草花の匂いのする高田の社会学が主張してやまないのは、究極のところこの一点に集約できるだろう。

(8) 高田に関する記念論文集の類に、金子勇編著、二〇〇三、『高田保馬リカバリー』ミネルヴァ書房、青山秀夫他編、一九六四、『分配理論の研究—高田保馬先生喜寿祝賀記念』有斐閣、小松堅太郎編集代表、一九五四、『社会学の諸問題—高田先生古稀祝賀論文集』有斐閣、京都帝国大学経済学会編、一九四四、「高田博士還暦記念論文集」『経済論叢』有斐閣、第五八巻第一～三号などがある。

文献

アンダーソン、ベネディクト、一九九七、『想像の共同体―ナショナリズムの起源と流行』白石さや、白石隆訳、NTT出版.

池田秀雄・平井三男、一九二九、『朝鮮読本』松山房.

臼井二尚、一九七三―一九七四、「高田保馬先生の生涯・人・学問」『ソシオロジ』第一八巻第一号、第三号、第一九巻第一号.

高田保馬、一九一三、『分業論』京都法学会（改版、一九二七、刀江書院）.

――――、一九一九、『社会学原理』岩波書店.

――――、一九二三、『階級考』聚英閣.

――――、一九二六、『社会関係の研究』岩波書店.

――――、一九三一、『ふるさと』日本評論社.

――――、一九三四、『貧者必勝』千倉書房.

――――、一九三八、『回想記』改造社.

――――、一九四〇、『勢力論』日本評論社.

――――、一九四一、『思郷記』文芸春秋社.

――――、一九四三、『洛北集』甲鳥書林.

――――、一九四七a、『洛北雑記』大丸印刷.

――――、一九四七b、『社会歌雑記』甲文社.

――――、一九四九、「学問の旅―一学究の自叙伝」『経済』（経済社）第三巻第一号～四号.

――――、一九五七、『学問遍路』東洋経済新報社.

――――、一九五七―一九五八、「私の追憶」『週刊エコノミスト』（毎日新聞社）第三五巻第四一号～第三六巻第一三号.

――――、一九六一、『望郷吟』日本評論新社.

――――、一九六四、「定型としての共同社会」『ソシオロジ』第一一巻第一～二号、一～一〇頁.

――――、一九七一、『社会学概論』岩波書店（初版、一九二二）.

高田保馬博士顕彰会、二〇〇四、『社会学・経済学の巨星、世の先覚者 高田保馬』非売品.

河村望、一九九二、『高田保馬の社会学』いなほ書房.
北島滋、二〇〇二、『高田保馬―理論と政策の無媒介的合一』東信堂.
谷多喜磨、一九四五、「思ひ出づるま丶に」、和田八千穂、『朝鮮の回顧』所収.
早坂忠、一九七三、「日本経済学史における高田保馬博士」『季刊　理論経済学』第二四巻第二号、四六～六〇頁.
吉野浩司、二〇〇四、「高田保馬の描く「全體社會」像―『民族論』から『世界社會論』へ」『一橋論叢』第一三一巻第二号、一一〇～一二八頁.
牧野邦昭、二〇一九、「高田保馬の農業論」『摂南経済研究』第九巻第一・二号、九三～一〇六頁（本書付論一）.
マッキーバー、一九五七、『社会学講義』社会思想研究会出版部.
田中和男、二〇一一、「高田保馬の青春」『社会科学』第九二号、一～二九頁.

あとがき

高田保馬の没後五〇年という年に、本編著を出すことができて、これほど喜ばしいことはない。高田の自伝を編むにいたった経緯にふれることで、「あとがき」にかえることとする。時代は一九九〇年代の半ば、編者の一人である吉野（以下、編者と略）が、図書館で古雑誌のページを繰っていて、この文章を見つけ出したときにさかのぼる。黄ばんだ紙面。にじんだインク。数号にわたる連載。コピーを取るのは、わずらわしかった。だが読みはじめるや、いっきに全文を読み終えてしまった。学部で経済学の味気なさを感じていた編者は、大学院では社会学に鞍替えしようかと思い悩んでいた。おりから狭い専門知に閉ざされた研究が批判に晒され、学際的な研究が奨励されていた時期でもあった。そうした問題設定すら、もはや昔日の感があるが、ともかく高田保馬のこの自伝を、編者がその後も幾度となく読み返してきたのは、彼が戦前から戦後にかけて、そうした学際的研究の偉大な先駆者であり続けてきたからであろう。何度も読み返すことができたのは、何より一つの自伝文学としての魅力を備えていたからである。それまで高田の学者としての輝かしい業績にしか目が向かなかった編者は、彼の人生が苦難の連続であったことを、この自伝により知った。それは「運命」の導きによるものであった。高田の学問とともに、生き方も学ぶに値するとの確信が、最後のページに目を通した直後にもたらされた。

その後、社会学研究の真似事をはじめた編者は、海外の社会学者に学び、それを乗り越えた知見を国内外に発信したいとの願いだけはもってきたつもりである。ロシアからアメリカに亡命した社会学者ソローキン（Pitirim A. Sorokin）に関する拙著『意識と存在の社会学』『利他主義社会学の創造』を書き上げたほか、アメリカとロシアでの研究発表の機会もえた。そのかたわらで、浅学菲才の編者を鼓舞してやまなかったのは、高田の膨大な著作であり、その生涯をあますところなく描き出しているこの自伝であった。シュンペーターをはじめとする多くの先人に学び、それらを乗り越えることで高田の学問と思想は形成された。もしかしたら編者は、その学問姿勢に対するあこがれが原動力となり、執念深く研究を続けられているのかもしれない。

だが本自伝を編む、もっと直接的なきっかけとなっているのは、今回のコロナ騒動である。海外について研究している多くの研究者が、コロナ禍のため、海外渡航ができなくなった。海外はおろか、国内移動でさえ、しばしば中止を余儀なくされた。社会経済は止まっても、研究を止めるわけにはいかない。今できることは何なのかと考えたときに、高田保馬の自伝のことが頭をよぎった。高田の最も詳しい自伝でありながら、これまで単行本としてまとめられたことはなかった。原文は経済雑誌『エコノミスト』の複数の号に連載されているだけに、一般の読者にとっては通読することの困難な自伝となっている。専門の研究者ですら、引用しようとするさいに、少なからぬ不便を感じる。

こうして、二〇二〇年一一月より、本編著の編集作業にとりかかった。その過程では、新たな研究のヒントを手にすることができただけでなく、多くの人々との出会いをもたらしてくれた。この作業をはじめてから間もなく、とてもではないが一人の作業では手に負えないことがわかった。旧知の牧野邦昭氏に編者に加わっていただいた上に、解説の付論を掲載できたのは幸いであった。また編集作業では、コロナ感染者数の「間隙」をぬうように、高田の資料を追い求めて、日本各地の高田ゆかりの地を訪ね歩くという機会がえられた。その中で、高田保馬博士顕彰会、小城市立歴史資料館、京都大学大学文書館、五高記念館、中林梧竹顕彰会、下村湖人生家記念館、田澤記念館（田澤義鋪の生家）、美里町近代文学館、里庄町歴史民俗資料館（小川郷太郎関連資料）、そして佐賀で高田の生家と墓所を守っていらっしゃる高田家の遺族の方々との交流が生まれた。この場を借りて謝意を表したい。

　自伝に書かれているように、高田は幼くして父を亡くし、旧制高校では専攻を変えるために入学しなおし、社会学での就職の困難から統計学、経済学にまで研究の幅を広げ、胃病のため職を辞し郷里での療養を余儀なくされ、最愛の娘との死別や公職追放まで経験している。ありとあらゆる苦難が、高田のみに降りかかっているかのようである。したがって高田の本当の偉さは、その学問的業績の絢爛さにあるのではない、と思うようになった。数知れぬ困難に直面するたびごとに、それをことごとく撥ねのける強靭な忍耐力にこそ、学ぶべきところがあるのではないだろうか。巻末まで読み進んだ読者は、きっと冒頭の「信号は　赤のことのみ　多きかりき　はろかなりける　こしかたの道」の歌が、よりいっそう迫力に満ちたものと感じられるはずである。

　世界は目下、コロナ禍による「赤信号」の点滅を繰り返している。苦労と不安の絶えない日々を送っている人は多い。高田保馬の挫折と栄光の生涯は、そうした苦難を抱える人々に対してこそ、生きる底力を与えてくれるものであると信じている。

二〇二二年二月二日

高田保馬没後五〇年を迎える日に

吉野浩司

人名索引

あ　行

か行

さ行

た行

な行

は行

ま行

や行

ら行

わ行

編者略歴

吉野浩司（よしのこうじ）

1971年生まれ。一橋大学社会学研究科博士後期課程修了。博士（社会学）。現在、鎮西学院大学現代社会学部 教授。専門は、世界の社会学史、亡命知識人の社会学。著書に『意識と存在の社会学―P.A.ソローキンの統合主義の思想』（2009年、昭和堂）、『利他主義社会学の創造―P.A.ソローキン最後の挑戦』(2020年、昭和堂）など。

牧野邦昭（まきのくにあき）

1977年生まれ。京都大学大学院経済学研究科博士後期課程修了。博士（経済学）。摂南大学経済学部教授を経て、現在、慶應義塾大学経済学部教授。専門は近代日本経済思想史。著書に『戦時下の経済学者』（2010年、中公叢書（新版2020年、中公選書）、第32回石橋湛山賞受賞）、『柴田敬―資本主義の超克を目指して』（2015年、日本経済評論社）、『経済学者たちの日米開戦』（2018年、新潮選書、第20回読売・吉野作造賞受賞）など。

高田保馬自伝「私の追憶」

2022年４月１日　初版第１刷発行

編　者　吉野浩司　牧野邦昭

発　行　佐賀新聞社

販　売　佐賀新聞プランニング

〒840-0815　佐賀市天神3-2-23

電話　0952-28-2152（編集部）

印　刷　　佐賀印刷社